우리 교회는
기도합니다

A Praying Church: Becoming a People of Hope in a Discouraging World
by Paul E. Miller

Copyright © 2023 by Paul E. Miller
Published by Crossway, a publishing ministry of Good News Publishers
Wheaton, Illinois 60187, U.S.A.

This Korean edition copyright © 2024 by Word of Life Press, Seoul, Republic of Korea.
Published by arrangement with Crossway through rMaeng2, Seoul, Republic of Korea.
All rights reserved.

이 한국어판의 저작권은 알맹2를 통하여 Crossway와 독점 계약한 생명의말씀사에 있습니다.
신저작권법에 의하여 한국 내에서 보호받는 저작물이므로 무단전재와 무단복제를 금합니다.

우리 교회는 기도합니다

© 생명의말씀사 2024

2024년 8월 26일 1판 1쇄 발행

펴낸이 | 김창영
펴낸곳 | 생명의말씀사

등록 | 1962. 1. 10. No.300-1962-1
주소 | 서울시 종로구 경희궁1길 6 (03176)
전화 | 02)738-6555(본사) · 02)3159-7979(영업)
팩스 | 02)739-3824(본사) · 080-022-8585(영업)

기획편집 | 유영란
디자인 | 최종혜
인쇄 | 영진문원
제본 | 다온바인텍

ISBN 978-89-04-18120-9 (03230)

저작권자의 허락 없이 이 책의 일부 또는 전체를
무단 복제, 전재, 발췌하면 저작권법에 의해 처벌을 받습니다.

함께 기도하는 교회는 결코 죽지 않는다

우리 교회는 기도합니다

냉소적인 세상을 밝히는
소망의 공동체 되기

A PRAYING CHURCH

생명의말씀사 　　폴 밀러 지음 | 이제롬 옮김

추천하는 글

저는 35년간 여러 상황에서 고민하며 생존하는 목회를 해 왔습니다. 특히 코로나 팬데믹 동안 교회의 본질을 잊지 않고 어떻게 팬데믹을 헤쳐 나가며 성도들을 제자의 삶으로 인도할 수 있을지 깊은 고민에 빠졌습니다. 이 두 가지 고민, 즉 '복음 체질화'와 '상황의 어려움을 극복하는' 해결책이 기도라고 확신하게 된 것은 바로 폴 밀러의 책 『우리 교회는 기도합니다』를 읽으면서였습니다.

복음 체질화의 원동력과 결과는 기도입니다. 기도하는 교회는 예수님의 죽음과 부활에 연합된 교회입니다. 기도는 매일 죽음과 부활을 경험하는 복음의 절정이라는 것을 이 책을 통해 깨달았습니다. 폴 밀러는 기도를 통해 복음신학의 탄탄함과 성령님의 능력을 동시에 맛볼 수 있다는 것을 여러 방면으로 제시하고 있습니다.

오늘날처럼 불확실성과 두려움이 가득한 시대에 꼭 필요한 책이라고 확신합니다. 예수님의 임재와 성령님의 능력을 경험하고 싶어 하는 모든 교회의 지도자와 성도들에게 강력하게 추천합니다.

노진산
뉴욕믿음으로사는교회 담임 목사

온 교회가 꼭 함께 읽어야 할 좋은 책이 나왔습니다. 원고를 받자마자 내용이 흥미로워 단숨에 읽어 나가며, 성도들과 함께 기도하고자 하는 마음이 뜨거워졌습니다. 그리고 늘 기도하는 성도들의 얼굴이 떠올랐습니다. 그들이 진정 우리 교회의 핵심 사역자임을 새삼 깨닫습니다.

제가 섬기는 더사랑의교회의 핵심 DNA는 기도입니다. 아침부터 저녁까지 매일 성도들이 릴레이로 교회와 나라를 위해 기도하기를 21년째 끊이지 않고 있습니다. 모든 사역의 중심에 기도를 두니 저자의 말대로 성령님이 교회의 중심이 되고 성령님이 운행하시는 것을 경험합니다. 저자는 왜 온 성도가 함께 기도해야 하며, 기도가 교회의 핵심 사역이어야 하는가를 그의 경험을 바탕으로 실제적으로 가르쳐 줍니다. 교회의 본질이 무엇이며 역동적인 교회가 되기 위해서 기도가 중심에 있어야 하는 이유를 소상히 알려 줍니다. 그의 주장에 진심으로 공감합니다. 한국 교회 하면 그 자랑이 기도였습니다. 하지만 어느덧 기도는 식어지고 교회는 침체하고 있습니다. 그러나 다시 온 성도가 기도하기 시작할 때 교회는 능력을 회복할 것입니다. 목회자와 성도들이 함께 읽기를 강력하게 추천합니다.

이인호
더사랑의교회 담임 목사

이 시대 많은 교회가 영적으로 죽어 있습니다. 많은 목회자가 이런 모습은 이 시대의 보편적 현상이라고 하지만 저는 결코 동의하지 않습니다. 어느 순간 교회에서 기도가 사라져 버렸습니다.

교인들은 여전히 기도가 중요하다는 것은 알고 있지만, 실상 교회 안에 함께 뜨겁게 기도하는 모습은 약해지고 있습니다.

특히 목사에게 기도가 없습니다. 이 부분이 과거 기독교 부흥기와 지금의 가장 큰 차이입니다. 목사들이 앞장서서 사생결단 기도를 했을 때, 교회는 살아 움직였습니다. 이 시대 목사들은 설교로만 기도의 중요성을 말하지 실상 본인이 기도의 리더가 되고 있지는 못합니다. 목사들이 기도하지 않으니, 교회의 기도의 영성이 약화될 수밖에 없습니다. 지금 교회 공동체의 큰 문제는 함께 기도하는 전통을 잃어버린 것입니다.

교회는 초대 교회 때부터 함께 기도하는 공동체였습니다. 오순절 성령 강림의 역사는 함께 기도할 때 임하게 되었습니다. 초대 교회는 기도하는 교회였고, 지도자도 기도의 사람을 세웠습니다. 사도 바울의 목회 역시 기도의 목회였습니다. 특히 바울 서신을 보면, 교회를 살리는 공식이 나오는데, 기도에서 시작하여, 성령님으로, 예수님으로, 능력으로 나타납니다. 기도하면 교회는 놀라운 역사와 능력을 체험할 수밖에 없습니다.

이 책은 이 시대 죽어 가는 교회를 살리는 구체적인 기도 지침서입니다. 교회 공동체가 왜 기도에 전력해야 하는지 성경적으로나 신학적으로 매우 견고하게 쓰였습니다. 동시에 그 기도에 대한 구체적인 방법론을 적절하게 제시해 주고 있습니다. 교회가 함께 기도하기를 회복하는 일에 최고의 지침서가 될 것이라고 확신합니다. 이 책을 제대로 소화하면 반드시 죽었던 교회들이 살아나게 될 것입니다.

이정현
청암교회 담임 목사

오직 기도만을 위해 정기적으로 모이는 자리가 많이 사라졌습니다. 이것을 방치하면 안 되는 것은, 공동체 기도가 약화 되면 성령님이 계셔야 할 교회의 중심에 시스템이나 사람이 들어서기 쉽기 때문입니다.

성령님은 기도를 통해 일하십니다. 그러므로 우리가 함께 삶을 나누며 기도할 때 나 개인을 넘어 우리 안에 역사하시는 하나님의 큰 그림을 보게 될 것입니다. 그런 성도는 일희일비하기보다는 마음에 하나님 나라를 품고 큰 그림을 그리며 나아가는 제자의 삶을 추구할 수 있습니다. 특히, 교회를 복음의 원리로 세우기 원하는 목회자들께 이 책을 추천합니다.

이찬수
분당우리교회 담임 목사

폴 밀러의 『우리 교회는 기도합니다』를 막 읽고 나니 오스왈드 챔버스(Oswald Chambers)의 다음과 같은 통찰력이 제 마음을 강타합니다. '기도는 더 큰일을 하기 전에 하는 준비 활동이 아니다. 기도 그 자체가 더 큰일이다.' 저는 이 책을 보며 개인적인 기도 생활은 물론 교회 공동을 위한 사역에서도 기도가 그 중심에 있다는 사실에, 또 그렇게 되어야만 성령님이 모든 일에 충만한 능력을 주신다는 사실에 도전과 영감을 얻었습니다.

브라이언 채플(Bryan Chapell)
그레이스장로교회 원로목사, 『일과 은혜』, 『은혜가 이끄는 삶』 저자

저는 폴 밀러의 『J-곡선』(J-Curve)을 영성에 관한 최고의 책으로 추천합니다. 이제는 그리스도인 공동체 안에서 기도하는 것에 관한 최고의 책으로 『우리 교회는 기도합니다』를 추천하려고 합니다. 이 책은 성경적이고 실천적이며

솔직합니다. 또 복음에 뿌리를 내리고 있기 때문에, 우리는 진정한 변화를 촉구하는 내용 앞에서 위축되지 않을 수 있습니다. 다른 사람들과 이 책을 읽고 성령님의 인도하심에 함께 반응하십시오. 그러면 교회가 반드시 깊이 있는 부흥을 경험하게 될 것입니다.

지미 아간(Jimmy Agan)
조지아주 애틀랜타 소재 인타운커뮤니티교회 담임 목사

폴 밀러의 책을 만나고 저는 변화되었습니다. 36년간 목사로 살아온 인생을 걸고 과장 없이 말할 수 있습니다. 이 책은 기독교 사역에 관해 제가 읽은 것 중 가장 중요한 책입니다.

스티브 에스테스(Steve Estes)
CCEF 이사, 브릭레인커뮤니티교회 담임 목사

지난 몇 년간 우리 교회는 '기도하는 교회'가 되기 위해 노력하며, 폴 밀러의 『일상 기도』(A Praying Life)를 주된 교재로 사용했습니다. 하지만 그 책은 개인적인 기도 생활에 초점이 맞춰져 있어서 아쉬움이 있었습니다. 이번에 밀러가 그 책의 귀한 영감들을 공동체 안에서 적용하는 법을 제시한 것을 보니 기쁨을 감출 길이 없습니다. 예수님은 그분의 교회가 기도의 집이 되어야 한다고 명령하셨습니다. 밀러의 책은 우리가 그 명령을 준행할 수 있게 도와줍니다! 우리 교회는 향후 10년간 이 주제를 최우선 과제로 놓고 있습니다. 저는 여러분의 교회도 그렇게 할 수 있기를 기도합니다!

J. D. 그리어(J. D. Greear)
서밋교회 목사, 『오직 복음』, 『인생, 어떻게 살 것인가』 저자이 책은 공동체의 기도에 대한 현대 교회의 태도와 실천을 다시 생각해 보도록 강력하게 도전합니다. 저는 함께 기도하는 일에 대해 어느 정도 알고 있다고 생각했지만, 이 책을 통해 나 자신에게서 많은 부족함을 보게 되었고, 저의 삶과 사역에서 기도하는 일에 관해 더 많은 것을 배우게 되었습니다.

아지스 페르난도(Ajith Fernando)
십대선교회 교육 책임자, 『예수님이 이끄시는 사역』 저자

『우리 교회는 기도합니다』는 '눈을 뗄 수 없는' 책입니다. 참으로 성경적이고, 대단히 실천적이며, 실제적인 증언과 유용한 도표들로 가득합니다. 마음을 찌르면서도 목회적인 사랑과 관심이 넘쳐납니다. 폴 밀러는 성도로서 성도에게, 그리고 지도자로서 지도자에게 이 글을 씁니다. 밀러는 자신이 설교하는 것을 행하되, 그것을 자랑거리로 삼지 않습니다. 단 몇 장만 읽어도 이 책의 값어치는 충분합니다. 특히 가장 제 마음에 들었던 부분은 금식 기도에 관한 내용입니다.

존 F. 스메드(John F. Smed)
프레이어 커렌트 운영자

지역사회에서 진정한 변화를 주도하는 교회에는 기도를 삶의 방식으로 삼는 회중이 있습니다. 나의 좋은 친구 폴 밀러는 『우리 교회는 기도합니다』를 통해 사려 깊고 도전적인 호소를 하고 있습니다. 이 놀라운 책을 읽고 나면 그리스도의 왕국을 위해 성령님과 함께 여러분의 공동체를 변화시키는 방법을 발견할 것입니다!

조니 에릭슨 타다(Joni Eareckson Tada)
조니 앤 프렌즈 국제장애인센터 설립자

폴 밀러는 기도를 일상과 사역의 중심이라는 본래의 자리에 돌려놓는 길을 모색합니다. 이 책을 읽고 기도의 도전을 받길 바랍니다. 이 책을 공부하며 기도를 제2의 본성으로 만드는 비결을 찾길 바랍니다. 이 책을 깊이 상고하여 기도에 대한 성경의 증언들과 오늘날 다양한 상황에서 필요한 기도, 그리고 기도를 어렵게 만드는 수많은 것들에 대해 다시 생각해 보는 계기로 삼으십시오. 무엇보다 그리스도와 성령님이 어떻게 기도를 통해 성도를 온전하게 하셔서 봉사의 일을 하게 하시는지 다시금 발견하게 되기를 바랍니다. 매우 유익하고 힘이 되는 책입니다.

로버트 W. 야브로(Robert W. Yarbrough)
커버넌트신학교 신약학 교수

우리 교회는
기도합니다

바나바와 같이 온화한 리더십과 친절한 웃음으로
기도에 관한 수없이 많은 이야기의 영감을 준 밥 알럼스와
이 책이 세상에 나올 수 있도록 아낌없는 도움을 베풀어 준
플로리다주 포크 카운티의 신실한 친구들에게

차례

서문 데인 오틀런드 16

제1부 왜 함께 기도해야 하는가? (본질)

1. 우리가 정말 잃어버린 것 23
2. 누가 기도회를 죽였는가? 35
3. 성령님이 사라지다 48
4. 성경 속 기도하는 교회 63

제2부 교회란 무엇인가? (원리)

5. 성도가 소외되면 기도를 잃는다 79
6. 교회가 아닌 그리스도를 먹이라 99
7. 성도가 성도임을 일깨우라 113
8. 성도는 혼자 기도하지 않는다 122
9. 성령님의 자리는 어디인가? 129

제3부 성령님은 어떻게 새롭게 하시는가? (방향)

10. 성령님이 일하시는 방식 141
11. 예수님의 이야기로 들어가라 156
12. 전력 공급망을 바꾸라 167
13. 지도자라면 함께 기도하라 179
14. 함께 큰 기도로 나아가라 193
15. 큰 기도를 위한 삼각형 205
16. 기도의 함정을 피하라 219

제4부 **어떻게 함께 기도하는가?** (방법)

17. 낮은 곳에서부터 천천히	239
18. 정기적으로 진지하게 집중하며	249
19. 주일 오전 기도를 회복하라	265
20. 부활의 렌즈로 바라보라	278
21. 현실을 담아 기도하라	290
22. 하나님과의 대화를 위한 기도 메뉴	300

제5부 **기도하는 교회는 어떤 모습인가?** (문화)

23. 쉬지 않고 기도한다는 것	319
24. 한 형제가 된다는 것	329
25. 금식하며 기도한다는 것	341

나가는 글 354
주 358

서문

기도를 위한 싸움은 기도하지 않음에 맞서 싸우는 것이라기보다 오히려 낙담하고 냉소적인 마음, 그리고 불신에 맞서 싸우는 것이다.

이러한 싸움이 우리 개개인의 삶에 실제로 일어난다면(물론 실제로 그러한 싸움이 일어나고 있으며, 나 또한 예외가 아니다), 우리가 속한 지역 교회 안에는 얼마나 더 많이 일어나겠는가. 기도가 일종의 의무감에서 비롯된 행위가 되어 버린 교회 현실 속에서, 이 책은 교회를 병들게 하고 약화시키는 달콤한 불신의 덫에서 우리가 헤어나올 수 있도록 돕는 참으로 매력적이고 강렬한 메시지를 외친다. 폴 밀러는 성경의 가르침을 따라 우리에게 놀라운 대안을 제시하는데, 그것은 우리의 모든 행위의 중심 자리에 기도를 옮겨 넣는 것, 즉 '마치 하나님 앞에 있는 것처럼' 교회 생활을 하는 것이다.

이 책은 내용을 일목요연하게 분류하고 있지는 않다. 한편으로는 바울 신학이 어떻게 깊이 있게 내적으로 작용하는지, 성령님에 관한 신약성경의 언급이나, 그리스도의 부활로 인한 새로운 시대의 도래가 신약성경에 어떻게 나타나는지 등을 다룬다. 다른 한편으로는 저자가 그의 삶과 사역 가운데 어떠한 기도의 효과를 보았는지(혹은 보지 못했는지) 등을 여러 사례와 이야기를 통해 들려주는데, 지극히 현실적이고 실제적이다.

『우리 교회는 기도합니다』에는 과연 기도가 무엇이며 또 기도를 통해 어떻게 교회 공동체 전체가 환하게 빛날 수 있는지 깊이 있는 통찰로 가득하다. 예를 들어,

- 내가 무언가를 위해 기도하면 그 일은 지속되는 데 반해, 기도하지 않으면 지속되지 않는다.
- 나는 성령님이 공동체 안에 거하실 때 어떤 일이 일어나는지 목격했다. 그 순간 모든 것이 빛나기 시작한다.

- 바울은 결코 '기도의 은사'라는 표현을 쓰지 않는다. 왜냐하면 '숨쉬기 은사' 같은 것은 존재하지 않기 때문이다.
- 만약 우리가 '기도' → '성령님' → '예수님' → '경이로움'의 단순성을 분명히 깨닫게 된다면, 함께 기도하는 일이 또 다른 짐이 되지는 않을 것이다. 오히려 그것은 우리의 모든 짐을 변화시키는 활동이 될 것이다.

이 책에는 위와 같은 통찰이 넘쳐난다. 하지만 전체적으로 볼 때 이 책의 진정한 탁월함이 드러나는 부분은, 폴 밀러가 우리가 실제로 살아가는 어지러운 삶의 현장에 기도를 접목시킨다는 점이다. 즉 남에게 보이기 위해 깨끗이 정리된 삶이 아닌, 온갖 실패와 낙심, 눈물과 망연자실과 피로감으로 범벅된 우리의 실제 삶에 말이다. 다시 말해 폴이 이해하는 기도는 복음과 일맥상통한다고 볼 수 있다. 마치 복음이 우리의 부족함 가운데 우리의 능력이 되듯이, 기도 역시 우리의 부족함과 연약함이 있는 바로 그곳에서 심오한 능력과 도움이 된다. 이것이 본서 전체의 핵심이다.

따라서 이 책의 업적이라고 할 수 있는 점은 기도에 담긴 이와 같은 복음의 실제(즉 기도는 '지금' 우리의 '부족함' 가운데 하는 것이지, 나중에 우리가 함께 그 필요를 채운 후에 하는 것이 아니다)를 통해 교회 안에 기도가 살아 숨 쉬게 한 일이다. 폴 밀러는 초대 교회 지도자들이 "우리는 오로지 기도하는 일과 말씀 사역에 힘쓰리라"(행 6:4)고 강조했던 것을 주목하며 우리도 기도를 통해 교회 생활을 해나가기를 바란다.

다시 말해서 『우리 교회는 기도합니다』는 우리에게 기도의 쳇바퀴 안에서 더 빨리 달리라고 종용하지 않는다. 오히려 예수님의 영이신 성령님을 바라보며 그분과 교감하는 가운데 그분이 우리를 이끄시게 함으로써 그와 같은 쳇바퀴에서 벗어나라고 촉구한다. 이는 놀랍도록 단순하지만, 동시에 대단히 등한시되었던, 그럼에도 한량없는 자유를 얻게 하는 길이다.

교회가 제아무리 유구한 역사와 고귀한 음악, 힘 있는 설교와 훌륭한 양육, 또는 대출금 청산이나 놀라운 출석률을 자랑한다 할지라도 기도의 활력이 아닌 인간적 자원을 통해 운영된다면 그러한 교회의 결말은 치명적인 비극으로 치달을 것이다.

반면 온갖 문제가 가득하고, 끊임없는 싸움에 시달리며, 설교에는 감동이 없고, 음악도 형편없을 뿐만 아니라, 교인 수도 적고, 자원도 없는 교회라 할지라도 이 책에서 제시하는 기도, 곧 믿음에서 우러나오는 기도가 살아 있는 교회라면 세상을 위해 없어서는 안 될 놀라운 복이 되며, 또한 그 발자취가 영원토록 길이 남을 것이다.

이 책은 우리의 교회가 그토록 바라고 원하던 나니아 왕국으로 들어가는 옷장 문이 될지도 모른다. 왜냐하면 결론적으로 이 책은 기도에 관한 책이 아니기 때문이다. 이 책은 하나님에 관한 책이며, 교회인 우리가 마치 하나님 앞에 있는 것처럼 인생을 살아가는 것에 관한 책이다. 나는 진심으로 이 책을 추천하며, 이 책을 쓴 폴 밀러에게 감사한다.

데인 오틀런드(Dane C. Ortlund)
일리노이주 네이퍼빌장로교회 담임 목사

제1부

왜 함께
기도해야 하는가?

A PRAYING CHURCH

1

우리가 정말 잃어버린 것

　우리 대부분은 기도를 혼자 하는 것이라고 생각한다. 공동 기도라고 하면 그것이 어떤 모습이나 분위기를 띠는지 잘 모른다. 그래서 나는 오늘 아침에 내가 참여한 세 차례의 기도회 모습을 보여 주며, 이 책을 시작하려 한다. 함께하는 기도를 잃어버린 것에 슬퍼하기 전에, 우리가 잃어버린 것이 무엇인지 알 필요가 있다!

　나는 아침에 가장 먼저 아내와 함께 기도한다. 우리는 아침 5시 45분에 시작해 45분가량 함께 성경을 읽고 또 함께 기도한다. 아내는 중간중간에 우리의 가족과 친구, 그리고 세상을 위해 뜨겁게 기도한다. 그러다 내가 해야 할 일이 생각나면 "아, 폴, 출근하기 전에 당신 서재에 있는 상자들 좀 전부 옮겨 줄래요? 오늘 카펫 청소하시는 분들이 오기로 했어요"(이 말은 겉으로는 질문이지만 사실상 명령이다!)라며 잠시 딴소리를 하기도 한다. 그러고 나면 다시 우리 가족을 위해 더욱더 뜨겁게 기도하는데, 그것도 잠시, 어느새 아내는 또 내가 너무 바쁘니 기술자를 불러서 벽에 액자를 걸어도 되겠냐고 묻는다. "그래요, 그렇게 합시다." 그리고 우리는 다시 우리 손주들을 위해 좀 더 기도한다.

아내는 자신에게 주의력결핍장애(ADD)가 있다고 스스럼없이 인정한다. 얼마전 나는 아내에게 우리가 기도를 마칠 때까지는 오늘 내가 해야 할 일을 잠시 접어 두자고 권했다. 하지만 아내의 입장도 이해가 되는 것이, 요즘 내가 집에 페인트칠을 하고 주방 리모델링도 좀 하고 있는데, 아내는 그와 관련한 온갖 자질구레한 뒷마무리를 하고 있고, 게다가 내게 할 일도 밀려 있는 터라 그런 일들이 생각나면 불쑥불쑥 그 이야기를 꺼내는 것이다. 이때가 내게는 하루 중 가장 정신없는 기도 시간이지만, 그럼에도 가장 능력 있는 기도 시간이기도 하다. 그리고 이 기도는 대개 아내가 인도한다. 지난 10년간 내가 깨달은 것은 아내와 함께 기도하려면 이 부산스러움을 감당해야만 한다는 점이다.

그뿐 아니라 아내는 나보다 기도를 더 잘한다. 무슨 말인가 하면, 아내의 기도는 거의 통곡 직전까지 다다른다. 마치 내가 방에 페인트칠을 하기로 약속해 놓고 계속 그 일을 미룰 때 내게 말하는 것처럼 그렇게 하나님과 대화한다. 아내는 지금 이 시대에 가득 찬 죄악을 감지하고 그것을 물리치기 위해 열렬히 기도한다. 참으로 기도의 용사와 같은 모습이다. '무엇이든 구하라'고 하신 예수님의 거듭된 명령은 우리 눈에 불가능해 보이는 것조차 구할 수 있는 자유를 가져다준다. 특히 우리는 사랑하는 딸 애슐리를 암으로 먼저 보냈기 때문에, 암 투병 중에 있는 사람들을 위해 기도한다. 그리고 스물다섯 명이 넘는 우리의 자녀와 그 배우자들, 그리고 손주들을 위해 기도할 때는 10분에서 15분 정도 흐트러짐 없이 그들 모두를 위해 기도한다.

다음으로 나는 성인이 된 우리 딸 킴과 함께 기도한다. 킴은 장애를 갖고 있다. 우리는 한 5분 정도 함께 기도하는데, 나는 이 아이의 '목소리'를 듣는 것이 너무 좋다. 킴은 음성지원 컴퓨터를 사용해 하나님께 여러 가지 감사 기도를 드린다.

오늘 아침에는 나흘 전에 우리가 나눈 추수감사절 저녁 식사에 대해 하나님께 감사 기도를 드렸다. [팬데믹으로 가족 모임이 취소된 바람에 우리는 "레이디와 트램프"(Lady and the Tramp)에 나오는 것 같은 식당에 갔는데, 킴이 이곳을 정말 마음에 들어 했다.] 보통 킴은 항상 자기 물건을 훔쳐 가는 우리 집 못된 강아지 툴리를 위해 기도한다. 내가 자전거로 출근할 때는 사고 나지 않게 해달라고 기도하고, 밤에 스키를 타러 갈 때는 나무에 부딪히지 않게 해달라고 기도한다. 또한 런던에 살고 계시는 할머니를 위해서도 기도한다. 나는 평소에 킴에게 조카들을 위해서도 기도해 보라고 권한다. 그러면 대개 너무 소란을 피우거나 말썽을 부리는 조카를 골라 기도하곤 한다. 킴은 조카들을 와인처럼 생각한다. 시간이 갈수록 더 나아질 거라고 생각하는 것이다.

내 딸은 분노를 조절하는 데 어려움이 있다. 이는 그 아이가 겪는 장애의 한 증상이다. 하지만 우리는 킴을 그러한 '진단명'으로 정의하지 않으려고 노력하며, 킴도 스스로 분노를 조절할 수 있도록 도와달라고 하나님께 늘 기도한다. 최근에 우리는 킴의 일상을 객관적으로 시각화하여 그 아이가 화낼 만한 상황들을 놓고 기도하는데, 매우 큰 도움이 되고 있다. 실제로 나는 내게 인내심이 부족하다는 사실을 자주 보게 되었고, 그래서 킴과 나는 서로가 인내할 수 있기를 함께 구하며 그 시간을 마무리한다.

나의 세 번째 기도 모임은 내가 이끄는 "씨지저스"(seeJesus) 사역팀과 갖는 오전 기도 시간이다. 약 서른 명 정도가 한 시간가량 '줌'(Zoom)으로 모인다. 처음 30분 정도는 전 세계에서 우리가 여는 세미나와 훈련 사역에 대한 보고를 듣는다. 그 시간에는 누구나 마이크를 켜고 발언할 수 있어서 우리는 서로 자신과 가족의 필요에 대해 새로운 소식들을 나눈다.

함께 기도를 하다 보면 마치 우리가 커다란 양탄자를 짜는 듯한 느낌이 든다. 먼저 우리는 추수감사절 전날 코로나로 자매를 잃은 펠리시아를 위해 기도하며 시작한다. 펠리시아가 자매와 함께했던 시간들을 돌아보며 하나님이 베푸신 좋은 것들을 함께 기뻐하고, 힘들었던 일에 대해서는 함께 슬퍼한다. 다음으로는 마프디의 아랍권 사역을 위해 기도한다. 누군가는 다시 펠리시아를 위해 기도하고, 그런 다음 우리는 마프디가 맡은 온라인 아랍어 성경 공부인 "예수님의 인격"(The Person of Jesus) 과정을 위해 기도한다. 또 최근에 병을 앓게 된 칠레의 스페인어 사역자인 미겔을 위해 기도한다.

마지막 5분 정도 남은 상황에서 우리의 기도는 마치 미식축구의 4쿼터 경기와 비슷하게 흘러간다. 빠뜨린 것 없이 다 기도하려다 보니 어느덧 대화 형식의 기도회 모습은 사라지고, 미처 다루지 못한 제목들을 쏟아내며 짧고 간결하게 기도한다. 마지막으로 내가 성령님이 우리를 빚으시고 인도하시어 이 사역을 감당하게 해달라고 기도하며 이 시간을 매듭짓는다.

우리가 기도하는 이 시간은 하루 중 최고의 순간이다. 이는 이 시간에 빠지는 사람이 거의 없고, 오히려 일찍부터 모이기 시작한다는 사실에서 알 수 있다. 기도회의 분위기는 마치 '부활'을 경험하는 것과 같다. 우리는 기대하는 마음으로 담대히 기도한다. 그것이 바로 부활의 백성이 해야 할 일이기도 하지만, 또한 우리는 하나님이 역사하시는 놀라운 일들을 수없이 목격했기 때문이기도 하다. 기도는 또 다른 기도의 밑거름이 된다.

이 세 차례의 기도회에서 느껴지는 소망 가득한 부활의 '분위기'는 자연히 생기지 않는다. 오랜 시간 쌓아 올려야 가능하다. 나는 아내와 그녀 내면의 깊은 곳을 세심하게 살핀다. 킴에게는 이런저런 다양한 시도를 해보도록 권한다. 하지만 아무리 많아도 다섯 개 이상을 제시하지는 않는다. 그보다 더 많아지면 "스펀지밥"(SpongeBob)을 못 보게 될까 봐 짜증을 내기 때문이다!

씨지저스 기도회에서는 참석자 한 사람 한 사람의 이야기에 귀를 기울이려고 노력한다. 예를 들어, 나는 기도회 전에 펠리시아와 대화를 나누며 그녀의 자매에 관한 이야기를 좀 더 들었다. 그리고 기도회의 "오픈 마이크"(open-mic) 시간에 펠리시아에게 몇 가지 질문을 하여 그녀의 가족이 겪었을 고통의 깊이를 헤아리려고 했고, 하나님이 그녀를 통해 자매의 삶에 역사하신 놀라운 일들을 드러내려고 했다. 부활을 깊이 묵상하면 슬픔의 수렁에서 헤어나올 수 있다.

이 세 번의 기도회는 지극히 평범하다. 내 아내가 하나님께 드리는 말은, 내가 깜빡하고 쓰레기를 내버리지 않았을 때 내게 하는 말과 별로 다르지 않다. 이렇게 말하는 이유는, 흔히 기도라고 하면 무언가 '더 고귀한 삶'을 생각하고는 하는데, 사실 기도는 우리가 살아가는 '실제 삶'의 일이기 때문이다. 동시에 이 세 번의 기도회는 놀라울 정도로 서로 다른 모습을 하고 있다. 왜냐하면 각 기도 모임의 관심사가 다르고, 참석자도

다르기 때문이다. 우리의 일상적인 대화도 마찬가지다. 우리가 어떤 사람과 이야기를 나누는가에 따라 그 대화의 내용이 달라진다.

왜 함께 기도하는가?

기도가 중요하다는 점에는 모두가 동의할 것이다. 하지만 현실적으로 생각해 보면 우리 중에 아침에 한 시간 반 동안 여유롭게 기도할 수 있는 사람은 많지 않다. 우리의 일상이 너무나 바쁘기 때문이다.

사실 나는 그러한 바쁜 일상 '때문에' 다른 신자들과 기도하려고 오히려 삶의 속도를 늦춘다. 본능적으로 일상의 속도를 나의 속도에 맞추는 것이다. 그렇게 하면 외적인 삶에서뿐만 아니라 나의 영혼에도 연쇄적인 작용이 일어나게 된다.

나는 함께 기도하는 일 없이 내 가정이나 공동체를 이끌어가는 것은 상상조차 할 수 없다. 내가 이렇게 아침에 기도하는 시간을 갖는 것은 규율을 지키기 위해서가 아니라 '절실함을 깨달았기 때문'이다. 내가 속한 예수님의 공동체들에 '끊임없는 필요'가 있음을 알기에 나 역시 그들과 함께 기도하는 일을 멈출 수 없다. 나는 어떤 일이든 먼저 그것을 위해 기도하지 않으면 선뜻 하려 들지 않는다. 내가 무언가를 위해 기도하면 그 일은 지속되는 데 반해, 기도하지 않으면 지속되지 않는다.

그뿐만이 아니다. 예수님의 공동체가 갖는 특징은 경이로움인데, 그것에 이르는 통로가 바로 함께하는 기도이다. 나는 성령님이 공동체 안에 거하실 때 어떤 일이 일어나는지 목격했다. 그 순간 모든 것이 빛나기 시작했다.

함께 기도하는 것은 호사스러운 일도 아니며, 단지 '신령한' 그리스도인에게만 해당하는 일도 아니다. 그것은 다만 '교회의 호흡'일 뿐이다. 하지만 우리는 대부분 그 말의 진정한 의미를 제대로 알지 못한다. 따라서 나는 이 책에서 그 의미를 보여 주려 한다. 곧 하나 되는 기도가 예수님의 공동체에서 하는 역할을 말이다.

하나님은 내가 전에 쓴 『일상 기도』라는 책과 그에 관한 세미나를 통해 많은 이들이 '개인적으로' 기도할 수 있도록 도우셨다. 하지만 함께 기도하는 '공동체'의 지원이 없으면 소망을 잃어버리거나 기도하는 일에 지치기 쉽다. 교회 전체가 함께 기도해 나가기를 배우지 않으면, 개인 기도는 지속할 힘을 잃는다.

이 사실은 공적인 기도회에만 해당하는 것이 아니라, 우리의 가족과 소그룹 안에서는 물론, 심지어 일상적인 전화 통화에서도 마찬가지다. 이 책이 지향하는 바는 바로 그와 같이 기도하는 공동체를 양육하는 일이다.

기도하는 공동체 만들기

앞으로 이 책에서 다루려는 내용을 개략적으로 살펴보자.

1부에서는 "왜 함께 기도해야 하는가?"라는 질문에 답한다. 즉 교회의 삶에 기도가 없어서는 안 되는 이유를 찾는다. 나는 누가복음과 사도행전을 논의의 출발점으로 삼을 것이다. 기도를 통해 예수님의 교회 안에 성령님의 불꽃이 타오르는 것을 보여 주면서, 우리의 상상력을 불러일으키려고 한다.

2부에서는 교회가 무엇인지에 대해 살핀다. 이 책의 의도는 단순히 함께 기도하는 것에만 국한하지 않으며, 더 나아가 예수님의 공동체가 작동하는 원리를 보여 주는 것이다. 에베소서의 말씀을 통해 과연 누가 교회 운영의 주체인지(성령님), 교회를 구성하는 대상이 정확히 누구인지(성도) 알게 될 것이며, 이로써 왜 기도가 우리의 교회 '생활'에 본질적인지 깨달을 것이다. 만약 이 책을 통해 우리 안에 경이로움과 교회를 바라보는 새롭고 풍성한 시각이 가득 차면, 우리 마음이 더욱 넓어질 것이고, 그러면 그 넓어진 마음이 스스로 일하게 될 것이다.

3부에서는 성령님과 기도하는 공동체 사이의 접점을 탐구한다. 즉 우리의 눈을 밖으로 향하여 교회가 나아가는 방향과 그 목적지에 도달하는 방식을 발견하는 것이다. 가는 길과 목적지를 바로 알지 못하면 기도는 그저 치유나 권력의 과시를 위한 수단에 불과하다.

4부에서는 공동체 안에서 기도하는 '방법'과 가족이나 선교 단체, 혹은 교회 등을 구성하는 여러 하위 공동체에 대해, 그리고 그러한 공동체 안에서 기도를 일구어가는 방법에 초점을 맞춘다.

5부에서는 하나 되는 기도가 교회의 하위 공동체에 어떤 역할을 하는지 살펴본다.

앞에서 나는 기도하는 공동체의 모습이 어떤지 가늠할 수 있도록, 세 번의 아침 기도 모임을 보여 주며 이번 장을 시작했다. 내가 '어떻게' 그 기도회를 인도하는지 간단히 나누었고, 함께 기도하는 것이 '왜' 그토록 중요한지 나의 생각을 나누었다. 우리가 일단 '왜 기도하는지'(1부), '교회란 무엇인지'(2부), '성령님이 어떻게 일하시는지'(3부) 알게 되면, '어떻게 기도해야 하는지'(4-5부)가 새로운 생명력을 얻는다.

하지만 어떤 식으로든 먼저 함께 기도하는 일을 시작해야 한다. 친한 친구와 함께해도 좋다. 직접 해보지 않고서는 이해할 수 없는 것들이 있다. 예컨대, 사랑에 관한 책들을 쌓아 놓고 탐독할 수는 있겠지만, 사랑 안에서 인내해 보기 전에는 그 사랑을 온전히 이해하지 못한다.

한편, 내가 '기도하는 교회'라고 말할 때 그것은 지역 교회를 가리킨다. 하지만 거기에는 우리가 다른 신자들과 맺는 다양한 우정의 관계도 포함된다. 이 책에 나오는 기도하는 공동체에 관한 몇몇 예들은 내가 이끄는 선교 단체인 씨지저스에서 가져왔지만, 그것이 지역 교회이든 아니면 가정이나 친구 관계이든 예수님의 공동체라면 함께하는 기도의 원리는 그 어디에서나 동일하다.

이 책을 통해 내가 바라는 것

나는 교회 전체를 위해 이 책을 썼다. 왜냐하면 기도는 교회 전체의 일이기 때문이다. 사도행전을 보면 설교가 선포되는 장면에서는 한 사람의 설교자가 등장한다. "베드로가 열한 사도와 함께 서서 소리를 높여 이르되"(행 2:14). 그러나 기도회 장면을 묘사할 때는 교회 전체가 등장한다. "다 거기 있어 여자들과 예수의 어머니 마리아와 예수의 아우들과 더불어 마음을 같이하여 오로지 기도에 힘쓰더라"(행 1:13-14). 따라서 이 책은 모든 사람을 위한 것이다. 누구든지 친구와 대화하던 중에 "우리 잠깐 멈추고 그것에 대해 기도할까?"라고 제안할 수 있다.

1806년 윌리엄즈칼리지(Willaims College)에 다니던 학생 다섯 명이 폭풍우를 피하려고 건초 더미 안에 들어갔을 때 그와 같은 일을 했다. 세계

선교를 위해 기도하기 시작한 것이다. 그들은 상대적으로 부유하고 바쁜 삶을 살았고, 점점 더 냉혹해지는 사회를 직면하고 있었다. 또한 계몽주의 세속화의 영향으로 미국의 교회는 사상 최저치의 출석률을 보이고 있었다. 하지만 그들의 건초 더미 기도회는 폭발적인 기도의 도화선이 되었고, 그로써 교회 역사상 전대미문의 성장기를 맞이하게 되었다. 그 후 약 100년 동안 그리스도인의 수는 전 세계 인구의 10퍼센트에서 30퍼센트로 증가했다.[1] 이 모두가 다섯 명의 대학생이 함께 기도한 일에서부터 시작되었다.

나는 필라델피아 북쪽에 있는 메카닉스빌채플(Mechanicsville Chapel)과 뉴라이프교회(New Life Church)에서 20년 동안 집사와 장로로 봉사하면서, 기도하는 이 두 교회의 발전을 최일선에서 지켜보고 그에 동참한 바 있다. 하지만 이 책의 주된 내용은 내 가족과 내가 속한 씨지저스 사역 가운데서 기도의 공동체를 일구어 낸 경험에 바탕을 둔다.

나는 기도하는 공동체를 세우기 위해 200개가 넘는 교회를 다니며 그곳의 성도들을 격려하고 돕는 일을 했다. 또한 개인이나 집단 상담을 통해, 혹은 그저 친분이 있어서 멘토링을 해준 목사가 수백 명에 달한다. 나는 문화를 변화시키는 일이 얼마나 더딘 작업인지 알고 있다. 하지만 예수님의 영이신 성령님은 우리의 바람과 상상을 초월하는 모든 일을 이루실 능력이 있다!

내가 쓴 책들이 다 그렇듯이, 나는 오직 살면서 내가 경험한 것들에 대해서만 쓴다. 나는 신령한 도사가 아니라 제자를 양성하는 사람이기 때문에 그렇다. 젊은 시절에 나는 그리스도인들이 최신 개념을 섭렵하기 위해 이 책 저 책을 '수박 겉핥기'로 들여다보는 모습을 보았다. 기독교적 가치가 충만한 세상이라면 그러한 겉핥기만으로도 그럭저럭 지낼 수 있겠지만, 탈기독교 혹은 반기독교적 사상이 점점 증가하는 세상에서는 예수님의 형상으로 변화를 일구어 내는 제자도가 필요하다.

그리고 그것은 오직 우리가 오랜 시간 예수님의 어떤 모습에 깊이 집중하여 그분을 닮아가기 시작할 때만 가능한 일이다. 나의 바람은 교회가 예수님을 닮아가도록, 즉 그분의 마음과 그분의 어조, 다시 말해 그분이 사신 기도의 삶을 체화하도록 돕는 것이다. 우리는 기도하는 그리스도의 몸이기 때문이다.

어떤 교회에 여러 예술가가 모여 자신의 작업에 관해 설명하는 모습을 상상해 보라. 음악가도 있고, 화가도 있으며, 또 작가도 있다. 그중에 나는 작가이다. 내 차례가 되자 나는 내 일이 예술가의 일이라기보다는 일종의 기술자와 같다고 설명한다. 마치 하늘 높이 솟은 고딕 양식의 대성당을 지은 건축가들처럼 말이다. 이 건축가들은 예술 그 자체를 위한 예술품을 만드는 것이 아니라, 그저 사람들을 하늘로 끌어올리기 위해 무언가를 만든다. 그것이 바로 내가 이 책을 통해 바라는 바다. 성령님이 이 책을 사용하셔서 교회를 하늘로 끌어올릴 장이 생겨나게 하시기를 바란다.

이러한 대성당을 만들기 위해 내가 직접 겪은 이야기를 나누려고 한다. 나의 성공 사례나 실패의 영광을 자랑하려는 것이 아니다. 단지 내가 나누는 생각들을 여러분의 실제 상황에 대입해 보길 바란다. 생각은 현실과 이어져야 한다. 우리는 "막대기에 달린 뇌"[2]가 아니다. 그러므로 우리는 실제 삶을 가득 채우는 것들을 들여다보면서 그것이 우리의 공동체 안에서 어떤 모습으로 나타날지 상상할 수 있다.

함께 기도하는 일이 마치 친구에게 커피 한 잔 하자고 말하듯 자연스럽고 더 쉬운 일이 되기를 바란다. 함께하는 기도가 우리의 완전한 일상이 되어 빈번히 일어나고, 또 그 순간이 사랑으로 가득 찬다면, 성령님이 비로소 우리에게 기도하는 교회를 허락하실 것이다.

2

누가 기도회를 죽였는가?

동인도 출신의 한 전도자가 미국에서 처음 경험한 기도회의 모습을 묘사한 적이 있다. 그는 목사의 탁월한 설교로 인도에까지 잘 알려져 있던 한 대형교회를 방문 중이었다. 그런데 교회의 목사가 주일 예배에 참석한 3천 명의 사람들에게 주중 기도회에도 나오라고 했다. 그는 이 말을 듣고 전율을 금치 못했다. 심지어 그 목사는 무언가 "자신의 마음에 무거운 짐"이 있어 그것을 위해 기도하려 한다고 말하기도 했다.

전도자는 그날이 오기만을 기다렸다. 인도에서는 기도회가 교회의 심장박동과도 같아서 밤늦게까지 멈추지 않고 하늘을 향해 몰아치곤 한다. 지정된 기도회 장소에는 500여 석밖에 없었기에 그는 자리에 앉으려고 일찍 도착했다. 그러나 정해진 기도회 시간인 저녁 7시가 되었는데도 그는 혼자였다. 7시 15분경, 여전히 자신 혼자뿐인 상황에 어리둥절하여 혹시 장소를 잘못 안 것은 아닌지 싶어 밖으로 나가 확인했다. 하지만 그곳은 주일에 목사가 알려 준 바로 그 예배실이 맞았다. 7시 30분 정도가 되자 몇몇 사람이 스포츠 경기나 날씨 이야기 등을 하며 예배실 안으로 들어오기 시작했고, 7시 45분이 되어서야 인도자가 도착했다. 인도자는 일곱 명의 참석자와 함께 짧은 묵상을 나눈 후 간단히 기도하고는 그 모임을 마쳤다.

인도에서 온 전도자는 아연실색하고 말았다. 예배도 없었고, 하나님의 도우심을 구하는 울부짖음도 없었다. 담임 목사도 없었는데, 그가 말한 마음의 짐은 대체 무엇이었단 말인가? 병든 자들과 교회를 떠난 자들을 위한 기도[1]는 어디에 있는 것인가?

이 이야기에 등장하는 사람들은 그 누구도 공동 기도의 중요성을 알지 못했다. 담임 목사는 기도회에 나타나지도 않았고, 교인들은 고작 일곱 명뿐이었으며, 기도회 인도자는 45분이나 늦었음에도 기도를 짧게 한 번 하고 모임을 마쳤다. 기도는 그저 눈속임에 불과했다. 사람이 무언가에 의심을 품으면 그 능력을 믿지 못하고 그것을 사용하지 않기 마련이다. 그날 저녁 그곳에 있던 사람들은 기도의 능력을 믿지 못했다. 이렇듯 불신앙은 신앙만큼이나 실제적이다.

교회 내 기도의 현 상태

인도에서 온 전도자가 겪은 이 공동 기도의 부재는, 예수님의 공동체 안에서부터 우리의 가정과 친구 관계에 이르기까지 동일하게 퍼져 있다. 기도를 하긴 하지만 혼자서 할 뿐이다. 최근 바나(Barna) 그룹의 조사에 의하면, 지난 석 달간 한 번이라도 기도를 한 미국 성인의 94퍼센트가 혼자 기도를 한 것으로 나타났다.

기도는 미국인에게 가장 보편적인 영적 행위이다 … (하지만) 사람들은 대부분 혼자 기도한다. 주로 개인적인 필요나 걱정거리를 표현하는 홀로 하는 활동일 뿐이다. 공동 기도와 공동의 필요는 사람들의 기도 생활에 그다지 중대한 원동력이 되지 못한다 … 하지만 그러한 기도 생활의 시야를 더 넓혀 나가면 어떤 모습이 될까? 공동 기도의 능력을 믿고 한 사람 이상이 하나님의 이름으로 모인다면 그것은 어떤 모습일까?²

공동 기도라는 관점에서 보자면, 미국의 교회는 기도가 제 기능을 상실한 상태이다. 물론 보이지 않는 곳에서 기도하는 일단의 남은 자들이 있지만, 대부분의 교회에서는 공동 기도가 의미 있는 기능을 하지 못한다. 그런데 그 남은 자들은 얼마나 될까? 우리가 주최한 기도 세미나에서 우리는 참석자의 기도 생활과 관련해 몇 가지 은밀한 질문을 했다. 수백 차례의 세미나를 통해 우리는 일반적인 교회에 다니는 그리스도인 중 약 15퍼센트 정도가 풍성한 기도 생활을 누린다는 것을 발견했다. 그 말은 사람들이 "당신을 위해 기도하겠습니다"라고 말할 때 그중 85퍼센트는 단지 말뿐이라는 뜻이다. 이것은 목사의 문제가 아니라 예수님을 따르는 사람의 문제이다.

한때 기도하는 교회의 중추적인 역할을 했던 기도회는 거의 사멸한 상태이다. 전에는 수요일 밤 기도회가 가장 헌신적이고 경건한 사람들이 참석하는 핵심적인 모임이었다. 하지만 지금은 기도회라는 것 자체가 많은 이들의 어렴풋한 기억 속에만 남아 있다. 최근에 열었던 기도하는 교회 세미나에서 나는 참석자들에게 기도회와 관련해 가장 불편한 것이 무엇인지 물어보았다. 이에 젊은 남성 한 분이 단호하게 못 박았다. "지루.

해요." 또 어떤 이는 "너무 우울해요"라고 덧붙였다. 그러나 가장 가슴 아픈 대답은 이것이었다. "어디에 무슨 기도회가 있는지 모르겠어요." 나는 출석 교인이 3천 명인 어떤 교회의 목사에게 그 교회에 어떤 기도 모임이 있는지 아느냐고 물었다. 그분은 조금의 불편한 기색도 없이 이렇게 대답했다. "아니요, 그런 게 있는지 잘 모르겠네요."

세속주의는 어떻게 기도회를 죽였는가

오늘날 우리 사회의 많은 곳에서 무엇이 우리를 '함께하는 기도'라는 이 독특한 도전에 직면하게 할까? 우리의 삶은 분주하고, 또 그로 인해 풍요를 누리고 있다. 우리가 이룬 삶의 목표와 지금 누리는 편안함은 가만히 앉아서 이룰 수 있는 것이 아니다. 그런데 함께 기도하는 것은 그저 '가만히 앉아 있는 것'처럼 느껴진다. 우리는 무언가를 만들어 내고 생산하는 일에 지나치게 몰두하다 보니 우리가 '무엇을' 만드는지조차 생각할 겨를이 없다.

우리의 분주함과 풍요로움 뒤에는 '세속주의'라는 철학이 자리하고 있다. 이 사고 체계는 단순히 하나님의 존재만 부정하는 것이 아니라 영적인 세계의 존재도 부정한다. 그러나 이는 낯선 개념이다. 왜냐하면 인류 역사 가운데 존재했던 모든 문화는 영적 세계를 공공연히 인정해 왔기 때문이다. 하나님이나 '다른 신들'을 무시하는 것은 본인의 자유일 수 있지만, 그 결과 역시 스스로 책임져야 했다. 이러한 역사적 배경을 고려한다면, 뉴스 프로그램을 시작할 때 감사 기도를 드린다 해도 이상한 일이 아니다. 그러나 지금은 그런 모습을 찾아볼 수 없다. 왜냐하면 우리 삶의

'정상/비정상' 여부를 세속주의가 정의하고 있기 때문이다. 공개적으로 하나님에 관해 이야기하는 것이나, 그 하나님께 이야기하는 것은 이상한 일이 되어 버렸다.

세속주의의 대두와 함께 기도회가 쇠락하게 된 것은 결코 우연이 아니다. 세속주의는 영적인 세계란 그저 그것을 믿는 사람에게만 실재하는 환상일 뿐, 다른 모든 이에게도 똑같이 실재하는 것으로 보지 않기 때문이다. 이것은 18세기 계몽주의에서 비롯된 사상이다. 계몽주의를 이끌었던 철학자(그리고 꾸준히 교회에 출석했던!) 임마누엘 칸트(Immanuel Kant)는 기도를 일컬어 "미신적인 망상"이라고 했다. 따라서 하나님은 그것을 들으실 필요가 없으며, 당연히 어떠한 것도 이루어 주실 필요가 없다고 말했다.[3] 칸트가 믿은 하나님은 멀리에 있는 비인격적 존재였다. 그러니 하나님을 무시하는 것이 그분의 존재를 부정하는 것보다 훨씬 더 효과적이다. 무시하면 그 존재는 그저 사라져 버리기 때문이다.

20세기 중반 대중 매체(라디오, TV 등)가 등장하기 전까지 세속주의는 대체로 대학과 엘리트 집단에만 국한되어 있었다. 그들은 끊임없이 이 세상을 하나님 없고 의미 없는 곳으로 묘사함으로써 새로운 일상을 창조해 냈다. 현대 무신론자들은 단순히 하나님의 존재를 의심하는 데 그치지 않는다. 더 이상 그분을 신경조차 쓰지 않는다. 그저 대수롭지 않은 문제로 여길 뿐이다. 믿음을 떠난 한 젊은이가 이런 말을 한 적이 있다. "뭐 다를 게 있나요?"

칸트는 세상을 영적인 것과 물질적인 것으로 나눔으로써 기도를 죽였다(뒷장에 나오는 그림 2.1을 보라). 영적인 것(동그라미의 위쪽 절반)은 신앙의 영역이고 내적인 느낌이며 믿는 이에게만 실재하므로 감각적 경험으로 증명

할 수 없다. 반대로 물질적인 것(아래쪽 절반)은 사실의 영역이고 오감으로 검증할 수 있으며 모든 사람에게 동일하다. 즉 그것은 명백한 현실이다.

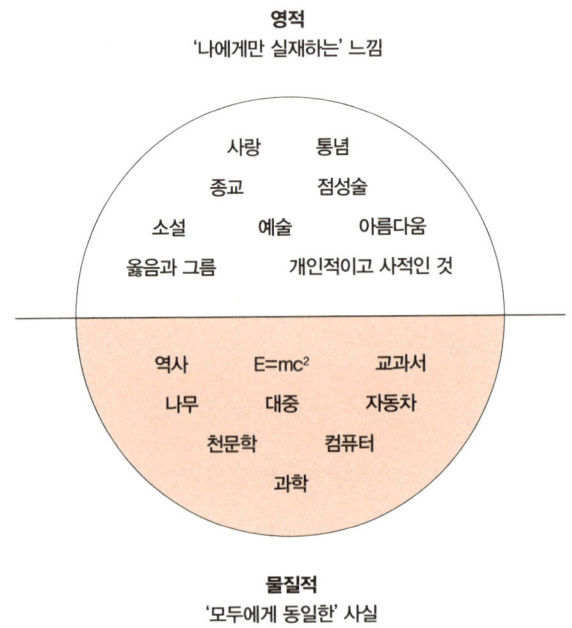

그림 2.1. 대부분의 사람들이 세상을 구분하는 방법

그림 2.2는 기도를 바라보는 또 다른 관점을 보여 준다. 현대 세속주의자에게 있어서 인생은 오직 물질적 평면 위에서만 사는 것인데, 그에 반해 기도는 그림 2.2에서 보듯이 수직적 차원을 띠고 있다.

또한 기도에는 삶의 보이지 않는 연결고리가 담겨 있다. 예를 들어, 아내와 나는 몇 년간 한 젊은이를 위해 기도하고 있었다. 우리는 하나님이 그와 가족 사이의 장벽을 허물어 주시기를 기도했다. 그런데 바로 이번

주에 우리는 놀라운 변화를 목격하게 되었다. 우리는 그 젊은이에게 우리가 그를 위해 기도한다는 사실이나 우리가 무엇을 구하는지 일언반구도 하지 않았는데, 하나님이 그에게 새로운 돌파구를 열어 주신 것이다. 여기서 이 두 사건 사이의 연결고리는 눈에 보이지 않는다. 우리의 기도(화살표의 시작점)와 그에 대한 응답(화살표가 종착점) 사이에 가시적인 연결고리는 전혀 없다.

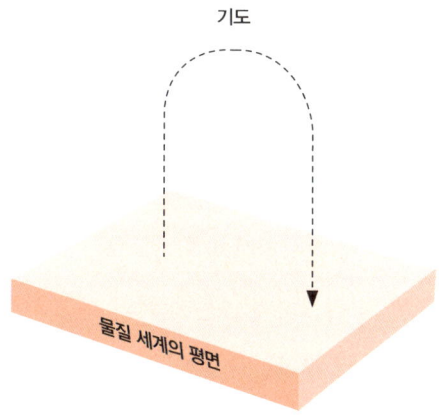

그림 2.2. 기도에는 보이지 않는 연결고리가 있다

보이지 않는 그 연결고리가 필수적이다. 왜냐하면 교회는 세 차원으로 이루어진 성령님의 공동체이기 때문이다. 여기서 특별히 '성령님'을 언급한 데는 이유가 있다. 우리는 촛불을 켜 놓고 내면적인 감각에 도달하기 위해 모인 요가 동호회가 아니다. 우리는 기도하는 공동체이다. 우리는 아버지께서 그분의 성령을 통해 우리 안에 예수님의 생명력이 계속해서 넘쳐나게 하시는 인격적인 세상에서 살고 있다.[4]

기도를 감각적인 세계로 끌어내리면, 그것은 그저 심리치료에 불과하고 만다. 기도가 단순히 감각적인 세계에 속했을 뿐이라면, 함께 기도하는 것은 참으로 어색한 일이 될 것이다.

우리가 누군가와 운동 경기에 관한 이야기를 나눌 때 그 대화는 보통 공통의 관심사와 관련된 표현들, 그리고 서로의 지식을 주고받으며 부드럽게 진행된다. 즐겁게 축구 경기를 보면서 자신이 가장 좋아하는 팀을 응원할 때 두 사람 다 그 운동 경기가 실제로 존재하는 것을 안다. 그런데 만약 우리의 인생 가운데 만나는 영리하고 능력 있는 모든 이들이, 그리고 TV에서 본 모든 사람이 운동 경기는 다 가짜라고, 아무도 실제로 경기를 하는 것이 아니며, 우리가 보는 시합은 그저 정교하게 짜인 드라마에 불과하다고 말한다면 어떻겠는가? 이런 말을 여러 해 동안 끊임없이 듣는다면, 어느새 그렇게 생각하게 될 것이다.

기도하지 않는 교회가 기도하지 않는 문화와 결합하면 거기서 '감각 세계'가 만들어지고, 그곳의 하나님은 높이 계시지만 내게서는 멀리 계신 분이 되고 만다. 그러다 어려운 일이 닥치면 하나님은 내게 무관심하고 무능력한 분으로 느껴진다. 특히 어려운 일을 놓고 기도하는데 하나님은 요지부동하신 것 같을 때 더욱 그렇다. 결국 우리는 하나님에 관해 아무것도 느끼지 못하고, 그분은 그저 관심 밖으로 밀려 난다.

2차원의 평면적 세계에서는 애초부터 기도란 것이 배제되어 있다. 때문에 식사 시간이나 전화 통화 중에 친구와 기도한다는 것은 매우 어색한 일이다. 우리는 어린아이에게서 볼 수 있는 기도의 자연스러움을 잃었다. 아이들은 우리에게 쉴 새 없이 말을 하는 중에도 불쑥 "하나님, 무서운 꿈을 꾸지 않게 해주셔서 감사합니다"라고 말한다.[5] 우리는 살다 보면 기도에 대한 설교나 목사가 기도하는 것을 듣기도 할 테고, 여러 모임을 기도로 시작하기도 할 것이다. 하지만 대화 중에 자연스럽게 기도를 하는 일은 매우 드물다. 그런 행동은 너무 종교적으로 느껴진다.

바로 그러한 이유로 18세기 계몽주의의 영향을 크게 받지 않은 사람들, 아프리카나 아시아 사람들과 교제를 나누면 참 즐겁다. 예컨대, 우간다 교회는 수년 동안 매달 철야 기도회를 열고 있다. 그들은 영적인 세계에 매우 민감하여 자연스럽게 기도가 흘러나온다.

그러나 세속주의만이 기도회를 죽인 것은 아니다.

"내가 기도회를 죽였습니다"

나의 아버지 잭 밀러(Jack Miller)는 웨스트민스터신학교(Westminster Theological Seminary)의 교수가 되고 얼마 지나지 않은 1968년에 스위스에 있는 프란시스 쉐퍼(Francis Schaeffer)를 방문했다. 쉐퍼는 당시에 이미 저술 활동과 라브리 공동체(L'Abri Fellowship)에서의 기독교적 삶으로 잘 알려져 있었다. 그때 아버지는 라브리 공동체에서 이전에는 단 한 번도 보지 못했던 어떤 모습을 마주하게 되었다. 곧 공동체의 중심에 기도가 역사하고 있고, 공동체 전체가 그 기도를 중심으로 돌아가는 모습이었다.

다음은 에디스 쉐퍼(Edith Schaeffer, 프란시스 쉐퍼의 아내-역주)가 기도하는 공동체의 모습을 묘사한 내용이다.

일상의 삶 구석구석을 기도로 엮지 않고 살아가는 것은 어리석고 우둔하며 분별없는 삶입니다. 혹은 창조주께서 그분을 찾고 부르라고 말씀하셨음에도 그분의 존재를 확실히 믿지 못하고 있다는 증거입니다. 숨 쉬듯 자연스럽게, 산소처럼 필수 불가결하게, 친한 친구와 부담 없이 대화하듯 실제적으로, 그리고 빵을 만들기 위해 밀가루 포대를 열 듯 당연하게, 그렇게 기도하는 분위기에서 상식적인 그리스도인의 삶이 가능해집니다.[6]

아버지는 당시 유수한 신학교의 교수였고, 정통장로교회(OPC)에서 안수받은 사역자였으며, 지역 교회 목사이자 동시에 갓 박사학위를 받은 학자였다. 그럼에도 그분의 삶에서 기도는 핵심적인 관심사가 아니었다. 깊은 기도의 삶을 살지도 않았고, 기도하는 공동체를 이뤄내지도 않았다. 그러다 보니 쉐퍼 일가와 라브리 공동체에서 뿜어져 나오는 성령님의 능력은 굉장히 놀라운 것이었다.

아버지와 어머니는 라브리 공동체를 방문한 후 네덜란드의 전임 사제를 돌보는 사역 단체와 런던의 도심 사역을 감당하는 단체도 방문했다. 그런데 이 세 단체 모두 그 중심에 기도가 있었다. 당시에 나는 열다섯 살이었는데, 지금도 아버지가 그때 이 예수님의 공동체 안에서 일어나는 기도를 보고 어리둥절해한 모습이 기억난다. 아버지는 자신의 '교회 생활'에 무언가가 빠져 있음을, 그리고 우리 교회의 기도 생활이 얼마나 미약한지를 알게 되었다. 훗날 아버지는 "누가 기도회를 죽였는가?"라고 자문했고, "내가 말만 많이 함으로 오히려 기도회를 죽였구나!"라는 깨달음을 얻었다. 결국 아버지는 기도회 자리에서 말을 줄이고 비로소 기도하기 시작했다.

공동 기도에 대해 어려움을 겪은 것는 아버지만의 일이 아니다. 신실한 기도 생활이 얼마나 어려운지 내게 토로해 온 목회자가 참 많다. 최근에는 한 식사 자리에서 남침례회에 소속된 몇몇 교회 개척자들이 내게 "교회를 개척하는 일 때문에 내 기도 생활이 죽었습니다"라고 말하기도 했다. 교회를 바라보는 관점에 무언가 빠졌음을 보여 주는 한 예라 할 수 있다.

특별히 위험한 점

한번은 목회자를 위한 기도 세미나를 마친 후 한 젊은 목사 부부와 함께 저녁 식사를 했다. 세 아이를 홈스쿨로 가르치고 있는 이 목사의 사모는 어떻게 일상의 삶을 기도로 살아왔는지 말해 주었다. 그러고는 애매한 표정으로 남편을 향해 몸을 기울이더니 "당신이 교회에서 하는 것도 이렇지 않나요?" 하고 물었다. 그러나 그 젊은 목사는 고개를 가로저었다. 깜짝 놀란 사모는 다시 남편에게 물었고, 남편은 "아니에요"라고 답했다. "우리는 모임을 시작할 때 기도를 하지만, 그저 형식적일 뿐 깊이 있는 기도를 하지 못할 때가 많아요."

앞서 등장했던 대형교회 목사가 기도회를 굉장히 중요한 것처럼 광고하고 정작 그 자리에 나타나지 않은 일은 단순히 기도회의 가치만 깎아내린 것이 아니다. 그는 교인들에게 모순적인 메시지를 전했다. 그의 말과 행동이 일치하지 않은 것이다. 예수님은 이를 외식하는 일이라 칭하셨다. 산상수훈에서 예수님은 이러한 외식이 가장 많이 일어나는 '우범지대'로 기도를 꼽으셨다(마 6:5-6). 예수님의 공동체가 겉으로는 성령님의 역사가 일어나는 듯 보이나 그 속은 텅 비었을 때만큼 나쁜 경우는 없다. 지도자가 외식을 하면 그를 따르는 이들에게 불신이 가득해진다.

나는 세미나에 참석한 목회자들이 꾸준히 기도 생활 하기를 얼마나 어려워하는지 나눈 다음, 이런 질문을 던진다. "사람들 앞에 서서 기도하는 일은 좀 어떠신가요?" 그러면 대개 "꽤 잘 합니다"라고 대답한다. 그러면 나는 다시 이렇게 묻는다. "그럼, 외적으로는 기도를 잘하지만 내적으로는 그렇지 못한 것에 대해 어떤 마음이 드십니까?" 이 질문에는 모두들 괴로움을 감추지 못한다. 왜냐하면 그들 모두가 좋은 분들이기 때문이다. 물론 이것은 우리 누구도 예외가 아니다. 겉으로는 성숙한 모습을 만들어 내면서 속으로는 연약함을 감추려 할 때 우리의 영혼은 부패하게 된다. 그러면 우리가 다른 이들에게 줄 수 있는 최고의 선물, 곧 하나님과 동행하는 영혼이 병들어 버리는 것이다.

지금까지 '왜 우리가 기도하지 않는가?'에 대해 생각해 보았다. 이제 해야 할 질문은 '왜 우리는 기도해야 하는가?'이다. 미국 교회 안에 기도회가 사멸하게 된 것이 도대체 왜 문제인가? 왜 굳이 함께 기도해야 하는가? 우리가 이 질문에 답하지 못하는 현실이 사실상 교회 안에서 기도가 사멸하게 된 '이유'이다. 그러나 그 '이유'를 알게 되면 교회의 역할에 대한 관점이 변화될 것이다. 그것이 바로 다음 장에서 다루고자 하는 내용이다.

목회자에게 전하는 말

탈기독교적 세상에서 목회자로 살아가는 것은 버거운 일이다. 도덕의 붕괴와 그로 인한 가정의 분열이라는 현시대 문화 속에서 목회자에게는 과거 50년 전보다 훨씬 더 많은 것들이 요구된다. 사람들은 신앙이 냉랭해지고 내면이 빈약해짐에 따라 더 예민해지고 쉽게 흥분한다. 그럴수록 '관계'에 더욱 집착하지만, 인내와 용서 같은 기본적인 자질들은 부족하다. 따라서 목회자는 서두르지 말고, 조금 더 주의를 기울여 말할 필요가 있다. 그뿐 아니라 완벽주의가 기승을 부리면서 목회자에게 가해지는 조언과 비판이 그 어느 때보다 많다. 가히 목회의 암흑기라 해도 과언이 아닐 정도다.

결과적으로, 한 무더기의 무거운 벽돌을 등에 지고 외로이 사막을 걷고 있는 한 마리 낙타 같은 여러분에게 나는 지금 기도라는 이름의 벽돌 한 장을 더 올려놓은 셈이다. 그런데 이 벽돌이 더더욱 무겁게 느껴지는 이유는 그것이 온통 '죄책감'으로 뒤덮여 있기 때문이다. 하지만 이 책을 다 읽어 갈 즈음에는 여러분이 무거운 벽돌을 지고 가는 낙타가 아님을 깨닫게 되길 바란다. 오히려 예수님의 성령께서 여러분의 공동체와 함께하며 그것을 이끌어가신다는 사실을 새롭게 발견하기를 바란다. 더 나아가 그로써 탈기독교적 세상에서 목회하는 일이 정말로 즐거운 일이 되기를 진심으로 바란다.

한마디로, 내가 정말로 바라는 바는 여러분의 믿음이 더욱 자라나서 처음 여러분을 이 목회의 길로 들어서게 한 그 경이로움을 다시 회복하게 되는 것이다.

3

성령님이 사라지다

1968년 라브리에서 기도하는 공동체를 체험한 후 아버지는 기도를 진지하게 받아들이기 시작했다. 기도회 때에 말을 줄이고 기도를 시작했다. 그러나 그때까지 기도가 '왜' 중요한지를 알지 못했다. 그러다가 2년 후 스페인에서 여름 휴가를 보내던 중, 마지막 때가 이미 시작되었음을 발견하게 되었다. 그것은 부활절 아침에 예수님의 부활과 성령의 부으심(outpouring)으로 시작되었다.[1] 아버지는 '성령님을 주심'과 '예수님의 임재' 사이에 밀접한 관계가 있음을 알게 되었다. 그리고 에스겔서 47장에서 에스겔이 본 이상, 곧 새 성전에서 흘러나오는 은혜의 강물에 매료되었다. 강물이 흐르는 곳마다 살아났다. 강물은 들어갈수록 깊어졌다.

예수님은 초막절 마지막 날 성전에서 커다란 통의 물이 부어질 때, 이것이 마지막 때에 부어 주실 성령님을 상징하는 것을 아시고, 그와 관련해 에스겔의 이상을 언급하셨다. 예수님은 자리에서 일어나 다음과 같이 외쳐 이르셨다. "누구든지 목마르거든 내게로 와서 마시라 나를 믿는 자는 성경에 이름과 같이 그 배에서 생수의 강이 흘러나오리라 하시니 이는 그를 믿는 자들이 받을 성령을 가리켜 말씀하신 것이라"(요 7:37-39).

아버지는 예수님이 새 성전이시며 그분에게서 은혜의 강물이 흘러나온다는 사실을 그 어느 때보다도 새롭게 깨달았다. 이제 성령님은 교회 안에 살아 계시면서 우리에게 은혜의 강물을 부어 주시고, 또한 그 강물이 우리에게서 흘러나가게 하신다. 이렇게 성령님이 실재하시고 교회 안에서 중심적인 역할을 하신다는 사실을 다시 발견하게 된 후 아버지의 사역은 변화되었다.

그 당시 아버지가 파트타임으로 봉사하던 교회는 성도가 고작 80명뿐이었다. 나는 겨우 열일곱 살이었고, 신앙이 특별히 강한 편도 아니었다. 하지만 아버지가 설교하는 모습을 보며 이런 생각을 했던 기억이 난다. '저렇게 열렬히 예수님에 대해 설교하실 수 있다니, 하나님이 큰일을 이루지 않으실 리 없겠다.' 그다음 한 해 동안 우리 교회에는 히피족, 마약 중독자, 그 외에도 그저 가난한 사람들 같은 '문화를 거스르는 이들'이 모이기 시작했다. 그리고 수십 명의 사람들이 그리스도를 알게 되었다.

그 후 약 20년 동안 나는 하나님이 아버지의 삶에 성령님을 부어 주시는 것을 목격했다. 그로 인해 아버지의 사역이 변화되었을 뿐만 아니라, 아버지 자신이 변화되었다. 더 따뜻하고 유쾌한 사람이 되었고, 더 많이 웃기 시작했다. 그뿐 아니라 예수님을 전하는 일에도 더욱 담대하고 대담해졌다. 그러한 변화를 지켜보는 것은 참으로 즐거운 일이었다.

이번 장에서 우리는 성령님이 교회 안에서 일하시는 방식과 기도 사이에 어떤 관련성이 있는지 면밀히 살펴보고자 한다. 이를 이해하는 일은 기도하는 교회를 이루는 데 없어서는 안 될 핵심이다.

일반적인 교회 vs 기도하는 교회

안식년 이전에 아버지가 설계했던 지역 교회의 청사진은 그림 3.1과 같다. 일반적인 교회의 중심을 차지하는 중요 요소들은 목사, 설교, 계획, 예배 등이다. 그림에 있는 모든 요소는 다 중요하고 좋은 것이다. 원 바깥에 있는 화살표는 교회의 전도나 선교 사역을 보여 준다. 한 가지 특이점이라면 기도가 얼마나 약화되어 있는가다. 그래서 나는 '기도'라는 단어를 음영 처리하여 이를 표현했다.

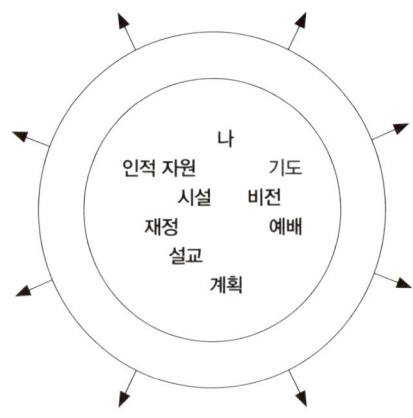

그림 3.1. 기도가 약한 일반적인 교회

이러한 청사진에는 결점이 있다. 잘못된 청사진을 가지고는 잘못된 건물을 지을 수밖에 없는 것이다. 이것을 자동차에 비유해 보면, 겉으로는 멋지고 안락해 보여도, 실상은 엔진과 변속기, 그리고 조향 장치가 없는 것과 마찬가지다. 일반적인 교회의 청사진은 영적인 세상의 존재를 일체 부정하는 세속주의적 내러티브 세상에 잘 들어맞는다.

이런 청사진으로도 해낼 수 있는 일이 있겠지만, 교회의 일은 일반적인 일이 아니다. 그것은 '성령님의' 일이다. 예수님의 영이신 성령님이 그 중심에서 독특한 방식으로 역사하시는 유일무이한 일이다.

그림 3.2의 '기도하는 교회' 역시 그림 3.1의 '일반적인 교회'와 동일한 요소로 이루어져 있다. 그러나 기도하는 교회에서는 그 구성 요소가 아닌 성령님이 교회의 중심에서 역사하신다. 그리스도를 우리에게 가져다 주시는 성령님이 그 중심에 계시므로 기도 역시 중심적인 역할을 하게 된다. 교회에서 기도가 사라졌다는 것은 한마디로 성령님께 관심을 기울이지 않는다는 뜻이다. 우리가 교회에 대한 올바른 시각을 배우지 못한 결과, 오늘날 기도가 실종되고 만다.

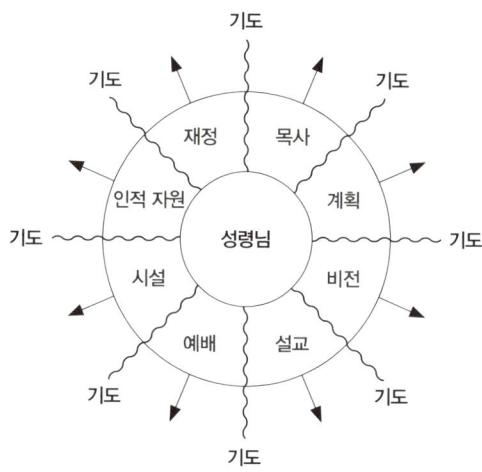

그림 3.2. 성령님이 그 중심에 계신 기도하는 교회

나는 어떻게 기도를 통해 성령님과 소통할 수 있는지 좀 더 잘 이해할 수 있는 다섯 가지 통찰력 있는 개념들을 제시하려고 한다. 그중 어떤 것들은 웨스트민스터의 교수인 리처드 개핀(Richard B. Gaffin Jr.)에게서 가져왔다. 나의 아버지가 실용적으로 발전시킨 것들을 개핀 교수가 성경 신학적으로 체계화한 것이다.[2]

교회의 파워트레인(Power Train)

통찰 1. 기도는 성령님께 다가가는 통로이다.

사도 바울은 '기도' → '성령님' → '예수님' → '능력'이라는 구조를 명시하고 있는데, 나는 이것을 교회의 동력을 전달하는 장치, 곧 '파워트레인'이라고 부른다. 우리가 타는 자동차의 파워트레인은 엔진에서 만들어진 힘을 변속기로 전달하고, 거기서 다시 바퀴로 전달한다. 바울은 에베소서 3장에서 교회의 파워트레인을 위해 기도한다. 아버지께서 성령님을 선물로 주시어 예수님이 임재하시게 해달라고 기도한 것이다.

> 이러므로 내가 하늘과 땅에 있는 각 족속에게 이름을 주신 '아버지 앞에 무릎을 꿇고 비노니' 그의 영광의 풍성함을 따라 '그의 성령으로 말미암아 너희 속사람을 능력으로 강건하게 하시오며' 믿음으로 말미암아 '그리스도께서 너희 마음에 계시게 하시옵고' 너희가 사랑 가운데서 뿌리가 박히고 터가 굳어져서 능히 모든 성도와 함께 지식에 넘치는 그리스도의 사랑을 알고 그 너비와 길이와 높이와 깊이가 어떠함을 깨달아(14-19절).

이 내용을 삼위 하나님의 역사하심이 드러나도록 써보면 다음과 같다.

아버지께 기도합니다("아버지 앞에 무릎을 꿇고 비노니"). 성령님을 통하여 우리 삶 가운데 끊임없이 부활을 재창조해 주옵소서("그의 성령으로 말미암아 너희 속사람을 능력으로 강건하게 하시오며"). 그리하여 예수님이 우리를 소유하시고 ("그리스도께서 너희 마음에 계시게 하시옵고"), 우리 안에 그리스도의 사랑이 넘쳐나게 하옵소서("너희가 … 지식에 넘치는 그리스도의 사랑을 알고").

기도는 성령님의 엔진으로부터 능력을 전달받기 위해 반드시 필요한 불꽃이다. 기도는 교회의 여러 가지 활동 중 하나가 아니라 교회가 감당하는 사역의 가장 중심에 있다. 이것을 알고 나면 바울이 제시한 성령의 열매 가운데 무언가 특이한 점을 발견하게 된다. 어떤 이는 분명히 다른 사람보다 기도를 더 잘하기도 하는데, 바울은 결코 '기도의 은사'라는 표현을 쓰지 않는다. 왜일까? 숨쉬기 은사 같은 것은 존재하지 않기 때문이다. 기도는 선택이 아니다. 기도는 엔진이다. 기도는 교회의 본질적인 생명이지 몇 사람에게만 주어지는 선물이 아니다.

통찰 2. 예수님은 성령님을 통해 지금도 살아 계신다.

1968년에 라브리 공동체를 방문한 이후 아버지는 동력 전달의 출발점이 '기도'라는 것은 깨달았지만, 파워트레인의 핵심은 이해하지 못했다. 아버지가 이해한 파워트레인은 다음과 같았다. '기도' → '???' → '능력.' 아버지는 파워트레인의 중심에 '성령님' → '예수님'이 있다는 사실을, 우리가 지금 성령님의 시대에 살고 있음을 발견하지 못한 것이다.

성령님이 교회 안에서 어떻게 일하시는지 이해하려면 그분이 예수님 안에서 어떻게 일하시는지를 이해해야 한다. 왜냐하면 결국 교회는 예수님의 몸이기 때문이다.

시간을 거슬러 2천 년 전 부활절 아침, 예루살렘의 서쪽 성벽 바깥 동산에 있던 무덤으로 가 보자. 아직 어두운 시간, 예수님의 시신이 무덤 속 바깥쪽 격실에 있는 차가운 석회 돌판 위에 놓여 있다. 사도 바울은 다음과 같은 진술로 이제 곧 일어날 일을 우리가 이해하도록 돕는다. "기록된 바 첫 사람 아담은 생령이 되었다 함과 같이 마지막 아담은 '살려 주는 영'(the life-giving spirit)이 되었나니"(고전 15:45, 영문은 저자의 번역).

예수님이 살려 주는 영이 되셨다는 말은 무슨 의미일까? 이는 성령님과 예수님이 긴밀히 연합하심으로써 각각의 정체성을 잃지 않으면서도 그 직무에 있어서 두 분이 하나가 되셨다는 뜻이다.[3]

대다수의 영어 성경은 예수님의 부활에 대한 바울의 묘사가 얼마나 급진적인지 분명하게 드러내지 못한다. 일반적인 영역은 다음과 같다. "마지막 아담은 '살려 주는 영'(a life-giving spirit; 관사의 차이를 주목하라.-역주)이 되었다." 이 문장에는 별다른 의미가 담겨 있지 않다. 예수님은 이미 살려 주는 영이셨기 때문이다. 하지만 예수님이 살려 주는 영이 되셨다고 말하는 것은 그분이 성령님을 통해 변화되시어 그분의 몸이 성령님의 몸이 되었다는 의미이다.[4] 개핀이 정리한 내용을 보자.

> 그분(예수님)은 성령님을 통해 부활하심으로써 온전히 변화되셨고 … 그 결과 그 두 분은 부활의 생명을 주시는 일에 하나가 되셨다 … 성령님이 교회 안에 계신다는 말은 마치 그분이 모든 신자 안에 거하시듯이, 높아

지신 그리스도께서 부활의 생명과 능력으로 그 교회 안에 거하신다는 의미이다.[5]

예수님과 성령님은 완전히 하나가 되셨기에 바울은 '성령님'과 '주님'을 자유롭게 번갈아 사용하거나, 혹은 '주의 영'과 같이 둘을 한 번에 결합해서 사용하기도 한다. "'주는 영'이시니 '주의 영'이 계신 곳에는 자유가 있느니라 우리가 다 수건을 벗은 얼굴로 거울을 보는 것 같이 주의 영광을 보매 그와 같은 형상으로 변화하여 영광에서 영광에 이르니 곧 '주의 영'으로 말미암음이니라"(고후 3:17-18).

통찰 3. 성령님은 예수님의 육체적 한계에서 비롯되는 문제를 해결하신다.

예수님께는 왜 성령님이 필요할까? 예수님은 하나님의 아들이셨지만 성육신하셨기 때문에 시간과 공간의 제약을 받으실 수밖에 없었다.[6] 이제는 성령님이 예수님을 우리에게 데려와 주신다. 이것을 단순하게 표현하면, 성육신하신 하나님의 아들께서는 '살아 계심'뿐만 아니라 '다니심'에 있어서도 성령님께 의존하신다고 할 수 있다.

뒷장에 나오는 그림 3.3의 왼쪽 부분은 예수님이 인간의 몸을 입으시고 십자가에서 돌아가시기까지 순종하신 모습에서 나타나는 그분의 한계를 보여 준다. 그것은 사랑에서 비롯되는 한계이다. 오른쪽 부분은 그러한 한계에서 '예수님을 해방하시는' 성령님의 역사를 그리고 있다.

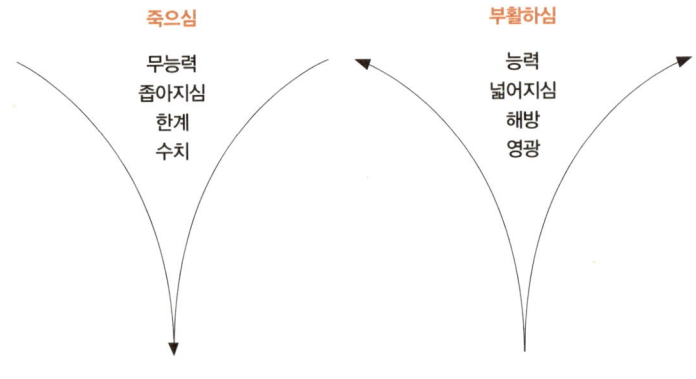

그림 3.3. 성령님을 통한 죽으심과 부활하심

이것은 우리와 어떤 관계가 있을까? 그리고 이것은 기도와 어떤 관련이 있을까? 다음 통찰에서 이 점을 살펴보자.

통찰 4. 완전한 인간이신 예수님이 성령님의 능력으로 사신다면 우리도 그러하다.

성경의 가장 기본적인 규칙 중 하나는 예수님께 일어난 일이 우리에게도 일어난다는 사실이다. 에베소서 앞부분에서 바울은 파워트레인 모형을 사용해 에베소 사람들을 위해 기도한다.

그는 "영광의 아버지"께서 그들에게 "지혜의 영"을 주셔서 "믿는 우리에게 베푸신 능력의 지극히 크심이 어떠한 것을" 알게 해달라고 기도한다. 이는 곧 "그의 능력이 그리스도 안에서 역사하사 죽은 자들 가운데서 다시 살리신" 바로 그 능력이다(엡 1:16-17, 19-20). 성령님은 예수님의 몸을 다시 살리셨고, 지금도 이 땅에 있는 그분의 몸(교회)을 계속해서 살게 하신다. 그렇다면 그리스도인의 삶은 예수님을 부활하게 하신 그 영을 계속해서 경험하는 것이다.[7] 우리가 함께 기도할 때 아버지께서는 예수님의 영을 통해 응답하심으로써 우리의 가족과 공동체 안에 작은 부활을 재창조하신다.

부활 그 자체가 기도에 대한 응답이다. 예수님이 죽임 당하신 금요일 오후 그분은 "나의 하나님, 나의 하나님, 어찌하여 나를 버리셨나이까"(마 27:46)라고 부르짖으셨다. 그리고 일요일 아침 아버지께서는 성령님이라는 선물과 함께 그 아들에게 응답하셨다. 그리고 50일 후 오순절에 이제는 예수님이 그 성령님을 우리에게 선물로 주셨다. 이에 대해 베드로는 다음과 같이 말한다. "그가[예수님이] 약속하신 성령을 아버지께 받아서 너희가 보고 듣는 이것을 부어 주셨느니라"(행 2:33).

이렇듯 기도는 '분명' 우리에게 좋은 것이고, 우리의 아버지께서는 '반드시' 우리의 기도에 응답하신다. 그러나 성경이 내다보는 기도의 지평은 이보다 훨씬 더 크고 넓다. 즉 예수님이 성령님을 통해 얻으신 그 생명이 우리의 삶에, 그리고 우리의 가족과 우리의 공동체 안으로 흘러들어와 "우리에게 베푸신 능력의 지극히 크심"을 전하게 하신다.

이것이 바로 공동 기도가 그토록 중요한 이유이다. **기도는 교회가 감당하는 여러 가지 사역의 하나가 아니다. 기도는 교회 사역의 중심이다. 예수님과 성령님의 친밀한 연합에서 나오는 실제적이고 기능적인 지도력은 공동 기도를 통해 비로소 작동하게 된다.** 이것을 좀 더 간단히 표현하자면, '일하는 분은 성령이시며, 기도는 성령님께 다가가는 통로이다'라고 할 수 있다.

이 책의 나머지 부분에서 우리는 이 진술이 얼마나 놀라운 것인지 알게 될 것이다.

성령님이 빠져 버리면 기도는 서글픈 일이 되어 버린다. 그러면 한 달에 여든 번이 넘는 기도회에 참석하더라도 '기도의 능력'에 대해서는 별로 할 말이 없을 것이다. 또한 기도 자체에만 초점을 맞추면 그것을 지속해 나갈 수 없다. 성령님이 우리의 삶과 가족, 그리고 사역을 이끌어가셔야 한다. 그것이 바로 예수님을 따르는 사람의 삶이다. 나의 아버지는 기도를 삶의 중심에 두었던 것이 아니라, 다만 기도로 가득 찬 삶을 살았다. 기도를 통해 성령님이 삶의 중심이 되시도록 말이다.

통찰 5. 교회의 기도는 성령님의 폭발적인 능력에 불을 붙인다.

성령님의 파워트레인에서 마지막 부분은 '능력'이다. 에베소서 3장 14-21절에서 바울은 능력이 안에서 폭발하여 에베소 사람들의 속사람이 성령님을 통해 강건하게 해달라고 기도한다(16절). 그리고 나서 바울은 성령님의 능력이 밖으로 폭발하게 해달라는 간구로 기도를 마무리한다. "우리 가운데서 역사하시는 '능력'대로 우리가 구하거나 생각하는 모든 것에 더 넘치도록 능히 하실 이에게"(20절). 바울은 "우리가 구하거나 생각하는 모든 것에 더 넘치도록"이라는 말을 통해 성령님의 능력이 얼마나 큰지 담으려고 노력한다. 그러나 능력만이 아니다. 성령님은 '생명', '영광', '사랑' 그리고 '지혜'도 가져다주신다.[8] 이는 마치 형형색색의 수천 가지 찬란한 불꽃이 쉴 새 없이 터져 나오는 어마어마한 규모의 불꽃놀이와 같다.

내 아내가 회심할 때도 이와 같은 성령님의 거대한 능력이 나타났었다. 아내는 아버지가 1970년대 초반 메카닉스빌채플에서 목회할 때 전도한 반사회적 청소년 중 한 명이었다. 아내는 교회 안에서 자랐지만 동시에 교회 안에서 목격하게 된 위선적인 모습들 때문에 신앙을 떠났고, 설교자들과 아무런 관계도 맺고 싶어 하지 않았다. 그러다가 당시에 비슷한 일탈을 겪고 있던 내 여동생 바바라와 친구가 되었다.

나는 1970년 가을에 아내를 처음 만났다. 당시 아내는 바바라와 함께 수학 공부를 하기 위해 우리 집에 왔었다. 공부가 어려웠던 그녀는 3층 방에서 창밖으로 수학책을 집어 던졌고, 그 책은 내가 서 있던 곳 옆에 떨어졌다. 책을 가지러 내려온 그녀는 아무 일도 없었다는 듯이 내게 발랄하게 인사를 건넸다. 이것은 곧 그녀와 함께 사는 내 인생이 결코 지루하지 않으리라는 메시지였음이 분명하다!

다음 해 봄에 아내는 바바라에게 당시 만나던 남자친구가 겪는 어려움을 이야기했다. 바바라는 아버지가 그 남자친구를 도울 수 있을 거라고 말했다. 아내는 그 제안에 동의했지만, 자신은 우리 집에 들어오고 싶지 않았다. 아내는 남자친구를 집 앞에 내려 주며 이렇게 경고했다. "저 목사님 말 진짜 많아." 밖에 주차된 차 안에서 기다리고 있던 아내는 점점 더 초조해졌다. **이 목사님이 끝낼 기미가 보이지 않았다.** 한 시간이 지나자 아내는 남자친구를 꺼내 올 심산으로 차에서 뛰쳐 나왔다. 집 안으로 들어갔을 때 아버지는 그녀를 따뜻하게 맞이하며 같이 앉으라고 권했다. 아내가 자리에 앉자 아버지는 이렇게 물었다. "잘 지내니? 널 위해 어떤 기도를 해주면 좋을까?" 아내는 눈물을 왈칵 쏟으며 "저 잘 못 지내요"라고 대답했다. 바로 그 순간 아내는 신자가 되었다. 그게 전부였다.

성령님의 역사가 일어나는 범위를 한번 보라. 성령님이 '능력'으로 마음을 움직이셨고, 아내에게는 '생명'을 주셨으며, 그 모든 과정에서 그분의 '영광'은 조금도 사그라들지 않았다. 아버지가 한 일은 아무것도 없었다. 또한 성령님의 그 역사가 얼마나 놀라운지도 보라. 그분은 우리의 한계를 산산조각 내시고 우리의 상상력을 확장하신다. 상자 안에서도 일하시고, 상자 밖에서도 일하시며, 또한 그 상자를 날려 버리기도 하신다! 아내의 회심은 그야말로 경이로움 자체였다!

성령님의 파워트레인이 작동하는 신비로운 방식은 우리에게 감춰져 있다. 아버지가 2년 동안 한 기도와 아내에게 일어난 일 사이에는 가시적인 연결고리가 없다. 아내는 아버지가 자신을 위해 기도하는 것을 몰랐고, 아버지는 아내가 마음속으로 힘든 시간을 보내는 것을 몰랐다. 불신이 가득한 이 세대는 아내의 변화에 기도가 아닌 다른 이유가 있었을 거라고 생각한다. "잭이 전도를 해서 그렇지"라든가, 혹은 "그녀가 마음을 열어서 그래"와 같은 이유를 찾으려 한다.

그러나 우리는 아내의 회심과 같은 일에는 성령님이 역사하셔야 한다는 사실을 안다. 그런데 만약 성령님이 교회 안에 가득하셔서 우리가 교회를 운영하는 일이나, 목양하는 일, 그리고 사람을 고용하는 일 등 그 모든 일에서 아내의 회심과 동일한 향기를 풍긴다면 어떨까? 또 그러한 향기가 우리의 가정이나 친구 관계에서도 풍겨 난다면 어떨까? 그것이 바로 이 책의 목표다. 온 교회가 '성령님과 발맞추어 걸으며' 그분의 경이로움을 느끼는 것 말이다.

함께 기도하는 일에 관해 배워야 할 것이 훨씬 더 많다. 하지만 만약 우리가 '기도' → '성령님' → '예수님' → '경이로움'의 단순성을 분명히 깨닫는다면, 함께 기도하는 일이 또 다른 짐이 되지는 않을 것이다. 오히려 우리의 모든 짐을 변화시키는 활동이 될 것이다.

목회자에게 전하는 말

앞 장에서 나는 여러분이 무거운 벽돌 한 무더기를 지고 가는 낙타와 같은 느낌을 받았을 수 있다고 했다. 하지만 이번 장에서 나의 논점은 여러분은 그런 낙타가 아니라는 사실이다.

물론 짊어져야 할 벽돌이 많은 것도 사실이다. 하지만 그것을 지는 것은 여러분이 아니라, 바로 성령님이시다. 지나치게 단순화한 것처럼 보일 수도 있지만, 이는 형용할 수 없는 자유로움이다. 여러분이 날마다 교회에서 짊어져야 할 짐이 있겠지만, 만약 여러분의 교회가 기도하는 교회가 된다면 시간이 갈수록 자신을 그저 성령님이 하시는 일을 따라가며 지켜보는 관객처럼 느끼게 될 것이다.

아버지는 사람들에게 성령 하나님의 자리를 탐내지 말라고 권하곤 했다. 내가 30대 후반이 되어 비로소 기도에 대해 진지하게 생각하게 되었을 때, 성령님은 내게 아래와 같은 '포기 각서'를 쓰려는 마음을 주셨다. 나는 그것을 통해 하나님이 내 삶의 주인이 되어 주시기를 간구했다. 다음의 내용을 잘 따라가다 보면 자신의 포기 각서를 쓰는 데 도움이 될 것이다.

저는 성령 하나님의 자리를 탐내는 일을 공식적으로 포기하겠습니다. 저는 ○○○교회(또는 내 가정)의 영적 대표로서 이 포기 각서를 바칩니다. 저는 그리스도께서 그분의 성령님을 통하여 이 교회의 영적인 지도자가 되어 주시기를 원합니다. 더 이상 저는 이곳의 중심이 되길 원치 않습니다. 오직 그리스도만이 실제로 역사하시는 영적 머리가 되시기를 원합니다. 그분의 몸을 지배하려 하거나 그 안에서 두드러지고자 했던 저의 모든 욕망을 회개합니다. 그분이 이 양 떼를 가르치고 인도하라고 제게 맡기셨지만, 이들은 그저 그분의 양 떼일 뿐임을 인정합니다. 저는 단지 하위 목자에 불과합니다. 저는 오직 기도하는 목사가 되어 기도하는 교회를 인도하는 일에만 전념하겠습니다.

4

성경 속 기도하는 교회

우리는 공동 기도를 하기 어려운 시대를 살고 있어서 공동 기도가 어떤 모습인지 잘 알지 못한다. 그 일반적인 모습을 가늠할 만한 맥락이 부족하기 때문이다. 따라서 성경에 있는 기도 이야기를 간략하게 살펴보며 이 맥락을 어느 정도 이해하고, 그래서 교회가 함께 기도하는 일은 선택이 아닌 필수임을 보여 주려 한다. 이전 장에서 우리는 기도의 내부에서 일어나는 과정(파워트레인)을 보았는데, 여기서는 기도의 바깥에서 일어나는 삶을 볼 것이다.

고대 이스라엘: 기도하는 집

성경에서 하나님의 백성을 처음 언급한 장면을 보면, 그들이 기도했다는 사실을 알 수 있다. 그들은 기도하는 사람들이었다. "그 때에 사람들이 비로소 여호와의 이름을 불렀더라"(창 4:26).

심지어 아브라함은 그의 믿음이 언급되기 전에도 여호와의 이름을 불렀다(창 12:8). '이스라엘'이라는 이름 자체도 '하나님과 겨루는 혹은 싸우는 자'라는 의미이다. 그뿐 아니라 고대 세계에서는 이스라엘의 기도책, 즉 시편에 비길 만한 작품이 없었다. 이스라엘 사람이 된다는 것은 곧 '기도하는 사람'이 된다는 뜻이었다.

이스라엘의 성전은 "기도하는 집"(사 56:7)으로 봉헌되었다. 성전에서는 많은 일이 행해졌는데, 동물을 잡아 제사를 드리고, 십일조를 바쳤으며, 진설병을 먹기도 했다. 하지만 열왕기상 8장에 기록된 솔로몬의 봉헌 기도는 오로지 기도에만 초점이 맞춰져 있다.

그 이유는 무엇일까? 솔로몬의 성전을 이해하려면, 더 넓은 맥락에서 이스라엘 주변의 이방 나라들 역시 그들만의 성전을 가졌다는 사실을 이해하면 도움이 된다.

이방인을 포함한 그 당시 모든 사람에게 성전은 하늘과 땅이 만나는 장소, 곧 '신의 집'이었다. 한마디로 성전은 기도하는 곳으로서 '신'과 그의 백성 사이에 의사소통을 위한 통로였다. 그리고 이 의사소통에 문제가 생겼을 때 신의 환심을 얻어 자신의 기도가 올라갈 수 있도록 막힌 통로를 정비하는 일이 바로 제사 제도였다.

성전 봉헌식에서 솔로몬은 제단에 올라가 하늘을 향해 손을 들고 기도한다. 그의 기도에는 이스라엘이 장차 맞닥뜨릴 수 있는 일곱 가지 문제점이 나열되어 있다. 각각의 기도는 다음의 간구로 끝을 맺는다. "한 사람이나 혹 주의 온 백성 이스라엘이 다 … 무슨 기도나 무슨 간구를 하거든 주는 계신 곳 하늘에서 들으시고 사하시며 … 행하사"(왕상 8:38-39). 솔로몬의 하나님은 그저 한 부족의 신이 아니셨다. 그분은 사랑의 언약으로 자신을 그 백성과 묶으신, 그래서 그들의 기도를 '하늘에서 들으시는' 창조주 하나님이셨다(사 64:4 참조).

성전을 기도하는 집으로 보았던 솔로몬의 시각은 이스라엘 안에 스며 들어 있다. 그래서 요나는 물고기 배 속에서 "내 기도가 주께 이르렀사오며 주의 성전에 미쳤나이다"(욘 2:7)라고 기도했던 것이다. 그러나 항상 좋을 수는 없는 일. 기도하는 사람들이었던 이스라엘은 부패했고 급기야 다른 신에게 기도했다. 하지만 다니엘은 바벨론에 포로로 잡혀갔을 때조차 하루에 세 번, 기도하는 집을 향해 기도하는 일을 멈추지 않았다. 그리고 생의 마지막 순간에도 그는 솔로몬의 기도를 가져와 자기 백성의 죄를 회개했다.

선지자들은 이 타락한 기도하는 사람들에게 하나님이 "새 마음"(겔 36:26)을 주셔서 그들이 변화되기를 바랐다. 하나님이 친히 그들 마음에 들어오셔서 그분의 영을 부어 주실 것이다(욜 2:28). 심지어 이방 나라들까지 이 기도하는 집으로 들어와, 만민이 기도하는 집이라 불리게 될 것이다(사 56:7).

복음서: 기도하는 사람

누가는 특별히 기도라는 주제에 주목한다. 그는 자신의 복음서 첫 장면에 성전에서 있었던 기도회의 모습을 기록하고 있다(눅 1:10). 바리새인과 세리에 관한 비유에서 그 두 사람은 '기도하러' 성전에 올라간다(눅 18:10). 사도행전에서도 베드로와 요한은 "제 구 시 기도 시간에" 성전에 올라갔을 때(행 3:1) 성전 문 앞에서 걷지 못하는 사람을 만난다. 바울도 빌립보에 도착했을 때 '기도하는 곳'에 갔다가 거기서 같은 유대인들을 만나게 된다(행 16:13, 16). 여전히 성전은 기도하는 집이었던 것이다.

그러나 무언가 빠진 것이 있다. 첫 장면에 등장했던 성전에서의 기도회는 누가복음에 나오는 유일한 기도회이다. 예수님은 더 이상 기도하는 집의 역할을 하지 못하는 성전을 정화하셨다. 제자들은 함께 기도하지 않았고, 예수님도 "물러가사 한적한 곳에서 기도"하셨다(눅 5:16). 기도하는 사람만 있을 뿐 기도하는 공동체가 보이지 않는다.

예수님의 삶에는 기도가 가득했는데, 예수님께 기도는 그저 연단의 과정이 아니었다. 그것은 온전한 인간이신 예수님이 성령님의 인도를 따라 살아가시기 위한 수단이었다. 예수님은 이렇게 기도하시는 중에 성령님을 선물로 받으셨다. "예수도 세례를 받으시고 '기도하실' 때에 하늘이 열리며 '성령이' 비둘기 같은 형체로 그의 위에 '강림하시더니' 하늘로부터 소리가 나기를 너는 내 사랑하는 아들이라 내가 너를 기뻐하노라 하시니라"(눅 3:21-22).

예수님이 기도하실 때 '하늘이 열렸다.' 예수님은 하늘과 땅 사이를 연결하는 접점이시고, 그분 안에서 하나님과 인간 사이에 소통이 일어난다. 파워트레인의 구조가 '기도' → '성령님' → '예수님' → '능력'으로 이루어져 있음을 주목하라. 기도를 통해 성령님이 오시고, 그로써 사랑하는 아들에 대한 아버지의 기쁨이 확증된다. 예수님의 세례와 변화산에서의 변모를 통해 우리는 삼위 하나님의 친교를 엿볼 수 있는데, 그것이 바로 동력이 전달되는 과정, 곧 신령한 기도회의 모습이다.

누가는 특히 예수님이 기도를 통해 새로운 돌파구를 여시는 모습을 강조한다. 예수님은 제자들을 택하시기 전에 밤이 새도록 하나님께 기도하셨다(눅 6:12). 또한 그분의 통찰력은 기도 생활에서부터 솟아난다. "예수께서 따로 기도하실 때에 제자들이 주와 함께 있더니 물어 이르시되 무리가 나를 누구라고 하느냐"(눅 9:18). 그뿐 아니라 예수님이 변화산에서 "기도하실 때에 용모가 변화되고 그 옷이 희어져 광채가" 났다(29절). 이처럼 능력과 지혜가 예수님의 기도로부터 풍성히 흘러나왔다. 그분은 참으로 기도하는 성전이시다.

예수님이 기도하는 공동체의 모습을 형성하셨다

예수님은 마지막으로 예루살렘에 올라가실 때 제자들에게 기도하는 법을 가르쳐 주셨다. "예수께서 한 곳에서 기도하시고 마치시매 제자 중 하나가 여짜오되 주여 요한이 자기 제자들에게 기도를 가르친 것과 같이 우리에게도 가르쳐 주옵소서"(눅 11:1). 그것이 바로 주기도문이다.

예수께서 이르시되 '너희는' 기도할 때에 이렇게 하라
아버지여 이름이 거룩히 여김을 받으시오며
나라가 임하시오며
'우리에게' 날마다 일용할 양식을 주시옵고
'우리가' '우리에게' 죄 지은 모든 사람을 용서하오니
'우리' 죄도 사하여 주시옵고
'우리를' 시험에 들게 하지 마시옵소서 하라(2-4절).

기도의 주체가 모두 복수형('우리')으로 나타나는 것을 주목하라. 예수님은 지금 제자들에게 함께 기도하는 방법을 보여 주고 계신다. 제자들이

"우리에게 '개인적으로' 기도하는 법을 가르쳐 주십시오"라고 했을 수도 있겠지만, 예수님은 그것을 "우리에게 '함께' 기도하는 법을 가르쳐 주십시오"라는 요구로 여기시고 그에 합당한 응답을 하셨다. 결국 우리가 주기도문이라고 부르는 것은 '함께'하는 '우리'의 기도이다.

'무엇을' 기도해야 하는지 알려 주신 후에 예수님은 제자들에게 '어떻게' 기도해야 하는지도 보여 주신다.

예수님은 밤 중에 찾아온 벗에 관한 비유(눅 11:5-8)를 통해 담대하고 끈기 있게 기도하라고 격려하신다. 이는 우리가 함께 기도하는 일에도 동일하게 적용된다. 이 비유의 헬라어 원문에 있는 일곱 개의 복수형 대명사와 동사가 영어 번역에는 감춰져 있다. "'구하라' 그러면 '너희에게 주실 것'이요 '찾으라' 그러면 '찾아낼 것'이요 문을 '두드리라' 그러면 '너희에게 열릴 것'이니"(9절). 그 의미를 자세히 풀면 다음과 같다. "너희가 함께 기도로 구하면 너희 모두에게 주실 것이요, 너희가 함께 기도로 찾으면 너희 모두가 찾아낼 것이요, 너희가 함께 기도로 두드리면 그것이 너희 모두에게 열릴 것이다."

그리고 이제 예수님은 기도의 핵심, 곧 '왜'에 대해 말씀하신다.

우리가 함께 기도할 수 있는 이유는 예수님의 아버지께서 우리의 아버지이시기 때문이다. 아버지는 우리에게 좋은 선물을 주고자 하신다. "너희가 악할지라도 좋은 것을 자식에게 줄 줄 알거든 하물며 너희 하늘 아버지께서 구하는 자에게 성령을 주시지 않겠느냐 하시니라"(13절). 이 아버지께서 주시는 최고의 선물은 바로 성령님이시다. 예수님은 제자들에게 친히 자신의 삶을 보여 주시며, 기도로 성령님을 의지하고 그분을 기다리는 삶을 살라고 말씀하신 것이다.

예수님은 예루살렘에 가까이 가실 때에(거기서 불의한 재판장으로부터 모진 대우를 받으실 것을 아시고) 불의한 재판장의 비유를 들어(눅 18:1-8) 우리도 그 과부와 같이 담대하고 끈기 있게 구하라고 격려하신다. 또 바리새인과 세리의 비유(9-14절)에서는 근본적으로 다른 두 가지 기도의 모습을 보여 주신다. 바리새인은 오만하고 자만심 가득한 말로 기도한 반면, 세리는 자신의 연약함을 알고 어린아이 같은 마음으로 "하나님이여 불쌍히 여기소서. 나는 죄인이로소이다"라고 기도했다. 예수님처럼 이 세리도 자기 스스로는 아무것도 할 수 없는 존재임을 고백한 것이다.

변화는 안에서부터 일어나야 한다

지금까지 기도에 대한 예수님의 '강의'를 정리해 보았다. 그분의 사역 가운데 중요한 부분을 차지했던 것은 설교였지만, 제자들은 '단 한 번도' 예수님께 설교하는 법을 가르쳐 달라고 구한 적이 없다.[1] 그들은 '설교'는 할 수 있었지만, '기도'하는 방법은 몰랐던 것이다.

예수님은 겟세마네 동산에서 인생의 가장 짙은 어둠의 시간을 보내시며 많은 노력을 하셨지만 기도회를 지속하실 수 없었다.[2] 그분은 베드로와 야고보, 요한에게 '너희는' 유혹에 빠지지 않게 함께 기도하라고 부탁하셨으나 '제자들은' 슬픔으로 인하여 잠들었다(눅 22:40, 45).[3] 여기서도 복수형에 주목하라. 예수님은 가장 가까운 제자들 세 명에게 함께 기도하자고 부탁하신다. 하지만 그들은 슬픔으로 인해 그렇게 하지 못했다. 우리는 왜 그렇게 하지 못할까? 우리의 분주함과 불신 때문이다.

겟세마네 사건을 통해 우리가 되돌아볼 것은 예수님의 본보기와 가르침 그 자체만으로는 변화를 만들어 내지 못한다는 점이다. 그분이 보이신 본은 우리가 달려가야 할 길을 보여 주지만, 그분이 당하신 구속의 죽으심과 성령님이라는 선물이 없다면 그분의 본은 그저 우리를 주눅 들게 할 뿐이다. "시몬아 자느냐 네가 한 시간도 깨어 있을 수 없더냐"(막 14:37)라고 하신 말씀에서 우리는 예수님의 깊은 좌절감을 느낄 수 있다. 잠시 후 한 번 더 예수님은 제자들을 살피신다. "다시 오사 보신즉 그들이 자니 이는 그들의 눈이 심히 피곤함이라 그들이 예수께 무엇으로 대답할 줄을 알지 못하더라"(40절) 마지막으로 세 번째 오셔서는 "이제는 자고 쉬라"고 말씀하신다(41절). 예수님의 제자들이 기도하는 공동체가 되기 위해서는 그분이 그들 안으로 오셔야만 한다.

사도행전: 예수님이 안으로 들어오시다

부활하신 후에 예수님은 그분의 제자들 안으로 들어오신다. "이 말씀을 하시고 그들을 향하사 숨을 내쉬며 이르시되 성령을 받으라"(요 20:22). 그 즉시 우리는 예수님이 성령님을 통해 임재하심을 보게 된다. 예수님이 승천하신 이후 제자들은 기도회를 인도한다. "[이 모든 이들이] 더불어 마음을 같이하여 오로지 기도에 힘쓰더라"(행 1:14). 불과 몇 주 전에는 예수님이 제자들 곁에 계셨음에도 그들은 기도할 줄 몰랐다. 그런데 이제는 예수님이 그들 안에 계시니 기도를 멈출 수 없었다. 성령님은 그저 우리의 기도에 응답하기만 하시는 것이 아니다. 그분이 우리를 기도하게 하신다.

오순절이 되어 그들이 한곳에 모였는데 성령님이 내려오시되 "홀연히 하늘로부터 급하고 강한 바람 같은 소리가 있어 그들이 앉은 온 집에 가득하게"(행 2:2) 되었다. 베드로는 이 현상에 대해 다음과 같이 설명한다. "하나님이 오른손으로 예수를 높이시매 그가 약속하신 성령을 아버지께 받아서 너희가 보고 듣는 이것을 부어 주셨느니라"(33절). 예수님이 부활을 통해 받으신 분(성령님)을 지금 그분의 교회에 선물로 주시는 것이다.

이제 성령으로 충만해진 베드로는 "너희가 [예수님을] 못 박아 죽였으나 … 하나님이 살리셨다"고 전한다. 그 결과 신도의 수가 삼천이나 더하여 구원을 얻게 되었다(23-24, 41절). 여기서도 파워트레인이 작동하는 것을 볼 수 있다. '기도회' → '성령님'의 강림 → '예수님'에 대한 설교 → 회심의 '능력.' 이 파워트레인의 핵심은 성령님의 오심이 추상적인 사건이 아니라는 것이다. 성령님은 우리에게 예수님을 주신다. 따라서 성령님을 통해 예수님의 임재가 끊이지 않게 되므로, 이전에 예수님이 기도 가운데 홀로 하셨던 일을 이제 제자들이 공동으로 하게 되었다. 기도하는 사람에게서 기도하는 공동체가 탄생했다. 예수님이 그들 안으로 들어오셨기 때문이다.

우리는 사도행전 곳곳에서 예수님의 모습을 볼 수 있다. 사도들은 예수님이 하신 것처럼 기도하는 가운데 지도자를 선택했다. "그들이 기도하여 이르되 뭇 사람의 마음을 아시는 주여 이 두 사람 중에 누가 주님께 택하신 바 되어…"(행 1:24). 또한 예수님처럼 기도를 삶의 주춧돌로 여겼다. "그들이 … 기도하기를 힘쓰니라"(행 2:42). 악한 위협에 처했을 때는 예수님처럼 밤을 새워 기도했다. "이에 베드로는 옥에 갇혔고 교회는 그를 위하여 간절히 하나님께 기도하더라"(행 12:5). 교회 지도자들도 예수님처럼 기도에 전념할 때 역사가 일어나는 것을 목격했다. 고넬료는 기도하는 중에 천사가 나타나 "고넬료야 하나님이 네 기도를 들으시고 네 구제를 기억하셨으니"(행 10:31)라는 말을 들었다. 베드로는 "기도할 때에 … 환상을 보니 큰 보자기 같은 그릇이 네 귀에 매어 하늘로부터 내리어 내 앞에까지 드리워지는"(행 11:5) 것을 보았다. 사도행전을 "예수 그리스도의 행전, 제2막"이라 부른다 해도 과언이 아니다.[4]

함께 기도하는 것은 초기 그리스도인에게 너무도 본질적인 일이었다. 그들에 대한 이러한 묘사는 창세기 4장 26절에서 "사람들이 비로소 여호와의 이름을 불렀더라"(행 2:21; 9:14, 21 참조)라고 하신 말씀을 떠올린다. 예수님의 기도하는 마음이 교회의 기도하는 마음이 된 것이다.

오늘날까지도 아랍 세계 그리스도인은 교회에 갈 때 "저 기도하러 갑니다"라고 말한다. 지금까지 이어져 온 가장 오래된 교회인 아랍의 교회는 왜 교회의 모든 활동 중에 유독 기도를 특정해서 말하는 것일까? 왜 그저 "저 교회에 갑니다"라고 말하지 않을까? 아랍의 교회는 기도의 중심성을 잘 보존하고 있다. 왜냐하면 그것이 초대 교회가 했던 일이기 때문이다. 즉 그들은 교회를 기도의 집으로 보았다.

이러한 이야기들은 셀 수 없이 많다. 교회의 역사를 들여다보면 모든 시기마다 기도하는 교회를 발견할 수 있다. 사실 지난 50년간 공동 기도는 어떤 형태로든 교회의 중심적인 특징이었다. 중세 시대 때 예전이 축소되었다고 생각할 수 있는데, 그럼에도 최소한 기도는 끊이지 않았다. 어떤 개혁파 정통주의는 냉담하게 보일 때도 있지만, 그들도 최소한 기도를 멈추지 않았다. 미국식 근본주의가 표방하는 율법주의는 이를 불편하게 여길지 모르겠지만, 그들 안에도 최소한 기도는 끊이지 않았다. 지난 2천 년 동안 교회가 유지해 온 기도하는 집으로서의 비전을 잃어버린 것은 다름 아닌 우리(미국과 서구)가 첫 세대이다.

이 시대를 향한 몇 가지 제언

이상에서 알 수 있듯이 함께 기도하는 일은 교회의 선택지가 아닌, 교회의 본질이다. 솔로몬은 기도에 관해 설교하기보다는 오히려 기도에 관해 기도했다. 예수님의 제자들도 설교 집회를 연 것이 아니라 기도회를 열었다. 이것이 바로 우리가 교회 생활을 하는 핵심이다.

목회자에게 기도에 관한 멘토링을 하면 다들 들뜬 마음에 함께 기도하는 것에 대한 시리즈 설교를 하려고 든다. 하지만 나는 그렇게 하지 말라고 권한다. 나는 그들이 기도에 관해 가르치기보다는 기도에 관해 기도하기를 원한다. (사람들에게 말하는) 수평적인 움직임을 줄이고, (하나님께 말하는) 수직적인 움직임을 늘리라고 권면한다. 우리의 순종보다 우리의 말이 더 앞서가면 그로 인해 성령님의 역사가 막힌다. 응답받는 기도는 그 중심에 바로 이러한 원리가 놓여 있다.

몇 해 전에 나는 목회자 대상의 기도하는 교회 세미나를 인도했는데, 거기서 우리는 초대 교회에서 목사의 직무를 설명한 부분을 함께 읽었다. "형제들아 너희 가운데서 성령과 지혜가 충만하여 칭찬 받는 사람 일곱을 택하라 우리가 이 일을 그들에게 맡기고 '우리는 오로지 기도하는 일과 말씀 사역에 힘쓰리라'"(행 6:3-4). 목사의 직무 가운데 기도하는 일과 말씀 전하는 일이 동일한 비중을 차지하고 있다. 그래서 나는 세미나 첫 번째 시간이 45분 정도 지났을 때 이런 질문을 했다. "말씀 사역을 위해 얼마나 훈련을 받았습니까?" 족히 수백 시간은 될 것이다. 이번에는 이렇게 물었다. "기도를 위한 훈련은 얼마나 받았습니까?" 목사 한 분이 뒤에서 소리쳤다. "한 45분쯤이요!" 모두들 박장대소했지만, 이것은 문제의 심각성을 보여 주는 장면이다.

그러고 나서 나는 포토샵으로 만든 한 남성의 사진을 보여 주었다. 이 남성의 오른쪽 몸(말씀 사역)은 근육으로 울퉁불퉁한 데 반해, 왼쪽 몸(기도 사역)은 야위어 피골이 상접해 있다. 그리고 이렇게 물었다. "우리가 지금 이런 모습은 아닌가요?"

기도에 대한 훈련은 왜 그렇게 적은 것일까? 어쩌면 기도를 '신령한' 것으로 생각하는 것이 하나의 이유일 수 있다. 여기서 '신령한'이라는 말은 분명하지 않은 것을 모호하게 표현하거나, 하나님에 관한 긍정적인 느낌을 표현한다는 의미이다. 그 결과 은사주의 밖에서는 기도에 대한 신학적이고 성경적인 연구에 거의 관심을 기울이지 않게 되었다.

과거 어느 때보다도 지금 우리의 교회는 갈수록 더 낙담하고 생기를 잃고 있다. 과거 어느 때보다도 지금의 교회는 신앙의 엔진과도 같은 강렬한 원동력에 연결되어야만 한다. 하나님은 코로나19 팬데믹과 같은 낯선 선물을 주셔서 그로써 우리가 조금은 속도를 늦추고 하나님께 귀 기울이게 하신다. 그분께 우리의 마음을 열게 하신다. 어쩌면 이는 성령님이 교회가 지금 겪는 이 연약함을 사용하셔서, 그것을 기도의 원동력으로 삼아, 죽어가는 세상에 소망의 등불이 되게 하시려는 것이 아닐까?

우리 교회는
기도합니다

제 2 부

교회란 무엇인가?

A PRAYING CHURCH

5

성도가 소외되면 기도를 잃는다

 기도하는 교회가 되어야 한다는 말에 반대하는 사람은 별로 없다. 모두들 고개를 끄덕인다. "맞습니다. 우리는 더 많이 기도해야 합니다." 그러나 기도하는 교회의 요점은 '더 많이 기도하는 것'이 아니다. 지금 우리가 취하는 현대적인 교회 생활 방식에 단순히 더 많은 기도를 더한다고 해서 기도하는 교회가 되는 것은 아니다.[1] 담임 목사가 기도회 참석을 독려한 뒤 정작 본인은 참석하지 않았던 그 대형교회를 기억하는가? 그 교회의 문제는 단순히 기도가 약한 것에만 있지 않다. 현재 그들의 모습이 교회의 본질적인 궤도에서 떠나 있기에 '기도를 기피하게' 된 것이다.

 2부에서는 교회를 좀 더 제대로 들여다보기 위해 바울이 교회에 관해 기록한 편지인 에베소서를 살펴보고자 한다. 바울은 도입부에서 "에베소에 있는 성도들"(엡 1:1)에게 인사를 전한다. 교회에 대한 우리의 이해에 있어 잃어버린 열쇠와 같은 존재, 곧 잊혀진 최전선은 바로 '성도들'이다. 성도를 간과하면 기도 역시 간과하게 된다.

아래에서 나는 나의 아내와, 션, 그리고 레이첼 세 명의 성도들과 그들이 최근에 경험한 일들을 소개하려고 한다.

최전선에 있는 성도

성도 1. 나의 아내는 한 가족을 조용히 돕고 있는데, 그 가정에는 브라이언이라는 이름의 다운증후군을 앓는 아들이 있다. 아내는 특히 그에게 일자리를 알아봐 주는 일에 큰 힘을 쏟았다. 장애가 있는 사람에게는 일하기 어렵다는 현실이 큰 문제이다. 그들이 존엄성을 느끼며 세상에 서기 위해서는 일 그 자체가 필요하다. 그렇게 브라이언에게 일자리를 구해 주고자 했던 아내의 노력은 어느 정도 성과가 있었다.

또한 아내는 브라이언의 어머니 모건과도 친구가 되었다. 모건은 기독교를 끔찍이 싫어하는 지식층 불신자였기에 아내와 그녀가 나눈 대화의 99퍼센트는 사랑에 관한 것이었고 신앙에 관한 내용은 오직 1퍼센트뿐이었다. 그래서는 아내는 모건이 좋아할 만한 책에는 무엇이 있을지 내게 수많은 질문을 했다. 그러던 어느 날, 우리는 씨앗이 싹을 틔우는 것을 보게 되었다. 모건이 기도를 하기 시작한 것이다. 금요일에 아내가 한껏 흥분해 내게 전화를 해서 이렇게 말했다. "모건이 브라이언을 우리 교회의 장애인 부서에 보낼까 생각 중이래요."

성도 2. 토요일 아침에 나는 션과 함께 식사를 했다. 그는 자신의 가정에 불화가 있다고 말해 주었다. 우리는 믿음을 떠난 그의 가족에게 다가가기 위한 몇 가지 시험적인 계획들을 살펴보았다. 그로써 좀 더 성숙한 가족들이 떠난 이들의 미숙함을 포용할 수 있도록 격려하고자 했다. 함께 기도한 후 우리는 기다림과 기도의 시간에 전념했다.

성도 3. 일요일에 나는 필라델피아에서 간호사 교육 과정을 공부하는 친구 레이첼에 관한 소식을 들었다. 그녀는 죽음을 앞둔 환자를 돌보고 있었다. 그 환자의 팔에는 바늘 자국이 가득했다. 의료진은 그 여성의 죽어가는 몸에만 집중할 뿐 매춘부의 삶을 살았던 그녀를 한 명의 사람으로 돌보지 않았다. 레이첼은 침대 옆에 앉아 그녀의 손을 붙잡고 말했다. "괜찮을 거예요." 그것은 짧지만 분명한 사랑의 표현이었다.

아내와 션, 그리고 레이첼은 천국의 최전선에 있는 이들이다. **그들은 행동하는 성도들이다. 작은 일에서부터 큰 희생을 감내하며 결국에는 커다란 능력이 드러나게 함으로써 예수님의 길을 따르는 이들이다.**

그 어떤 공식적인 선교나 후원도 그들이 하는 일에 대해 대가를 치를 수는 없다. 모르긴 해도 아내는 브라이언과 모건에게 다가가 그들을 돕기 위해 수백 시간을 썼을 것이다. 물론 그 노력은 측정할 수 있는 것이 아니다. 아내는 모건을 사랑하고, 그녀와의 관계를 기뻐하며, 그녀를 위해 기도한다. 우리 가족의 경우도 마찬가지다. 나와 아내는 지난 수년간 사회 복지 단체들이 킴에게 베푼 도움에 고마운 마음이 가득하다. 하지만 그 단체들이 아무리 많은 애를 쓴들 그것은 사랑에 비견될 만한 것이 아니다. 사랑은 돈으로 환산할 수 없기 때문이다.

행동하는 성도는 함께하는 기도에 활력을 불어넣는다. 나와 아내는 브라이언과 모건을 위해 자주 기도한다. 또한 나는 션과 함께 그의 가족을 위해 기도하고 있다. 이렇게 아내와 션, 그리고 레이첼 같은 성도들을 소중히 여기며 그들에게 귀를 기울이면, 그들의 연약함을 함께 느낄 수 있다. 그러면 기도가 없어서는 안 될 필수 불가결한 것이 되며, 그것을 통해 온 천국에 활력과 열정이 퍼져 나간다.

성도는 자신의 힘으로 결코 이룰 수 없는 어떤 꿈을 좇아 살아가는 사람이다. 그러다 보면 스스로 감당할 수 없는 일들에 직면하게 되는데, 그 결과 자연스럽게 그들의 기도는 더욱더 전진하게 된다. 그리고 함께 기도하는 우리 역시 그들의 이야기에 한 부분이 됨으로써 더욱더 나은 기도를 할 수 있다. 나는 이러한 성도들의 이야기를 매주 수십 편씩 들려줄 수도 있다.

예를 들어, 어느 토요일 멜리사는 우리의 임원 기도회를 위해 단체 메신저 방에 다음과 같은 글을 올렸다.

감사하게도 남편과 저는 내일 오후에 남편의 가족들을 초청해 성탄절 모임을 하기로 했어요. 이 모임에 참석하는 사람 중에는 교회에 다니거나 예수님을 사랑하는 사람이 아무도 없답니다. 심지어 어떤 모습으로든 바람직한 삶을 사는 이도 없어요. 마약, 알코올, 파산, 수치심, 이혼, 포르노, 성 정체성 혼란 등 온갖 문제 속에 살고 있죠. 내일 그 자리에 예수님이 밝은 빛을 비춰 주시도록 우리와 함께 기도해 주시겠어요? 저는 하나님이 우리 가운데 그분의 구속 역사를 이루어 주시기를 늘 간구한답니다. 지난주에 했던 기도에 대해 하나님이 주신 놀라운 응답을 목격한 후 우리는 새로운 소망에 잠겨 있습니다.

월요일이 되고 우리가 기도회로 모였을 때 누군가 "멜리사, 그거 어떻게 됐어요?"라고 물었다. 여기서 잠시, 그녀가 '놀라운 기도 응답'이라고 했던 말을 주목해 보라. 지난주에 우리는 하나님이 어떤 이를 죽음의 문턱에서 이끌어 내시는 것을 보았고, 그것은 멜리사의 믿음에 큰 힘이 되었다. 이렇게 믿음은 믿음을 낳는 법이다.

성도가 행동할 때 기도 시간은 정말로 흥미진진한 시간이 된다. 처음에는 미약하고 심지어 지루할 때도 있던 것이 성령님이 만들어 가시는 이야기가 된다. 그러한 이야기를 관찰하고, 또 그 이야기가 공동체 안에서 펼쳐지기를 기뻐하는 일이야말로 능력 있는 기도의 원천이다. 그런데 교회에서는 기도 제목을 모으고 나누기는 하지만, 그 후에 어떤 일이 일어나는지는 거의 모르고 지나간다. 그런 공백으로 인해 영혼의 암적인 존재라고 할 수 있는 회의주의가 자라나게 된다.

잊혀진 최전선

교회의 어떤 프로그램도 아내와 션, 레이첼이 가져온 영향력을 결코 흉내 낼 수 없다. 그들이 우정을 바탕으로 이루어 낸 관계와 그것이 세상에 미치는 여파는 교회의 어떤 프로그램이나 유급 직원이 해낼 수 있는 것이 아니다. 기독교를 삶으로 살아 낼 때 우리는 참된 신뢰를 형성하여 마치 뜨거운 칼이 버터를 자르듯 불신과 회의주의의 장벽을 허물 수 있다. 그런 그리스도인이야말로 예수님의 손과 발, 그리고 입이 된다.

그런가 하면 우리는 주일에 다음과 같은 광고를 듣곤 한다. "교회 봉사에 힘써 주시기 바랍니다. 헌금 걷는 일을 도와주실 자원봉사자를 구하고 있습니다." 위의 두 문장 모두 올바르고 선한 것이다. 하지만 위와 같은 두 문장을 반복적으로 연결 짓다 보면 자기도 모르게 그리스도의 몸으로 산다는 것은 어떤 기관의 일을 하는 것이라고 여기게 된다. 물론 교회에는 일할 사람이 필요하다. 마치 병무청에 인력이 필요한 것과 같다. 병무청에서 하는 일은 군인을 모집하고 훈련시켜서 전선으로 내보내는 것이다. 그러나 우리가 알고 싶은 것은 병무청에서 하는 일이 아니라 노르망디 해변에서 어떤 일이 벌어지는지이다.

사실 아내와 션, 레이첼 같은 사람들은 이미 교회에서 헌금 걷는 일을 돕고 있을지 모른다. 하지만 그들이 최전선에서 어떤 일을 하는지는 들을 기회가 거의 없다. 주일 오전에, 그들이 행하는 사랑을 나눌 수 있는 자리를 (조심스럽게) 마련해 보면 어떨까? 그들의 이야기를 함께 즐거워하고 그들을 축복하면 어떨까? 우리가 몸담은 교회에는 이렇게 조용히 사랑을 실천하는 이들이 가득하다 못해 넘쳐나고 있을지 모른다. 우리 주변의 지역사회 역시 마찬가지로 사랑에 굶주려 있다.

우리는 우리 주변 성도들의 영광을 간과하는 일이 흔히 있다. 만약 우리가 그것을 알아챈다면 "그녀가 참 힘든 일을 하고 있네" 혹은 "레이첼이 전도에 힘쓰고 있네"라는 생각을 하게 될 것이다. 하지만 우리가 그들의 영광을 보지 못하기 때문에 그들에게 귀를 기울이지 못하고, 그들을 소중히 여기거나 축복하지도 못한다. 삼나무 숲을 걸을 때나 산골짜기의 시냇물을 마주칠 때 우리는 잠시 말을 멈추고 조용히 그 아름다움을 음미해야 한다. 그러지 않으면 그것을 쉽게 놓쳐 버리기 때문이다.

설상가상으로 우리는 마치 심리 치료사라도 된 듯 그들에게 남의 일에 너무 오지랖 부리지 말라는 식으로 말한다. 물론 치료사가 그렇게 말한다면 그 말이 맞을 수도 있다. 하지만 그것은 성도가 본질적으로 자신의 한계를 뛰어넘는 사람이라는 것을 몰라서 하는 말이다. 바울이 얼마나 오지랖을 부리는 사람이었는지 한번 보라. "내가 너희 영혼을 위하여 크게 기뻐하므로 재물을 사용하고 또 내 자신까지도 내어 주리니"(고후 12:15). 나는 휴식의 중요성을 깎아내리는 것이 아니다. 다만 어떻게 하면 잃어버린 이들과 관계를 맺고 그들을 축복할 수 있는지 말하고 싶다.

치료적 관점과 '성도의 관점' 사이에는 미묘한 차이가 있다. 가정 문제를 겪고 있는 션은 훌륭한 상담가의 도움이 필요한 사람인가, 아니면 사랑의 힘으로 어려운 문제를 파고드는 성도인가? 아마 둘 다일 것이다. 그러나 후자를 간과한다면, 믿음으로 태어난 성도의 본성적인 열심을 무용지물로 만들게 된다.

한번은 교회를 사랑하는 어떤 경건한 어머니가 불편한 감정 전혀 없이 내게 이렇게 말했다. "성도의 이야기는 너무 하찮아 보일 때가 많아서 성도 자신도 그 이야기에 관심을 갖지 않는 것 같아요. 제가 아는 여러 목사님은 성도가 삶 속에서 어떻게 사랑을 실천하고 있는지 구체적으로 모르다 보니, 그런 이야기를 기뻐하고 축복할 만한 연결고리가 없어요." 물론 예외도 많이 있다. 특히 작은 교회의 목사는 성도를 잘 알고 있다. 내가 아는 중형 교회의 어떤 목사는 자기 교인들 한 사람 한 사람이 직업 체험을 할 수 있도록 돕는 데 하루를 할애하기도 한다.[2]

성도들이 일상 속에서 어떻게 그 부르심에 응답하며 살아가는지 보지 못하기 때문에 우리의 교회관은 왜곡되고 기도는 무용지물이 된다. 기도의 이야기가 뿌리를 내리고 자라지 못한다. 오라고 하는 사람이 아무도 없기에 그 경이로움을 함께할 수 있는 사람도 없다.

> 하나님을 두려워하는 너희들아 다 와서 들으라
>
> 하나님이 나의 영혼을 위하여 행하신 일을 내가 선포하리로다(시 66:16).

삶은 활력을 잃고, 이야기는 진부해진다. 그러나 성도의 삶을 들여다보며 그것을 축복하면, 함께하는 기도가 새롭고 활기차게 되살아난다. 지극히 개인적인 필요(건강, 안전, 성공)에 머물러 있던 기도가 많은 이들의 삶 가운데 역사하시는 성령님의 일로 확장되는 것이다.

성도는 교회의 목재다

그렇다면 교회는 무엇인가? 성령님의 능력과 현실의 삶이 맞닿는 연결점은 무엇인가?

바울은 그것이 바로 '성도'라고 답한다! 우리가 바로 그분의 몸이기 때문이다. 에베소서 2장에서 바울은 이방인 독자에게 교회는 살아 있는 성전이라고 일깨워 준다.

> 그러므로 이제부터 너희는 외인도 아니요 나그네도 아니요 오직 '성도들과 동일한 시민이요' 하나님의 권속이라 너희는 사도들과 선지자들의 터 위에 세우심을 입은 자라 그리스도 예수께서 친히 모퉁잇돌이 되셨느니라 그의 안에서 건물마다 서로 연결하여 주 안에서 성전이 되어 가고 '너희도 성령 안에서 하나님이 거하실 처소가 되기 위하여 그리스도 예수 안에서 함께 지어져 가느니라'(19-22절).

건물 전체가 '성도'라는 목재로 지어진다. 바울은 "너희는 … 성도들과 동일한 시민이요"라고 했다. 물론 바울은 지도자의 역할에 대해서도 언급한다. "사도들과 선지자들"이 그 터를 놓았다. 이는 최초의 사도들이 교회를 개척한 일, 혹은 신약성경 자체를 가리키는 말이다. 그러나 그 사도들조차 모퉁잇돌이신 그리스도 위에 터를 놓는다. 고대 세계에서 이 모퉁잇돌은 건물 전체의 기초가 되고 그 틀을 잡는 역할을 하곤 했다. 대개 이러한 모퉁잇돌(그리스도)과 터가 되는 돌(사도들)은 감춰져 있다.[3] 우리가 한 걸음 물러나 건물 전체를 보면 성도가 보인다. "너희도 성령 안에서 하나님이 거하실 처소가 되기 위하여 그리스도 예수 안에서 함께 지어져 가느니라."

에베소서와 사도행전에 기록된 바울의 교회관에는 다음과 같이 세 가지 주된 기능적 요소들이 있다.

- 가장 중요한 것은 '성령님'이다.
- 성령님께 다가가는 통로는 '함께 기도하는 것'이다.
- 이로써 '성도들'은 권능을 얻어 사명을 감당하기 위해 나간다.

성도가 교회의 파워트레인('기도' → '성령님' → '예수님' → '능력')으로부터 권능을 얻을 때 교회 전체가 살아난다. 사람들은 부활하신 그리스도를 실제로 경험함으로써 불신과 회의주의를 타파하게 된다. 성령님의 능력으로 작은 자들이 권능을 얻고 그와 함께 천국이 도래한다. 그리고 바로 그곳에 예수님이 함께하신다.

성도인가 소비자인가?

에베소서에 있는 바울의 관점과는 달리 현대 복음주의 교회의 기능적 모습은 다음과 같다.

- 일주일 중 가장 중요한 부분은 '주일 아침'이다.
- 주일 아침에 가장 중요한 부분은 '좋은 설교'이다.
- 따라서 교회에서 가장 중요한 부분은 '설교자'이다.[4]

위의 세 가지 요소들은 하나하나가 그저 좋은 정도를 넘어 모두 훌륭하다. 하지만 이들을 성령님이 계셔야 할 중심 자리에 가져다 둔다면 기도를 기피하는 현상을 낳을 수 있다. 그러면 성도는 자기도 모르게 소비자가 되고 만다. 대형교회에서는 경험을 소비하고, 신학적으로 잘 정립된 교회에서는 신학을 소비하는 것이다.

이 세 가지 요소들을 하나씩 살펴보도록 하자. 우선 주일 아침에 관한 것인데, 먼저 분명히 할 것이 있다. 만약 어떤 사람이 영적으로 건강한 상태에 있지 않음을 나타내는 가장 중요한 '징후'를 하나만 꼽으라고 한다면, 나는 교회 출석이 부진한 것이라고 말하겠다. 팬데믹이 오기 전에 내가 이용하던 카센터의 주인은 자기 아내와 함께 더 이상 교회에 가지 않는다고 말했다. 그러면서도 믿음을 저버린 것은 아니라고 했다. 단지 교회에 갈 이유가 없다는 것이다. 너무 놀란 나는 아무 말도 하지 못했다. 하지만 다음번에 점검을 받으러 갔을 때 나는 이렇게 말했다. "내 차는 잘 나가고 있으니 더 이상 점검을 받지 않기로 했습니다." 그는 미소를 지었지만, 마음을 바꾸지는 않았다.

주일 예배에 소홀한 것은 문제가 있다는 징후이다. 하지만 무언가의 '징후'가 곧 무언가의 '핵심'은 아니다. 교회 출석은 하나의 지표일 뿐 목표는 아니다. 신약성경의 많은 구절이 예배를 위한 모임의 중요성을 전제하지만, 그럼에도 교회 출석을 권면하는 말씀은 단 한 군데뿐이다(히 10:25). 아마도 청교도들은 교회 출석이 급감한 현실을 보고는, "어떻게 하면 사람들이 돌아오게 할 수 있을까?"가 아니라 "우리에게 어떤 문제가 있는 걸까?"라고 물을 것이다.

두 번째 주요 요소인 설교도 마찬가지다. 다시 한번 분명히 하지만, 사도행전 6장의 사도들과 같이 우리에게는 말씀과 기도라는 두 가지 사역이 필요하다. 어렸을 때 아버지는 이단이란 '균형을 잃은 진리'라고 말했다. 표 5.1은 기도와 설교가 어떻게 상호 작용을 하는지 보여 준다. (이것은 대략적인 일반화이므로 다양한 뉘앙스 차이가 있을 수 있다.)

	말씀 설교	공동 기도
누가 하는가?	목사/교사	모든 교인
성도는 무엇을 하는가?	듣기	말하기
성도에게 미치는 결과	성도를 먹임	성도에게 권능을 줌
오직 하나만 강조하면 어떻게 되는가?	능력 없는 진리, 생명 없는 교리. 율법주의와 냉랭한 마음으로 치우칠 수 있음.	진리 없는 능력, 지식 없는 열정, 교리 없는 생명. 불법과 감정으로 치우칠 수 있음.
어떤 열매를 맺는가?	예수님처럼 되기 위한 목록과 내용	예수님처럼 되기 위한 능력과 생명
개선 방안	빈 곳을 기도로 채움	빈 곳을 하나님의 말씀으로 채움

표 5.1. 설교와 기도의 상호 작용

나는 오른쪽 열의 공동 기도를 강조한다. 왜냐하면 이것이 교회의 약한 부분이기 때문이다. '균형을 잃은 진리.' 예수님의 삶은 성경 말씀으로 가득 차 있었지만, 그럼에도 예수님은 오른쪽 열에 있는 것들을 의지하셨다.

제자들은 단 한 번도 예수님께 "우리에게 설교하는 법을 가르쳐 주십시오"라고 부탁한 적이 없다. 예수님은 우리에게 기도하는 방법을 보여 주기 위해 기도의 모범을 주셨으나, 구체적으로 설교하는 '방법'을 보여 주기 위해 설교의 모범을 주지는 않으셨다. 기도의 중요성을 강조하기 위한 비유는 많지만, 특별히 설교의 가치를 강조하는 비유는 없다. (씨 뿌리는 자 비유는 씨앗이 다양한 토양에 떨어지듯 설교가 다양한 청자에게 어떤 결과를 가져오는지에 관한 것이다.) 예수님이 겟세마네 언덕에서 제자들에게 하신 부탁은 함께 기도하자는 것이지 함께 설교하자는 것이 아니다.

우리가 예수님의 가르침 가운데서 이런 치우침 현상을 겪는 것은 어쩌면 지도자인 우리가 말하는 일에 의존하기 때문일 수도 있다. 그리스-로마 시대에는 대중 연설을 위한 학교가 곳곳에 있었는데, 그 문화권에서는 말하기에 높은 가치를 두었기 때문이다.

우리처럼 말하는 사역자에게는 기도의 사역이 필요하다. 이는 꽃에 비가 필요한 것과 마찬가지다.

하나님의 말씀을 전하는 사역은, 그것이 얼마나 그리스도 중심적인지와는 별개로 우리와 같은 사역자를 통해 이루어진다. 즉 겉으로 볼 때 우리가 그 중심에 있다. 모든 이들이 우리를 바라본다. 하지만 기도 모임에서는 누구도 우리를 바라보지 않는다. 즉각적인 결과물이 나타나는 일도 거의 없다. 사실 기도하는 행위와 성령님의 역사 사이에 가시적인 연결

고리는 드러나지 않는다. 여러 가지 다양한 단계에서 기도 모임은 죽음을 연습하는 곳이다.

우리는 설교의 흥왕과 균형을 맞추기 위해 기도를 통한 죽음이 필요하다. 우리 중 그 누구도 예외가 아니다. 앞서 언급했던 경건한 어머니가 이런 말을 했다. "저는 우리 가정 안에 기도하는 공동체가 생겨나게 해달라고 기도하고 있어요. 나의 '통제권'을 죽이는 일을 배움으로써 제 아이들에게 '설교'하는 일을 멈출 수 있게 되었지요." 아무리 좋은 '설교'라 해도(이 어머니의 설교처럼) 거기에는 좋은 기도가 필요하다. 그렇지 않으면 우리는 수평적인 말의 권세에 지나치게 의존하기 시작하는데, 바로 그때가 우리에게 수직적인 말이 필요한 시점이다.

설교도 올바로 행해진다면 그 안에 죽음의 측면을 담고 있다. 왜냐하면 설교자는 말씀을 연구하고 그다음에 그것을 전하는 일에 먼저 자기 자신을 쏟아붓기 때문이다. 그럼에도 불구하고 설교에는 사람들의 이목을 집중시키는 것이 필요하다. 하지만 기도를 통한 죽음에는 그런 일이 매우 드물다. 좋은 설교는 설교자가 아닌 그리스도를 높이지만, 설교하는 행위 그 자체(설교자는 높은 곳에 서 있고 사람들은 그를 올려다보며, 설교자는 말하고 사람들은 듣는다)는 교만의 '가능성'을 증가시킨다. 예수님은 물론 기도도 자신을 주인공 자리에 올려다 놓는 쇼로 변할 수 있다고 지적하셨다. 하지만 그조차도 모든 사람이 지켜보는 자리에서 하는 공적인 기도를 언급하신 것이다(마 6:5-6).

나는 설교를 폄하하는 것이 아니다. 어떤 일은 잠재적으로 우리의 영혼에 더욱 위험한 것들도 있다. 예를 들어, 예수님은 금식이 쇼로 변질되는 것을 경고하셨지만 금식을 반대하지는 않으셨다(마 6:16-18). 문제는 설교 자체가 아니라 그 설교로 인해 우리가 빠지게 될 수도 있는 '잠재적' 죄들이다. 그러나 함께 기도하는 일에는 그 안에서 자신을 낮추고 감춤으로써 그러한 죄를 타파할 수 있는 잠재력이 있다. 또한 설교에는 대개 즉각적인 결과가 따라오지 않지만, 설교자에게는 즉시 좋은 피드백이 주어지는 경우가 많다. 그에 반해 기도는 길게는 수년에 걸쳐 무르익는 시간이 필요하다.

이제 세 번째 요소인 설교자에 대해 살펴보자. 에베소서에서 교회의 기능적인 역할을 묘사한 내용을 보면, 지도자나 지도자적 은사에 대해 별로 언급하지 않았다. 바울이 간혹 지도자에 대해 언급을 할 때면 그들은 주로 성도를 섬기는 사람이라고 말한다. "그가 어떤 사람은 사도로, 어떤 사람은 선지자로, 어떤 사람은 복음 전하는 자로, 어떤 사람은 목사와 교사로 삼으셨으니 이는 '성도를 온전하게 하여' 봉사의 일을 하게 하며 그리스도의 몸을 세우려 하심이라"(4:11-12).

내가 아는 목회자는 모두 이 말씀이 참으로 그러하다고 확증하는 분들이지만, 그럼에도 나는 현대 교회가 성도를 온전하게 하는 이 직무와 관련해 다섯 가지 명백한 '실수'를 범하는 것을 보게 된다.

성도를 온전하게 하는 일과 관련된 다섯 가지 오류

첫째, 우리는 온전하게 하는 일에 설교만 있으면 된다고 여긴다.

뒤에 가서(24장) 나는 성적인 유혹 때문에 고충을 겪는 두 젊은이에게 제자훈련을 하며 기도를 가르쳐 준 이야기를 할 것이다. 나는 이 이야기를 앞서 언급한 경건한 어머니에게 해주었는데, 그분의 다음과 같은 대답은 내 마음에 큰 울림이 되었다. "혹시 이 이야기를 듣게 될 분에게 '그 젊은이들은 5년 동안이나 제자훈련을 받을 수 있어서 참 잘됐네요. 하지만 제 삶에는 그러한 선택을 할 수 있는 공동체가 전혀 없었습니다'라고 말해 주시겠어요?" 이 대답은 대부분의 교회들이 체계적인 제자훈련을 마련하지 않은 현실에 대한 탄식이었다.

설교 하나만으로는 이 젊은이들을 변화시키지 못했다. 그들은 자신의 삶을 움켜쥔 그 죄에 대한 '설교를 기피'하게 되었다. 그들에게는 세밀한 제자훈련을 통해 온전하게 되는 일이 필요했다. 누군가가 그들을 그리스도를 닮은 순결함이라는 목표를 향해 끈질기게 이끌어야 했다. 물론 그들은 설교에서 영감을 얻을 수도 있다. 그러나 그들에게는 날마다 그들을 위해 신실하게 기도해 주는 누군가의 노력과 함께 책임감 있게 그들을 지속적으로 돌보는 그 '고된 일'이 꼭 필요했다. 예수님은 제자들에게 (그들이 귀신을 쫓아내지 못했을 때) "기도 외에 다른 것으로는 이런 종류가 나갈 수 없느니라"(막 9:29)고 말씀하셨다. 예수님은 기도하셨지만, 제자들은 하지 않았던 것이다.

둘째, 설교는 성도를 온전하게 함이란 목표를 잃고, 설교 그 자체가 목적이 될 수도 있다.

최근에 교회 개척 운동의 한 지도자를 만났는데 내게 이런 말을 했다. "우리와 함께 교회를 개척하는 분들이 정말로 원하는 것은 오직 설교하는 일입니다." 그분은 부정적이거나 비판적인 의도로 이런 말을 한 것이 아니다. 단지 그분들의 바람을 전했을 뿐이다. 그런데 여기서 "우리와 함께 교회를 개척하는 분들이 정말로 원하는 것은 그분들의 교회가 오직 그리스도를 닮아가는 일입니다"라고 하지 않았다는 사실에 주목해 보라.

이처럼 열매(예수님의 아름다움을 비추는 성도)가 아닌 그 과정(설교)에 초점을 맞추는 말들을 자주 듣게 된다.

내가 도심에 있는 기독교 학교에서 교편을 잡은 지 3년째 되던 해, 즉 수학을 가르치기 시작하면서부터 비로소 나는 좋은 선생이 되었다. 그때 내가 가르친 학생들이 첫 시험에서 형편없는 성적을 받았는데, 학생들의 낮은 점수는 그들의 지적 능력이 아닌 그들을 온전하게 하는 내 능력을 대변한 것이었다.

그래서 나는 가르치는 방식을 완전히 뜯어고쳤다. 강의를 줄이고 학생들이 스스로 문제를 풀 때 곁에서 지켜보았다. 그리고 매주 금요일에 짧게 시험을 쳤다. 그뿐 아니라 알록달록한 그림이나 삽화도 더는 사용하지 않았다. 왜냐하면 학생들이 그림 속의 이야기에 빠져 요점을 놓치는 것을 발견했기 때문이다. 결과적으로 내 강의는 다소 재미없어졌지만, 오히려 학생들의 학습 효과는 놀라울 정도로 개선되었다. 내가 가르치는 일 자체에 초점을 맞추지 않고, 그 가르침의 목표에 집중했기 때문이다. 다시 말해서, 나는 내가 생각했던 가르침에서 '온전하게 하기 위한 가르침'으로 방향을 바꾸었다.

젊은 시절 내가 들은 아버지의 설교는 예수님에 대한 사랑으로 흘러넘쳤다. 또 아버지는 성도들이 그 사랑 안에 들어가게 하려고 고된 수고를 마다하지 않았다. 나는 아버지의 그 모습을 절대 잊지 못할 것이다. 빌립보서 1장, 골로새서 1장, 그리고 에베소서 1장에 있는 바울의 기도에는 모두 이 그리스도를 닮음이라는 목표가 흘러넘친다. 물론 설교를 사랑하는 것에는 성경에 대한 사랑이나 그것을 잘 전하는 것에 대한 애정 등 여러 가지의 선한 사랑이 담겨 있다. 하지만 여전히 설교에 대한 사랑은

'텔로스'(τέλος, 궁극적인 목적)가 아닌 과정에 대한 사랑으로 쉽게 변질될 수 있다.

셋째, 성도를 온전하게 함이란 목적이 결여된 채 설교와 설교자에 초점을 맞추면 유명인사에 열광하는 문화를 양산할 수 있다.

복음주의 교회는 유명인사에 열광하는 문화로 인해 치명타를 입고 있다. 에베소서에 나타나는 바울의 사상을 들여다보면, 지도자의 주된 직무는 성도를 온전하게 하고, 드러나지 않은 용사를 찾아내 그들을 훈련하고 높이며 용기를 북돋을 뿐 아니라, 그들과 함께, 그리고 그들을 위해 기도하는 일이다. 이 일을 위해서는 지도자가 주인공 역할을 맡지 않도록 획기적인 조치를 취해야 한다. 지도자는 사람들을 섬기기 위해 존재하지 그들 자신을 위해 존재하지 않는다. 그들을 통해 교회의 확장을 이루는 것이 나쁜 일은 아니겠지만, 교회의 지도자는 결코 그러한 목적을 위해 존재하는 것은 아니다.

넷째, 그렇게 되면 성도들은 잊혀지고 만다.

목사와 지도자가 내부자의 위치에 있는 것이 적절하다. 모든 문화에서 내부자는 늘 필요하기 때문이다. 본능적으로 우리는 주일 아침에 더 많은 이들에게 봉사하기 위해 외부에 있는 이들을 안으로 데려오고 싶어 한다. 그렇게 주일의 출석자 수를 극대화하는 것이 우리가 외부에 있는 이들을 얼마나 잘 데리고 오는지에 대한 잣대가 되고, 그 숫자가 클수록 목사의 능력을 높이 인정하고픈 유혹을 받게 된다. 바울은 그러한 생각을 뒤집는다. 조직도를 뒤집어엎어 지도자를 아래에, 즉 온전하게 하는 자리에 두고 '성도'를 가장 위에, 즉 세상을 향해 나아가는 주도적 위치에 올려놓는다. '내부자'가 '외부자'를 위해 존재하는 구조이다.

바울에게 있어 '작은 자들'을 데려오는 것은 사랑의 표현이 아니다. 지도자는 이 최전선의 용사들을 온전하게 하려고 '존재'하지, 그 반대가 아니다. 성령님은 기관이 아닌 성도에게 권능을 주신다.

물론 교회는 유기체이자 또한 단체이며, 성령님뿐 아니라 성령의 열매도 모두 필요로 한다. 하지만 성령님이 세우시는 것은 그분의 성도이지 실체가 없는 조직이나 통계, 혹은 지도자의 자존심이 아니다. 예수님은 교회의 이름을 높일 머릿수보다는 그분의 이름으로 봉사하는 머리와 마음과 손에 더욱 마음을 쓰시기 때문이다. 따라서 이러한 '작은 자들'을 소중히 여기고 온전하게 하지 않는 것은 사실상 기관에 대한 우상숭배와 다를 바 없다.

누가복음은 특별히 이 '작은 자들'에 초점을 맞춘다. 처음 두 장에서 우리는 지역의 제사장과 그의 아내(스가랴와 엘리사벳), 한 목수와 임신한 그의 약혼녀(요셉과 마리아), 별 볼 일 없는 목동들과 성전에서 기도하는 노인 두 명(시므온과 안나)을 만난다. 예수님이 입을 떼시기도 전부터 이 작은 자들은 곧 임할 천국에 다다르는 통로였다. 예수님은 버림 받은 자들과 소외된 이들을 높이시고 그들에게 권능을 주심으로써 친히 이러한 패턴을 구체화하신다. 그러나 예수님이 괜히 작은 자들을 높이신 것은 아니다. 천국은 이렇게 "지극히 작은 자"(참조. 마 25:40, 45) 안에서, 그리고 그들을 통해 도래하기 때문이다.

교회 안에서 조용한 사람들은 여러 관계에서 어려움을 겪는다. 하지만 그들이 온전케 되고 권능과 높임을 받을 때 성령님이 그들을 놀라운 방향으로 이끌어 가신다. 그분은 나의 아내를 이끌어 먼저 장애가 있는 젊은이에게 인도하셨고, 그다음에는 그의 어머니와 관계를 맺게 하셨다.

레이첼을 죽어 가는 매춘부에게 이끄셨고, 또한 션을 이끌어 가족의 화해를 위해 힘쓰게 하셨다. 그들 모두가 각각 선교의 현장에 나가 있는 것이다. 보이지 않는 성령님의 바람이 이 '지극히 작은 자'에게 능력을 주셔서 우리가 구하거나 생각하는 모든 것에 더 넘치도록 하신다(엡 3:20).

다섯째, 성도가 소외되면 교회는 기도를 기피하게 된다.

바나 그룹의 조사에 따르면, 목회자의 우선순위 12가지 중 기도는 최하위에 있었다. 오직 3퍼센트의 목사만이 기도를 중요한 우선순위로 꼽았다.[5] 기도를 기피하는 것은 단순히 나쁜 습관이 아니다. 그것은 예수님의 영께서 주시는 비전과 인도하심, 그리고 그분의 권능에 저항하는 행위다. 초자연적인 열망이 없는 이들은 초자연적인 방편도 필요로 하지 않기에 기도가 관심사에서 멀어진다.

성령님이 교회의 중심적인 자리로 들어오실 때 그 중심에 있던 모든 것(목사, 시설 등)이 조금씩 밖으로 밀려나게 된다. 그러면 성령님이 교회 변두리에 있는 이들에게 권능을 주시고, 바로 그때 아내와 레이첼, 션과 같은 이들이 살아나게 된다(뒷장에 나오는 그림 5.1의 화살표를 보라). 지도자인 우리들 모두가 해야 할 고백은 "그는 흥하여야 하겠고 나는 쇠하여야 하리라"(요 3:30)이다.

요점은 이것이다. 성령님이 선장이 되시면 그 배는 변화하기 시작한다. 전문가와 프로그램이 사역의 중심이 되지 않고, 성도가 힘을 얻어 복음 전파의 사명을 위해 온전하게 준비된다. 그러면 목사는 엄청난 부담을 덜게 된다. 교회의 모든 동력이 복음 전파의 사명을 중심으로 재편되는 것인데, 이미 많은 교회가 이와 같이 하고 있다!

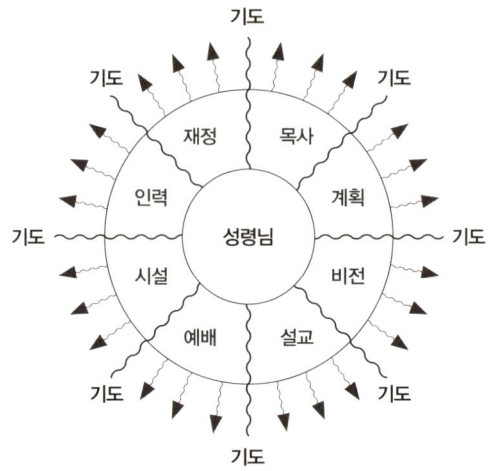

그림 5.1. 기도하는 교회는 성도를 해방함

성도는 본성적으로 꿈꾸는 이들이며, 성령님의 인도 아래 담대히 일하고 살아가는 사람들이다. 그러나 그들에게 용기를 불어넣어 무력함에서 위대함으로 이끌어내는 존재가 없다면, 그들 모두는 금세 시들어 버리고 그들의 열정도 날개를 펴지 못할 것이다. 그러나 그러한 존재가 있다면 이제 기도는 없어서는 안 될 것이 된다. 왜냐하면 성도에게는 도움이 필요하기 때문이다. 파워트레인을 통해 천국의 비전과 열정에 다다를 때 하늘의 모든 것이 열린다.

6

교회가 아닌 그리스도를 먹이라

펜실베이니아 남서부에 있는 큰 교회 세 곳에서 교인의 출석률이 절반으로 줄었다는 소식을 들었다. 이에 그 교회들은 하나같이 자기 교회의 비전에 대한 시리즈 설교로 대응했다. 논리는 단순했다. "교회에 나오지 않는 사람들이 많아졌습니다. 교회가 얼마나 중요한지 일깨워 줍시다." 나는 이들 교회에 출석하는 성숙한 신자 세 분을 알고 있는데, 그들에게서 이 비전 시리즈에 대한 의견을 들을 수 있었다.

나와 점심 식사를 같이했던 한 교인은 두 손으로 머리를 감싸 쥐고는 한숨을 내뱉으며 이렇게 말했다. "너무 90년대 스타일이에요." 사업을 하시는 또 다른 교인은 말하기를, (역시 성공한 사업가인) 아내가 교회 가는 길에 교회에서 제시한 두 단어로 된 새로운 사명 선언문을 다소 장난스럽게 외웠다는 것이다. 지난 4개월간 매 주일 그들은 이 두 단어를 암송하고 다녔다. 설교 시작 전 영상에서 그 두 단어짜리 선언문을 크게 틀어 준다고 한다. 그의 아내는 굉장히 똑똑한데도 그 선언문이 무슨 뜻인지 잘 모르겠다고 한다. 세 번째 교인 역시 사업을 하는데, 그 역시 똑같은 '판매 전략'을 감지했지만 그래도 (팬데믹으로 인한 부담 때문에 거의 쓰러지기 직전인) 목사를 찾아가 격려하며 함께 기도했다고 한다.[1]

이 세 분의 그리스도인은 출석률 하락에도 불구하고 자신의 교회에 충성을 다한 분들이다. 그렇다면 모두 마케팅 분야에 폭넓은 경력을 쌓은 이들이 무엇 때문에 위와 같은 반응을 보였을까?

그것은 교회가 부지불식간에 사람들에게 교회를 먹인다는 사실을 알고 흠칫 놀랐기 때문이다. 신자는 그리스도를 먹는 것이지 교회를 먹을 수는 없다. 위의 교회들은 성도가 누구인지를 놓치고 있다. 성도는 오직 그리스도를 먹음으로써만 사랑을 지속해 나갈 수 있는 영적인 존재들이다. '교회를 마케팅하는 일'은 사랑의 에너지를 북돋울 수 없다. 사랑의 에너지를 샘솟게 하는 것은 '믿음'뿐이다(갈 5:6). 게다가 그와 같은 마케팅은 말도 안 되는 전략이다. 사업이 실패하고 있는 마당에 무엇 하러 남은 고객에게 그 사업이 얼마나 좋은 것인지 구구절절 설명하고 있단 말인가? 그런 교회의 파워트레인은 다음과 같은 모습을 하고 있다. '마케팅' → '교회' → '무능력.'

앞에서 인용한 세 분의 그리스도인은 미묘한 형태의 우상숭배에 반응한 것인데, 나는 이처럼 교회 자체를 경배하는 일을 '옅은 우상숭배 (soft idolatry)'라고 부른다. 이것은 거짓 신을 경배하는 고전적 형태의 우상숭배가 아니라, 아우구스티누스(Augustine)가 말한 "순서가 뒤바뀐 사랑"(disordered love)이다. 예를 들면, 어떤 가족이 운동을 너무 좋아해서 그 때문에 교회에 자주 빠지는 것과 같다. 자신의 아이들이 운동에서 좋은 성적을 거두는 것을 간절히 원한 나머지 그에 대한 애정이 그리스도의 몸에 대한 사랑보다 더 앞서게 되는 것이다. 운동에서 좋은 성적을 거두고 싶어 하는 것이 나쁜 일은 아니다. 하지만 이 경우처럼 지나치면 그것은 순서가 뒤바뀐 사랑이 된다.

기도와 옅은 우상숭배는 공존하기 힘들다. 하나님이 기도를 주신 것은 우상이 일하게 하시려는 수단이 아니었다. 선지자들은 이스라엘 백성이 기도하지 않는다고 비판한 일이 거의 없다. 그들의 문제는 우상숭배였으며, 바로 그 때문에 그들은 기도를 잘못 사용했다(겔 14:7-8).

나는 하나님이 코로나 팬데믹을 허락하신 이유 한 가지가 바로 이 순서가 뒤바뀐 사랑을 드러나게 하시려는 것이었다고 믿는다. 고난은 언제나 우리의 참사랑을 드러낸다. 성령님이 우리에게 원하시는 것은 우리의 시선을 우리 자신에게서 예수님께로 옮기는 것이다.

1983년에 어머니가 아버지한테 아래와 같은 편지를 썼는데, 안타깝게도 여기서 옅은 우상숭배의 모습을 볼 수 있다.

당신의 고뇌와 노고, 그리고 이 20세기에 하나님의 사람이 되고자 하는 당신의 열망 속에서 저는 당신이 모든 시간과 에너지를 전도와 교회의 일에 쏟아붓는 모습을 보게 돼요. 그런 일들이 당신의 가장 큰 기쁨인 동시에 가장 큰 두려움의 원천이지요. 당신은 마치 신랑이 신부에게 하듯 그런 일들을 가꾸고 소중히 여기고 있어요. 아침에 일어나면 당신은 주로 교회와 제자훈련 모임, 이웃과 교회, 집필과 전도팀, 그리고 가르치고 설교하는 일을 생각하잖아요.

당신은 낮에만 이런 일들에 에너지를 쏟는 것이 아니라, 밤이 되어서도 멈추지 않아요. 물론 이런 일들이 오직 육체의 에너지로 하는 일이라고 말하려는 것은 아니에요. 성령님이 능력을 주시지 않으면 누구도 이 모든 일을 감당해 낼 수 없죠. 다만 제가 하려는 말은 에베소서 5장의 말씀을 공부하다 보니 결혼 관계에는 남편으로부터 아내에게로 흘러 들어가는 거룩한 에너지가 있음을 알게 되었다는 거예요.

며칠 전에 당신한테 함께 차 한 잔하거나 잠시 산책을 하자고 했을 때, 사실 이런 이야기를 하고 싶었어요. 하지만 당신은 "더 이상 문제를 만들지 않았으면 좋겠다"라고 대답했죠. 용서해요. 당신이 교회와 전도의 일을 최우선의 사랑으로 삼은 것을 용서해요. 하지만 제가 침묵을 지키는 것이 당신에게 도움이 되는지는 잘 모르겠어요.

저는 이러한 삶의 방식을 받아들이는 법을 배웠어요. 당신은 성경의 약속을 따라 살아가는 사람, 기도와 인내의 사람, 그리고 끊임없이 배우는 사람이 되고 싶다는 말을 자주 했죠. 하나님이 당신을 그런 사람으로 만들어 가신다고 믿어요. 하지만 그리스도께서 교회에 하듯 당신이 당신의 아내를 가꾸고 소중히 여기는 법을 배우고 싶다는 말은 들어본 적이 없는 것 같아요.

3부에 가서 이 편지의 배경이 되는 이야기를 하겠지만, 우선 여기서는 아버지의 삶 속에 자리하던 옅은 우상숭배로 인해 어떻게 그분의 사랑이 약화되었는지 주목해 보기를 바란다. 아버지는 한 명의 성도를 낙담케 했던 것이다.

교회를 우상화하는 일은 굉장히 깨닫기 어렵다. 왜냐하면 곳곳에 '예수님'으로 회칠을 해놓았기 때문이다. 하나님이 뉴라이프교회에 그분의 영을 부어 주셨을 때 우리는 우리 교회가 특별하다고 생각하기 시작했다.

예를 들어, 사람들이 우리 교회를 떠날 때, 심지어 합당한 이유가 있어서 떠날 때도 그것을 받아들이기가 무척 어려웠다. 하나님이 사람들을 다른 곳으로 부르셨음에도 우리는 우리 교회에 대한 사랑 때문에 그들을 축복할 수 없었다. 때때로 우리에게 있는 사랑의 순서가 뒤바뀌었다.

우상은 블랙홀처럼 주변에 있는 모든 것을 빨아들인다. 무조건적인 충성을 요구한다. 그러다 보니 성도는 교회 자체가 아닌 교회를 위한 '수단'으로 전락하고 만다. 교회를 살찌우는 재료의 역할을 하게 되는 것이다. 그들은 교회에 출석하고, 헌금과 봉사로 교회를 먹인다. 그렇게 되면 기도는 불필요한 일이 된다. 사람의 힘으로 사람의 일을 할 때 성령님의 "마법"[2]은 별 필요가 없어진다.

그러나 성도에게 이것은 불쾌한 일이다. 위에서 언급한 세 분의 그리스도인은 교회가 자신을 마케팅의 대상으로 취급하는 것을 좋아하지 않았다. 그리고 나의 어머니는 소중히 여김을 받지 못하는 것에 당혹감을 느꼈다. 그렇다면 성도에게는 무엇이 필요한가? 아내와 션, 그리고 레이첼에게 주일 아침에 필요한 것은 무엇일까? 우리는 어떻게 최전선에 있는 이 용사들을 온전하게 할 수 있을까? 에베소서 1-3장의 말씀을 통해 바울이 어떻게 성도를 먹였는지 살펴보자.

바울은 에베소 교인을 위해 기도함으로써 그들을 먹였다

에베소서 1장에 보면 바울은 성도를 위해 기도함으로써 그들에게 그리스도를 먹인다. 초대 교회의 방식을 따라 바울은 자신의 형제, 자매들 위에 손을 들고 그들 안에 예수님이 오시기를 구한다.

<u>찬송하리로다 하나님 곧 우리 주 예수 그리스도의 아버지께서</u> "**그리스도 안에서**" "**하늘에 속한**" 모든 **신령한** 복을 우리에게 <u>주시되</u> 곧 창세 전에 "**그리스도 안에서**" <u>우리를 택하사</u> 우리로 사랑 안에서 그 앞에 거룩하고 흠이 없게 하시려고(3-4절).

이 기도에서 내가 밑줄과 큰따옴표와 굵은 글씨로 강조한 네 가지를 주목해 보라.

첫째, 이것은 고대 히브리인의 축복을 보여 준다. 바울은 '복'이라는 형태의 단어를 세 번씩 반복함으로써(밑줄)(한글 성경에는 '복'이라는 단어가 한 번만 사용되었다. 첫 번째 밑줄에서 "찬송"으로 번역된 단어는 헬라어로 '복'과 같은 단어이다. "복을 우리에게 주시되"라는 문구 역시 헬라어로는 '우리에게 복을 복 주시되'라고 '복'이라는 단어를 명사와 동사 형태로 두 번 반복해서 사용한다.-역주) 이 점을 강조한다. 복을 비는 축복은 간접적인 기도이다. 즉 다른 신자에게 하는 말이지만 간접적으로는 하나님께 드리는 기도인 것이다. 그래서 시편 103편 1절에서 다윗도 자신의 영혼에게 "내 영혼아 여호와를 송축하라"라고 말한다.

축복은 신령한 에너지를 전달하는 특별한 기도이다. 그래서 이삭은 야곱을 위해, 야곱은 그의 아들들을 위해, 그리고 아론은 이스라엘 전체를 위해 복을 빌었다. 예전에 아버지가 축복에 관해 설교한 이후 나는 잠자리에 들 때마다 나의 여섯 아이들 한 명 한 명에게 손을 얹고 축복해 주기 시작했다. 아이들은 아직도 그 순간을 다 기억하고 있다. 내가 빌었던 그 복이 아이들에게 내려진 것이다.

왜 복을 비는가? 성도의 삶은 고단하기 때문이다. 앞서 살펴본 세 성도인 나의 아내와 션, 레이첼의 삶은 피로하다. 모건은 아내에게 브라이언이 우리 교회에 나올 수도 있다는 이야기를 한 적이 한 번도 없었다. 션의 가족은 여전히 불안정하다. 그리고 레이첼은 병원에서 만난 그 여성과 연락이 끊겼다. 이것이 바로 최전선에서 예수님을 따르는 이들의 삶이다. 우리는 누구나 주기적으로 신령한 에너지를 공급받아야 한다.

둘째, 바울은 '그리스도 안에서'(큰따옴표로 구분됨) 성도들을 향한 하나님의 사랑이 얼마나 큰지 들여다보게 함으로써 그들을 먹인다. 축복에 관한 이 기도는 에베소서 1장 3절에서 14절까지 이른다.[3] 신약성경에서 가장 긴 축복의 글이다. 바울의 축복 전체를 살펴보면 우리가 그리스도 안에서 받은 것들을 다양한 표현을 사용해 열한 번에 걸쳐 드러내고 있다. 이처럼 성도에게 가장 필요한 것은 그리스도 안에서 그들을 향한 아버지의 사랑이 얼마나 큰지 아는 것이다. 그 지식은 끊임없이 새어 나가기 때문에 계속해서 다시 채워야 한다. 바울은 그리스도 안에서 성도를 향한 아버지의 사랑이 쉼 없이 흘러넘친다고 알려 주어서 그들의 믿음을 세워 나간다.

셋째, 바울은 자신도 한 사람의 성도라고 강조한다. 3-14절에서 그는 열네 개의 헬라어 대명사("우리를", "우리가", "우리에게"와 또한 인용된 구절의 밑줄 친 단어들 참조)를 사용해 자기 자신을 '우리' 안에 넣으려고 애쓴다. 동료 성도와 함께하려는 것이다. 왜냐하면 위대한 사도 바울도 예수님을 바라보아야만 하기 때문이다.

마지막으로, 바울의 축복 안에는 '기도' → '성령님' → '그리스도' → '능력'(굵은 글씨)이라는 교회의 파워트레인이 숨겨져 있다. 바울은 이 파워트레인을 가르치려 하지 않고, 그저 그것을 위해 기도한다. 자신에게 어떤 자동차가 있는지 말하기보다는 사람들을 그 차에 태워 그들의 인생길을 함께 달리는 것이다. 바울은 '성령님의' 능력과 생명을 성도에게 전달하는 통로가 됨으로써 그들을 온전하게 한다. 그것이 바로 함께하는 기도의 역할이다.

바울은 쉬지 않고 기도함으로써 에베소 교인을 먹였다

바울이 에베소 교인을 위해 먼저 기도했으니 이제는 설교할 차례인가? 아니다. 앞선 기도는 그저 몸풀기에 불과하다. 이제 바울의 기도는 축복에서 간구로 옮겨 간다. 바울의 기도는 다시 한번 교회의 파워트레인(굵은 글씨)을 중심으로 구성된다. 그는 아버지께 기도하되(엡 1:16-17), 성령님을 베풀어 주시기를 기도하며(17-19절), 또한 성도들의 눈을 열어 부활하시고 보좌에 앉으신 그리스도의 크심을 보게 해달라고 기도한다(20-23절). 바울은 하늘에 오르신 그리스도의 모습에 사로잡혀 그분을 경배하기 시작한다(21-23절). 그 서두는 아래와 같다.

> **내가 기도할 때에 기억하며** 너희로 말미암아 감사하기를 그치지 아니하고 우리 주 예수 그리스도의 하나님, **영광의 아버지께서 지혜와 계시의 영을** 너희에게 **주사** 하나님을 알게 하시고 너희 마음의 눈을 밝히사 그의 부르심의 소망이 무엇이며 성도 안에서 그 기업의 영광의 풍성함이 무엇이며 그의 힘의 위력으로 역사하심을 따라 믿는 우리에게 베푸신 능력의 지극히 크심이 어떠한 것을 너희로 알게 하시기를 구하노라 그의 능력이 **그리스도 안에서 역사하사** 죽은 자들 가운데서 다시 살리시고 하늘에서 자기의 오른편에 앉히사(엡 1:16-20).

바울은 에베소 교회에 기도를 가르치려 하지 않는다. 단지 기도를 통해 그들을 예배의 자리로 인도함으로써 성령님의 생명을 불어넣으려 한다. 하지만 바울이 어떤 기도의 모형을 제시하는 것은 아니다. 그의 기도는 에베소 공동체에 예수님의 생명을 전달하기 위한 성령님의 통로일 뿐이다. 바울은 교회의 기초, 곧 그리스도 예수 안에 있는 하나님의 사랑을 가르치는 일을 통해 교회의 삶을 살고 있다. 이렇듯 에베소서 1장 거의 전체(3–23절)는 축복과 간구, 경배의 기도로 되어 있다.

이제 어느 대형교회의 담임 목사가 자신의 교회에 기도회가 있는 줄도 몰랐다고 한 말에 내가 왜 그토록 놀랐는지 어느 정도 알게 되었을 것이다. 이 목사는 주님을 사랑하는 사람이었다. 하지만 그 목사와 교회의 다른 지도자들은 교회의 삶을 살고 있지 않았다. 그저 말하고 예배하는 사업을 하고 있을 뿐이었다.

바울은 에베소서 2장에서 기도를 멈춘 후 3장 1절에서 다시 이어나간다. "이러므로 그리스도 예수의 일로 너희 이방인을 위하여 갇힌 자 된 나 바울이 말하거니와"라고 하면서 하던 말을 끊고 복음에 담긴 경이로운 일들을 계속해서 묘사한다. 마지막으로, 바울은 다시 한번 교회의 파워트레인을 통해 기도함으로써 그 기도를 마무리한다.

이러므로 '내가' 하늘과 땅에 있는 각 족속에게 이름을 주신 '아버지 앞에 무릎을 꿇고 비노니' 그의 영광의 풍성함을 따라 '그의 성령으로 말미암아' 너희 속사람을 '능력으로 강건하게 하시오며' '믿음으로 말미암아 그리스도께서 너희 마음에 계시게 하시옵고' 너희 **사랑 가운데서 뿌리가 박히고 터가 굳어져서 능히 모든 성도와 함께 지식에 넘치는 그리스도의 사**

랑을 알고 그 너비와 길이와 높이와 깊이가 어떠함을 깨달아 하나님의 모든 충만하신 것으로 너희에게 충만하게 하시기를 구하노라(엡 3:14-19).

이 구절은 에베소서 1-3장에서 바울이 파워트레인으로 기도한 세 번째 부분이다. 따라서 완전한 파워트레인은 다음과 같은 모습을 하고 있다. '기도' → '성령님' → '예수님' → '능력' → '성도.' 바울이 파워트레인으로 기도하는 이유는 '성도들'에게 역량의 문제가 있기 때문이다(위 인용문에서 굵은 글씨로 강조된 부분 참조). 우리는 "지식에 넘치는 그리스도의 사랑을 아는" 역량이 충분치 않다. 그래서 우리는 "사랑 가운데서 뿌리가 박히고 터가 굳어져야" 한다. 여기서 바울은 다른 사람을 향한 우리의 사랑을 말하는 것이 아니다. 우리를 향한 하나님의 사랑을 아는 것을 말한다. 우리는 그것을 믿음이라고 부른다.

믿음을 위해 기도해야 하는 이유는 무엇일까? 왜냐하면 믿음은 사는 동안 조금씩 새어 나가기 때문이다. 만약 당신의 배우자가 꾸준히 당신을 비판하는 말을 한다면, 그로 인해 당신의 믿음이 새어 나갈 수 있다. 비판은 당신의 가치를 갉아먹지만, 믿음은 당신을 가치 있는 존재로 만든다. 만약 당신의 직업이 막다른 골목에 처해 있다면, 매일 일하러 가는 것만으로도 당신의 믿음이 새어 나갈 수 있다. 만약 당신이 미혼 여성인데 배우자를 찾을 가망성이 전혀 보이지 않을 때, 결혼에 대한 열망으로 인해 오히려 당신의 믿음이 새어 나갈 수도 있다. 어설픈 삶의 증거들이 당신은 사랑받을 자격이 없다고 외칠 때, 바로 믿음이 당신은 생각보다 훨씬 더 많은 사랑을 받고 있다고 말해 준다. 이처럼 바울이 성도를 먹이는 이유는 그들이 굶주려 있기 때문이다.

에베소서 1-3장에서 어떻게 기도가 물 흐르듯 흘러가는지 주목하라.

- 에베소서 1장: 서론 → 축복의 기도 → 간구의 기도 →
- 에베소서 2장: 설교 →
- 에베소서 3장: 짧은 기도 → 짧은 설교 → 마무리 기도

바울은 멈추지 않는다. 오히려 **쉬지 않고 기도한다**. 예를 들어, 많은 이들이 쉬지 않고 휴대 전화를 사용한다. 전화를 확인하는 일이 우리 삶에 중요한 리듬이 되었다. 회의 중에 누군가가 휴대 전화를 내려다본들 불쾌해하는 이들도 별로 없다. 모두가 그러고 있으니 말이다. 그것이 바로 쉬지 않고 기도하는 것과 같은 모습이다.

왜 기도인가? 그냥 믿음을 가르치면 될 일 아닌가? 바울이 믿음을 가르치는 데 소극적이어서가 아니라, 궁극적으로 믿음은 성령님을 통해 분별하는 것이기 때문이다. 우리가 그리스도 안에서 우리를 향한 아버지의 사랑이 얼마나 큰지 알려면 성령님의 마법과 같은 손길이 필요하다. 그래서 바울은 에베소 교인에게 교회에 대해 가르칠 때 기도회를 인도했다. 그는 편지를 써서 기도한다. 에베소서 1-3장의 45퍼센트가 바울의 기도이다. 기도와 설교가 거의 완벽하게 균형을 이루고 있다. 그는 에베소 교인들을 단순히 가르치기만 하는 것이 아니라, 그들 가운데 '예수님의 불꽃'을 일으킴으로써 자신이 교회의 삶을 살고 있다.

놀랍게도 교회에 대한 바울의 글에는 교회가 아닌 그리스도께서 그 중심에 있다. 우리가 교회의 삶을 살 수 있는 가장 좋은 길은 교회를 보는 것이 아니라 그리스도를 바라보는 것이다. 기도에 대해서도 마찬가지다.

바울은 그리스도와 그분에 관한 모든 것을 기도의 중심에 둔다. 기도는 교회의 생명줄이다. 왜냐하면 성령님이 우리 안에 예수님의 부활 생명을 끊임없이 새롭게 하시는데, 그분께 다다르는 통로가 바로 기도이기 때문이다. 나는 사람들이 그저 기도의 능력이나 기도가 얼마나 놀라운지에 대해서만 이야기할 때 답답함을 느낀다. 기도는 그저 성령님께 다가가는 도구일 뿐이다. 성령님이 예수님의 임재를 가능케 하신다. 그래서 우리가 교회에 가는 것이다. 그리스도를 먹기 위해 말이다. 그리스도께서 중심이시고, 그리스도께서 전부이시다. 끝으로 표 6.1에 '교회의 삶을 사는' 두 가지 서로 다른 방식을 정리해 보았다.

표 6.1. '교회의 삶을 사는' 대조적인 방식

	일반적인 복음주의 교회	에베소서에서 바울이 제시한 모델
교회의 파워트레인은 무엇인가? 좋은 교회가 되는 요인은 무엇인가?	좋은 설교 + 목양 + 비전 + 관용 (이 각각의 것들 모두 훌륭하지만, 파워트레인은 아니다).	기도에 대한 응답으로 아버지께서 그분의 성령을 끊임없이 부어 주심으로써 성도에게 예수님의 사랑이 넘친다.
파워트레인으로 인해 무엇이 달라지는가?	정답이 분명하지 않다. 성장? 출석률?	성도와 그들의 아름다움!
교회 안에서 기도의 위치는 어디인가?	기도는 좋은 것이지만 우리는 모두 너무 바쁘다. 몇몇 기도의 용사에게 대신 기도를 맡긴다.	모든 곳에서 기도가 성령님의 지혜와 능력, 그리고 사랑과 영광을 끊임없이 타오르게 한다.
교회는 무엇인가?	예배, 교제, 설교를 위해 주일에 모이는 것이다(주일은 중요하지만 그것이 곧 교회는 아니다).	교회의 '머리'에 주목하며 예수님과 서로를 향한 사랑이 흘러넘치는 성도. 이들은 기도와 말씀 선포로 충만해지기 위해 일요일에 모이기를 열망한다.

누가 주된 사역자인가?	목사, 장로, 그리고 사역팀의 인도자(한결같이 노고를 마다치 않고, 특히 어려운 성도를 위해 힘쓰는 목사들을 주신 하나님께 감사드린다. 그러나 목사가 주된 사역자는 아니다).	모든 성도(목사를 주된 사역자로 삼으면 그들은 소진되고 만다).
목사와 직분자의 역할은 무엇인가?	교회가 기능하는 틀을 제공한다. 특히 설교(좋은 설교는 매우 중요하지만 그것이 전부는 아니다).	성도의 수많은 사역 현장에서 그들을 온전하게 하고, 용기를 불어넣으며, 그들과 함께 기뻐한다. 설교와 기도로 성도에게 그리스도를 먹인다.
성도를 향한 지도자의 자세는 어떠한가?	평신도들이 소비자가 되지 않도록 격려한다.	성도가 곧 교회다! 성도가 성도 본연의 모습을 잃지 않도록 격려한다.
프로그램의 역할은 무엇인가?	직분자가 관여하는 주요 프로그램을 다섯 개에서 열 개 정도 확보해야 한다(프로그램이 중요하긴 하지만 비공식적 사역에 능력이 있다).	각각의 성도가 다섯 개에서 열 개 정도의 비공식적 사역을 감당한다(아내와 션, 레이첼의 경우와 같이). 지도자들은 온전하게 하는 일에 초점을 맞추어 성도들의 열매를 배가시킨다.
전도는 어떻게 행하는가?	프로그램을 통해(몇 가지 전도 프로그램을 운영하는 것은 좋은 일이나 프로그램으로는 성도들이 맺는 수백 개의 관계를 복제할 수 없다).	전 교인이 자신의 가족과 지역사회로 퍼져나간다.
성공의 척도는 무엇인가?	주일의 출석률, 예산, 리더십 강한 목사(수적 성장은 놀라운 일이지만, 그것은 사랑과 믿음에 대한 부차적인 척도일 뿐이다).	우리 안에 그리스도의 사랑이 흘러넘쳐 우리의 사랑과 하나 됨이 성장하고 있는가? 우리는 갈수록 예수님을 닮아가고 있는가?
팬데믹이 발생하여 주일에 모일 수 없게 되면 어떻게 되는가?	함께 모일 수 없으므로 교회의 기능이 멈춘다.	우리가 의식적으로 그분의 고난에 동참함. 프로그램의 수는 더 적지만 보다 깊은 제자훈련이 가능해진다.

목회자에게 전하는 말

'성도'의 재발견은 놀라운 자유를 가져온다. 목사가 해야 할 일이 줄어들고 축하할 일은 많아진다. 스스로 일을 해내기 위해 애쓰기보다 성령님이 하시는 일들을 더 많이 발견하고 그것을 누리게 된다. 파도를 만들어 내기 위해 힘쓰기보다 그 위에 몸을 싣는 것이다. 복음이 우리의 양심을 자유롭게 한다면, '성도'는 우리의 사역을 자유롭게 한다. 그뿐 아니라 성도들이 감당하는 일을 높이고 존중함으로써 그들에게는 더 큰 동기부여가 된다. 나는 많은 성도가 여러 가지 짐을 기꺼이 지는 모습에 늘 감동한다. 그들을 성도로 대하며 위대한 믿음과 사랑의 사명을 부여하면 그들은 달려가야 할 길을 분명히 보게 될 것이다.

7

성도가 성도임을 일깨우라

5장에서 우리는 성도들이 흔히 그 가치를 인정받지 못한다는 현실을 보았다. 그 결과 성도는 즐거움과 명예, 혹은 온전케 함의 대상이 되지 못했다.

6장에서는 성도들이 왜 그 가치를 인정받지 못하는지 살펴보았다. 그것은 우리가 교회를 우상화하는 경향이 있기 때문이다. 성도에게 '교회'를 먹이고 교회 자체를 하나의 목표로 여기게 하면 그들은 굶주리고 쇠약해진다. 반면에 기도를 통해 성도에게 그리스도를 먹이면 그들은 사역을 위한 에너지를 얻게 된다.

이제 우리는 성도를 소홀히 여길 수밖에 없었던 이유를 좀 더 깊이 살펴보려고 한다. 그것은 성도가 실재한다는 사실조차 믿지 못했기 때문인데, 이것이 무슨 의미인지 함께 들여다보자.

아내가 펄쩍 뛴 이유

우리는 매년 직원 연수회를 여는데, 한번은 그 자리에서 성도에 대한 리처드 개핀의 식견이 엿보이는 글을 읽어 주었다.

> 신자의 존재 가장 깊은 곳에 있는 중심부, 다시 말해 '내적 자아' 속에서 그들의 부활은 현재 이미 누리는 부활의 모습보다 결코 더 나아지지 않는다. 하나님이 각각의 신자 안에 행하신 일은 다름 아닌 되돌릴 수 없는 부활 그 이상도 이하도 아니다. 이런 표현은 … 단순한 비유가 아니다.[1]

아내는 곧바로 의자에서 벌떡 일어나 "그런 말이 어디 있나요?"라고 물었다. 그녀는 너무 놀랐고, 그 자리에 있던 모두가 웃었다. 나는 개핀이 "그런즉 누구든지 그리스도 안에 있으면 새로운 피조물이라 이전 것은 지나갔으니 보라 새 것이 되었도다"(고후 5:17)라는 말씀을 묵상한 내용이라고 말해 주었다.

나는 아내가 왜 펄쩍 뛰었는지 안다. 첫째, 그녀는 대부분의 인생을 확고한 개혁주의 가르침 속에 살았지만, 단 한 번도 자신의 존재 가장 깊은 곳, 즉 자신의 마음속에서 그녀가 현재 이미 누리는 부활의 모습보다 더 나은 부활이 없다는 말은 들어본 적이 없기 때문이다. 다시 말해, 아내는 자신이 '실제로' 거룩한 사람, 곧 성도라는 사실을 들어보지 못했다. 우리가 주변에서 '성도'를 보지 못하는 이유는 성도가 실재한다고 믿지 않기 때문이다. 성도인 우리의 정체성이 그저 '신분상'의 문제일 뿐 '실제로는' 별 차이가 없다고 한다면, '성도'라는 단어는 마치 '참가상'이 주어진 정도의 아무런 의미 없는 말이 되고 만다.

둘째, 아내는 전에 이처럼 성도를 반쪽짜리로만 이해하면 어떤 결과가 나타나는지 경험한 적이 있다. 우리 딸 킴이 어렸을 때 젊은 엄마였던 아내는 주고 또 주고 다 퍼줘도 그 결과가 거의 눈에 띄지 않는 감춰진 사랑의 일을 하기 위해 교회 봉사를 그만두었는데, 이때 그녀는 교회에서 즐거움이나 기쁨을 느끼지 못했다. 아내가 개핀의 글을 듣고 그 자리에서 펄쩍 뛰었던 이유는 잊혀졌던 이 진리가 얼마나 큰 위로가 되는지를 깨달았기 때문이다. 그녀는 자신의 믿음 안에 내재한 '죄-책임-용서'의 측면만 느꼈을 뿐, '부활-소망-성도'의 측면은 느끼지 못했다. 교회의 프로그램이라는 측면만 경험했을 뿐, 성도 됨을 즐거워하는 측면은 경험하지 못한 것이다. 하지만 둘 중 어떤 것이 더 낫다고 할 수는 없다. 우리에게는 그 둘이 다 필요하다!

만약 성도가 존재하지 않는다면, 만약 거룩한 사람들이 실제로 거룩한 것이 아니라면, 교회는 아내와 션, 그리고 레이첼 같은 최전선의 용사들이 아닌 소비자들로만 가득 찰 것이다. 물론 소비자도 음식과 즐거움을 공급받아야 한다. 그들이 투정을 부릴 수 있으므로 일요일 아침이 너무 경직될 필요는 없다. 그러면 목사만 긴장되고 피곤해질 뿐이다. 하지만 이런 경우 기도는 관심 밖의 일이 되고 만다. 왜냐하면 함께 기도하는 일에는 훈계와 노력, 그리고 믿음이 필요한데 소비자는 이런 것들이 약하기 때문이다. 오늘날의 교회가 이러한 모습을 하고 있을 수는 있으나, 다행히도 바울이 바라보는 성도는 그와 같지 않으니 참으로 하나님께 감사드릴 일이다.

성도는 사랑하는 사람이며, 사랑하는 사람은 기도하는 사람이다

에베소서 4장에서 바울은 성도가 해야 할 일에 대해 말한다. 죄악이 가득한 세상에서(17-19절) 바울은 성도에게 겸손이 흠뻑 묻어나는 생명력 있는 사랑을 요구한다. 그러한 사랑이 있으면 멸시를 견디고, 모욕을 받아 넘길 수 있으며, 용서를 베풀게 된다.[2]

또한 바울은 동료 성도에게 유효기간이 없는 사랑을 요구한다. 왜냐하면 그들에게는 그렇게 할 수 있는 능력이 있다고 믿기 때문이다. 그와 같은 바울의 믿음을 1절에서 엿볼 수 있다. "너희가 부르심을 받은 일에 합당하게 행하여." 이는 바울의 글에서 빠짐없이 나타나는 주제이다. "너희가 전에는 어둠이더니 이제는 주 안에서 빛이라 빛의 자녀들처럼 행하라"(엡 5:8). 바울은 성령님이 우리 마음속에 행하신 결정적인 역사를 믿고 있다.

바울이 에베소 교인을 볼 때 그는 그들의 참모습, 곧 성도 됨을 보았다. 그것을 보았기에 바울은 그들에게 위대한 소명을 요구할 수 있었다. 즉 에베소 교회가 그들의 본모습대로 행할 수 있다고 거듭해서 격려했다. 물론 이 땅에 임한 천국에서 우리는 여전히 육체의 소욕에 맞서 끊임없는 싸움을 싸워야 한다. 그러나 바울은 우리가 성도라고 확증함으로써 성숙을 향한 그 부르심에 긍정적인 용기를 불어넣는다.

우리가 성도로 살아간다는 현실과 가장 잘 어울리는 모습은 사랑을 행하는 것이다. 아내와 레이첼, 그리고 션의 이야기를 통해 우리는 '사역'이라는 말이 너무 좁게 정의되고 있음을 본다. '사역'의 정의를 확장해서 그것을 '행동하는 성도'라고 이해하자. 그러면 에베소서 4-5장에서 바울이 사랑의 실천을 강조하는 이유를 비로소 깨닫게 된다.

성도는 어떤 일을 하는가? 그들은 사랑한다. 따라서 바로 사랑이 성도가 해야 할 일(힘겨운 배우자와 함께 사는 일)과 그것을 행하는 방식(오래 참고, 온유하고, 신실하고, 겸손하게)을 결정한다.[3] 이것은 신학에서 적용으로 나아가는 것이 아니다. 믿음을 행하는 일(엡 1-3장)에서 사랑을 행하는 일(엡 4-5장)로 나아가는 것이다. 성도는 믿는 자들(엡 1:1)이자 동시에 사랑하는 자들(엡 4:1)이다.[4] 사랑을 행하는 일이 단순히 신학을 적용하는 일이 되어 버리면, 사랑이 진부한 것으로 전락되어 교회를 약화시키고 만다.

우리의 사역이 사랑이 될 때 사역에 대한 우리의 정의가 대단히 넓게 확장된다. 그리스도인의 삶 전체가 사역이 되기 때문이다. 따라서 힘겨운 결혼 생활을 견디는 사람은 자신을 낮추는 사역을 하는 것이다. 마찬가지로 장애가 있는 아이를 인내하며 양육하는 사람은 끊임없이 예수님의 죽으심의 자리로 내려감으로써 예수님의 생명이 자신 안에서, 그리고 자신을 통해 드러나게 하는 것이다. 아직 완전함에 이르지 못한 성도와 함께 살거나 일하는 것에는 놀라운 인내와 용서, 그리고 관용이 필요하다. 바울 자신은 "주 안에서 갇힌 자"(엡 4:1)였다. 마찬가지로 수많은 성도가 감옥과 같은 상황에 갇혀 있지만, 여전히 사랑을 베풀며 산다.

"자신의 모습 그대로 살라"는 것은 "자신의 모습 그대로 살지 말라"는 것과 근본적으로 다른 관점이다. 심지어 바울은 부정문으로 말할 때도 "자신이 '아닌' 모습으로 살지 말라"고 말하곤 했다. 이것은 우리가 우리 자신을 성도로 바라보는 방식을 재정립하는 것이다. 그러한 재정립을 위해서는 우리가 서로를 어떻게 바라보는지부터 시작해야 한다.

그런데 이 모든 것은 기도와 어떤 관계가 있을까? 나는 기도회 자리에서 사람들의 평범해 보이는 기도 요청을 그들의 성도 됨과 연결시키려고 한다. 그래서 멜리사가 성탄절에 어려움을 겪는 가족을 위해 기도해 달라고 했을 때, 나는 그것을 그저 기도 제목이 하나 추가된 것으로 보지 않았다. 오히려 그녀가 천국의 최전선에 있는 성도라는 사실을 일깨워 주며 그녀를 위로했다. 내가 이렇게 할 때 성도는 빛을 발한다. 약간의 격려와 많은 기도로 성도가 꽃을 피우는 것이다.[5]

성령님이 우리 영혼에 예수님의 형상을 각인시켜 주셨다. 그 결과 우리는 실제로, 그리고 진실로 성도가 되었다. 우리가 초인적인 사랑을 지속하는 유일한 길은 아버지께서 예수님의 부활 시에 하신 일, 그리고 우리 존재의 가장 깊은 곳에 영속적으로 행하신 일, 바로 그 일을 계속하시기를 간구하는 것뿐이다. 따라서 우리의 기도는 아버지께서 성령님을 통해 우리 안에 그리스도를 보내 주심으로써 그분이 우리 삶 가운데 깨어진 것들을 되살려 주시기를 간구하는 것이다. 따라서 행동하는 성도에게 기도는 '호흡'과도 같다. 많은 그리스도인이 기도는 자신의 본성적인 모습에서 '나오는' 것이라고 생각하지만, 사실은 그들의 가장 깊은 곳으로 '들어가는' 것이다.[6] 기도할 때 우리는 가장 우리다운 우리가 된다.

보이지 않는 성도

우리는 왜 성도를 보지 못하는가? 이와 같은 신학적 헛스윙이 일어나는 이유는 무엇인가? 나는 우리가 성도를 보지 못하는 데는 세 가지 긴장을 잘못 해소한 데 그 이유가 있다고 믿는다.

첫째, 우리의 종교개혁 유산 가운데는 교회가 어떻게 운영되는지에 대한 내적 긴장이 존재한다. 개혁자들은 한편으로는 우리 모두가 성도라는 사실을 발견했다. 즉 특별히 더 신령한 사람들의 집단이 있어서 그들만이 '성도'라고 불리는 것이 아니다. 복음은 우리가 모두 죄인이며 믿음으로 의롭게 된 전적으로 평등한 성도의 공동체라는 사실을 알려 준다. 그런데 성경에 대한 사랑이 지극했던 개혁자들은 설교를 보다 중시했다. 그래서 예배의 중심을 성찬의 교제에서 설교로 대체했다. 이로 인해 의도치 않게 설교자를 더 높이는 현상이 생겨났고, 그 결과 성직자와 평신도의 새로운 구분이 나타났다. 미국의 유명인사 문화의 기원은 1900년대 할리우드가 아닌 1700년대라고 할 수 있다. 설교로 식민지를 하나 되게 했던 조지 휫필드(George Whitefield)가 바로 미국의 첫 번째 유명인사였다. 우리는 모든 그리스도인이 '사역자'라고 말하면서, 그럼에도 가장 비중 있고 중심적인 사역은 설교라고 생각한다. 그것이 우리의 일이 되었고, 우리의 일은 우리의 말보다 더 우위에 서게 되었다.

둘째, 루터는 우리 믿음의 중심에 한 가지 긴장 요소가 있다고 분명히 했다. 곧 우리가 의로운 백성인 동시에 또한 죄인이라는 사실이다.[7] 이 두 가지 진리는 함께 가지만, 때에 따라서는 죄의 측면이 성도의 측면을 압도하기도 한다. 죄인인 자신은 쉽게 눈에 띄지만, 성도인 자신을 보는 데는 노력이 필요하다. 이는 현실적으로 육체의 소욕이 성령님이 우리의 존재 깊은 곳에 이루신 부활의 역사보다 더 크게 드러나 보인다는 의미이다. 때때로 복음은 "한 줄짜리 기타"와 같아서, 우리는 그저 힘겨운 인생을 사는 것처럼 느껴진다.[8]

셋째, 우리가 이미 살펴본 바와 같이 현대 교회는 치료적 요법을 중시하다 보니 고통받는 사람 혹은 피해자를 강조한다. 따라서 앨리슨이 사이가 틀어진 가족과 추수감사절 식사를 함께하는 것에 대해 괴로움을 토로할 때, 우리는 본능적으로 그녀를 상담이 필요한 고통받는 사람으로 보려고 한다. 상담사는 그녀에게 여유를 가지라고 말할지도 모른다. 물론 그런 것이 필요할 때도 있지만, 그와 같은 조언으로 인해 우리는 그녀를 사랑의 사명을 받은 성도로 보지 못하게 된다. 어쩌면 앨리슨에게 정말로 필요한 것은, 그녀의 성도 됨을 기뻐하며 함께 기도하는 친구들을 통해 믿음의 분량을 채우는 일일 수 있다. 그래서 삼촌이 가족 모임에서 대화를 주도하고 음식에 대해 이러쿵저러쿵 불평할 때, 앨리슨은 자신이 성도임을 자각하며 인내라는 미덕으로 그리스도의 아름다움을 드러내는 참된 미소를 짓는 것이다.

정리하자면, 우리는 감춰진 이 성도들의 아름다움을 보지 못하고 있다. 마치 선글라스를 쓰고 컴컴한 중세 시대 대성당에 들어가는 것과 같다. 죄인들만 보일 뿐 성도는 보이지 않는다. 이렇게 성도를 간과하면 교회의 기도 생활은 무력해지고, 그러면 교회의 삶은 목사 중심으로만 돌아가게 된다. 목사(누구든 그와 같은 일을 하는 사람)는 교회의 중심이 되라고 있는 직분이 아니다. 그리스도께서 이 땅에 세우신 그분의 몸, 곧 죽어가는 세상에서 예수님의 사역을 감당하는 존재는 바로 성도라는 사실을 간과해서는 안 된다.

목회자에게 전하는 말

소비자적 사고방식을 갖게 된 교인은 "나한테 줄 게 뭐 있나요?"라고만 묻게 된다. 이를 생각하면 마음이 미어진다. 나는 "사탄에게 우위를 내주지 마십시오"라고 격려의 말을 전하고 싶다. 물론 소비자처럼 행동하는 신자가 많은 것도 사실이다. 하지만 에베소서 말씀이 옳다면, 여러분의 교회에는 삶의 최전선에서 살아가는 성도가 있을 것이다. 그들에게 자신이 성도라는 사실을 일깨워 주라. 그들의 이야기를 귀 기울여 듣고 그들과 함께 기뻐하라. 힘겨운 결혼 생활을 견디는 분도 있을 것이고, 우울한 직장 생활을 버티는 분도 있을 것이다. 또한 믿음을 떠난 자녀 때문에 괴로워하는 분도 많다. 그런 분들의 이야기를 찾아내서 다른 이들이 그 성도의 이야기에 함께 기뻐할 수 있는 기회를 열어 달라고 하나님께 간구하라.

기도회는 성도가 그러한 이야기를 나눌 수 있는 기회의 장소이다. 성탄절 식사 자리에서 친척의 짜증 섞인 말을 너그럽게 넘긴 성도, 피곤한 택배 기사에게 시원한 물 한 잔을 주며 격려의 말을 건넨 성도의 이야기를 듣는다면, 얼마나 기쁘겠는가! 성도들 안에 예수님이 실제로 역사하여 일하시는 것을 볼 때 우리가 느끼는 이 기쁨을 다른 사람도 느낄 수 있다면, 그때가 바로 성도가 빛을 발하는 순간이다.

8

성도는 혼자 기도하지 않는다

내가 이번 장을 쓰는 동안 우리 기도 모임에서는 하워드의 가족을 위해 함께 기도하고 있었다.

홀로 싸우는 군인은 없다

하워드는 매우 신중한 사람이다. 그런데 그와 그의 아내는 친척들 가운데 어둠의 세력이 스며 있음을 감지했다. 가족 모임이 다가올수록 그의 마음이 점점 가라앉았다. 하지만 하워드는 악에 굴복하지 않겠다는 다짐을 우리와 나눴다. 나는 그가 마치 "반지의 제왕"(The Lord of the Rings)에서 간달프가 악령 발록에게 "넌 결코 지나갈 수 없다!"라고 했을 때의 모습 같다고 말해 주었다.[1] 그리고 사도 바울이 에베소서 6장에서 악의 세력에 맞서 "대적하라"라는 말을 계속했던 것을 떠올리고는, 하나님의 전신 갑주에 대한 묘사를 큰 소리로 읽어 주었다.

끝으로 '너희 모두가' 주 안에서와 그 힘의 능력으로 강건하여지고 '너희 모두가' 마귀의 간계를 능히 대적하기 위하여 '함께' 하나님의 전신 갑주를 입으라 우리의 씨름은 혈과 육을 상대하는 것이 아니요 통치자들과 권세들과 이 어둠의 세상 주관자들과 하늘에 있는 악의 영들을 상대함이라 그러므로 '너희 모두가' 하나님의 전신 갑주를 취하라 이는 악한 날에 너희가 '함께' 능히 대적하고 모든 일을 '함께' 행한 후에 서기 위함이라 그런즉 '너희 모두가' 서서 '함께' 진리로 너희 허리 띠를 띠고 '함께' 의의 호심경을 붙이고 '너희 모두' 평안의 복음이 준비한 것으로 '함께' 신을 신고 모든 것 위에 '함께' 믿음의 방패를 가지고 이로써 '너희 모두가' '함께' 능히 악한 자의 모든 불화살을 소멸하고 '함께' 구원의 투구와 성령의 검 곧 하나님의 말씀을 가지라(10-17절, 저자의 번역).

이 말씀을 읽으며 나는 영어에서 쉽게 **빠트리는** 복수형 표현들을 다시 집어넣었다.[2] 우리가 주일 학교에서 보았을 하나님의 전신 갑주 그림에는 항상 한 명의 군인만 등장한다. 하지만 여기서 바울은 한 명의 군인이 아닌 성도로 이루어진 군대를 무장시키는 것이다. 홀로 싸우는 군인은 없기 때문이다.

하워드는 혼자가 아니었다. 우리가 다 함께 그의 가족을 위해 기도하고 있었다. 주말을 지내는 동안 그는 몇 가지 재미난 사건이 있었다고 우리에게 문자로 알려 왔다. 그런데 그중 단연코 최고의 메시지는 그 주말이 끝나갈 무렵 믿음이 없던 가족이 그리스도인의 사랑이 얼마나 대단한지 언급했다는 사실이다. 매 순간 성도들은 발을 씻고, 손을 내밀며, 사랑을 베풀고 있다. 그날의 승자는 바로 예수님이셨다.

기도라는 갑옷

악한 세력을 몰아내고 사랑의 힘을 불어넣어 준 것은 바로 기도, 곧 바울이 제시한 일곱 번째 갑옷이었다.

> … 모든 기도와 간구를 하되 항상 성령 안에서 '함께' 기도하고 이를 위하여 '모든 교회가' 깨어 구하기를 항상 힘쓰며 여러 성도를 위하여 구하라 또 나를 위하여 구할 것은 내게 말씀을 주사 나로 입을 열어 복음의 비밀을 담대히 알리게 하옵소서 할 것이니 이 일을 위하여 내가 쇠사슬에 매인 사신이 된 것은 나로 이 일에 당연히 할 말을 담대히 하게 하려 하심이라(엡 6:18-20, 저자의 번역).

바울은 다른 갑옷들을 합친 것보다도 기도 하나에 더 많은 지면을 쏟는다. 기도가 그만큼 강력하기 때문이다. 기도에 해당하는 로마식 갑옷의 명칭은 나타나지 않는다. 그러나 현대 군인에게는 무전기가 거기에 해당한다. 전장에서 원활한 통신은 그 무엇보다 중요하다. 반대로 통신이 막히면, 카를 폰 클라우제비츠(Carl von Clausewitz)의 유명한 말처럼 "안개 속 전쟁"이 되고 만다.[3]

무전기의 강력한 능력은 무전기 자체에 있지 않다. 그보다는 무전기를 통해 연락을 취하려는 대상, 곧 막강한 힘을 가진 누군가에게 있다. 나의 삼촌 리로이 밀러 중사는 제10산악사단과 함께 이탈리아에서 전투에 참여하여 전방 포관측 장교로 활동했는데, 독일군에게 발견되어 박격포 집중포화로 전사했다. 왜 독일군은 단 한 명의 군인에게 박격포 세례를 쏟아부었을까? 삼촌에게는 막강한 힘에 연락을 취할 수 있는 무전기가 있었기 때문이다. 삼촌은 벌지 전투에서 미군이 주둔하던 북부 지역 전체를 지켜냈는데, 이러한 전과는 무전기 덕분에 가능했다. 미 육군은 300기의 포를 조준해 놓고(동시탄착사격이라 불림), 언제든지 독일군이 탱크로 밀고 들어오면 집중 포격을 할 수 있도록 준비를 갖췄다. 몇 차례 독일군이 미군의 부대들을 공격했지만, 미군 장교들은 그 지점으로 포 사격을 요청하여 밀려드는 공격을 저지했다. 이 모든 것이 가능했던 이유는 바로 무전기 덕분이다.[4]

우리에게 가장 강력한 무기는 단연코 기도이다. 왜냐하면 기도는 우리와 성령님의 능력을 연결하기 때문이다. 그러나 성도가 온전히 무장을 갖추지 않고서는 효과적으로 사용할 수 없다. 나는 우리 기도 모임의 배후에서 성도를 온전하게 준비시키려고 노력한다. 기도회 시작 전에 나는 하워드에게 주말을 어떻게 보냈는지 물었다. 덕분에 기도회에 들어가기 전에 그의 이야기를 먼저 알고 있었다. 그런데 나눔의 시간이 끝나갈 때까지도 그가 침묵을 지켰다. 나는 그의 이야기를 나누어 달라고 청했다. 그렇게 하워드가 자신의 이야기를 나눈 후에 나는 하나님의 갑주에 관한 바울의 본문을 읽었다.

내가 성도들을 온전하게 하는 방법은 기도와 경청, 그들의 이야기를 중심으로 가져오는 것, 그리고 그들의 믿음을 먹이는 일이다. 결과는 어떨까? 그들은 믿음의 방패를 들고, 복음의 신을 신고, 구원의 투구를 쓴다. 하워드와 우리 모두는 어깨를 나란히 하고 서서 함께 그리스도의 용사, 곧 성도가 된다.

모든 단계의 성도를 최전선에 있는 용사로 바라보면 기도회는 물론 예배까지도 변화하게 된다. 함께 기도하는 것은 더 이상 지루한 일이 아니다. 기도에 담긴 이야기들이 변해가는 모습과 그 가운데 하나님이 역사하시는 일들을 따라가는 것은 참으로 흥미롭다. 누군가를 위해 기도하면 후에 그들의 마음이 밝게 고조되는 것을 느낄 수 있다. 바로 어제저녁, 내가 참여하고 있는 한 월례 기도회를 마치고 나오는데, 몇몇 사람이 작년 한 해 동안 서로를 위해 함께 기도한 것이 정말 큰 힘이 되었다고 이야기했다. 기도하는 공동체는 최전선의 용사들에게 힘과 용기를 불어넣어 준다. 그들의 싸움은 결코 혼자 하는 것이 아니다.

다음은 자신의 교회에서 기도 운동을 이끄는 한 여성의 보고이다.

어젯밤 우리 공동체의 기도회를 열었습니다. 우리는 최전선에 있는 한 교감 선생님을 위해 기도했습니다. 그분은 마치 어둠 속에 빛을 비추듯 굉장히 어려운 상황 속에서 예수님을 전하고 계셨는데, 그분을 위해 기도하는 중에 저는 계속해서 '이 선생님은 최전선에 계신 분이구나. 오늘 우리가 기도를 통해 성도를 온전히 준비하고 있구나' 하는 생각을 했습니다. 예수님이 그분의 교회를 인도하셔서 기도하게 하시고 그 기도를 통해 용기를 불어넣어 주시니, 저는 말 그대로 그 선생님의 관점 전체가 변화되고 소망이 샘솟는 것을 보았습니다. 그것은 참으로 놀라운 일이었습니다!

에베소서에 기록된 바울의 모든 기도는 성도를 어둠의 왕국에서 해방하기 위한 것이다. 이는 몇몇 전문적인 선교사만을 위한 것이 아니고, 믿음으로 힘을 얻어 사랑으로 악에 맞서는 기도하는 모든 성도의 군대를 위한 것이다. 오직 이것을 통해서만 잠자는 거인이 깨어나며, 우리는 승리할 것이다.

목회자에게 전하는 말

가끔씩 나는 내가 '먼저 성도'이고, '그다음에 목사'라는 사실을 깜빡한다. 30년 전 주일 아침, 나는 제자훈련 모임에 참석하기 위해 달려가고 있었다. 복도에서 친구인 데이비드 폴리슨(David Powlison)을 지나쳤는데, 그때 그는 정신적인 어려움을 겪는 한 여성의 말을 주의 깊게 듣고 있었다. 그는 자신의 몸 전체를 그 여성 쪽으로 살짝 기울인 채 그의 말을 경청했다. 거기서 내가 본 것은 조현병을 앓던 한 여성이었지만, 데이비드가 본 것은 한 명의 성도였다. 당시 나는 그야말로 관리(그 여성을 지나친 것)와 치료('그 여성을 조현병 환자로 본 것)의 관점 속에 살고 있었다.

20년이 흘렀다. 우리는 "베데스다 성경 공부" 과정에서 매키나를 알게 되었는데, 아내는 그 모임에서 매키나의 (장애가 있는) 십 대 딸 아이를 가르쳤다. 아프리카 이민자였던 매키나는 다니던 교회의 목사 두 분과 전화 통화를 했다. 딸이 반항하기 시작했는데 (남편에게 버림 받은) 싱글 맘으로서 이 문제를 어떻게 해야 좋을지 몰랐기 때문이다.

첫 번째로 통화한 목사는 상담을 담당하던 목사에게 전화해 보라고 했다. 상담 담당인 두 번째 목사는 그녀의 이야기를 듣고는 "저는 장애가 있는 따님을 도울 만한 준비가 안 되어 있습니다"라고 말했다. 매키나가 눈물을 흘리며 내게 전화했을 때 그녀는 딸에게만큼이나 이 목사들에게도 화가 나 있었다. "왜 그분들은 전화상으로 저를 위해 기도라도 해줄 수 없었던 건가요?"

그 사건은 히브리인 민족 가운데 살던 도움이 필요한 '세 가지 주요 계층'을 간과한 것이었다. 매키나는 사실상 과부이자 나그네였고, 그녀의 딸은 고아와 같았기 때문이다. 위의 목사들은 효율적인 관리자였을 수는 있지만, 자신의 본래 모습, 즉 '성도'가 될 기회를 놓치고 말았다. 아내와 나는 매키나와 함께 기도했고, 딸의 상황에 대해 몇 가지 조언을 해주었다. 그 후로도 몇 달간 우리는 함께 상황을 지켜보았다. 딸 아이는 몇몇 힘든 시기를 거쳤지만, 전체적으로는 지금도 잘 지내고 있다.

성령님의 자리는 어디인가?

　우리는 누구나 자신만의 작은 세계에 '갇혀' 크고 분명한 것들을 놓칠 수 있다. 다윗왕은 간음과 살인이란 죄에 갇혀 있었는데, 이는 아마도 고대 왕들에게는 그러한 행위들이 평범한 일로 여겨졌기 때문이었을 것이다. 선지자 나단은 다윗에게 가난한 사람에게서 아끼던 어린양을 빼앗은 이기적인 왕에 관한 비유를 들려주어서 거기서 그를 '꺼냈다.' 다윗은 이 이기적인 왕에 대해 분노했고, 바로 그때 나단은 다윗에게 "당신이 그 사람이라"(삼하 12:7)라고 말했다. 다윗은 비탄에 빠졌다. 나단의 비유로 다윗은 자신만의 작은 세상에서 벗어날 수 있었고, 자신의 모습을 비춰볼 수 있는 거울을 얻게 되었다.

　유대의 율법 교사가 자신의 이웃이 누구인지 편협한 생각을 하고 있을 때 예수님이 하신 말씀도 바로 이와 같았다. 선한 사마리아인 비유를 통해 그 율법 교사는 자신의 세상을 더욱 올바로 들여다볼 수 있는 새로운 세상을 만나게 되었다.

사라진 최고경영자 비유

아래의 비유를 통해 우리도 우리 자신을 조금 더 잘 들여다볼 수 있기를 바란다.

어떤 회사에 뛰어난 경영자가 있다고 하자. 그의 선견자적인 리더십은 회사 안팎으로 널리 칭송받고 있다. 또한 마케팅과 상품 디자인에 대한 그의 통찰력은 비길 사람이 없을 정도다. 그뿐 아니라 업무 처리는 물론 사람을 돌보는 일에도 매우 탁월한 능력을 갖추고 있다. 그가 회사를 창업한 이래 회사에 미치는 그의 영향력은 가히 회사와 그가 하나라고 할 수 있을 정도로 대단하다. 즉 그의 인격과 업무가 회사의 한 중심을 차지하는 것이다. 심지어 어떤 이들은 그가 회사를 위해 너무도 많은 희생을 하다 보니 마치 회사를 위해 자신을 죽인 것과 같다고 말한다.

그에 대한 존경심이 하도 깊다 보니 회사에서는 매주 그를 칭송하기 위한 모임을 갖는다. 어떤 사람은 그를 찬양하는 노래를 만들기도 한다. 비범한 능력의 이 최고경영자는 회사를 운영하는 방법에 관한 책도 썼는데, 이 책은 세계적인 베스트셀러가 되었다. 사람들은 꾸준히 그 책을 공부하고, 인용하기도 하며, 또한 삶의 모델로 삼는다. 직원들의 삶에 없어서는 안 될 부분이 된 이 책을 그들은 하나같이 '그 책'(the Book)이라고 부른다. 매주 모임을 가질 때마다 간부 중에 한 사람이 나와서 그 책의 한 부분에 관해 이야기한다. 많은 수의 간부들은 심지어 그 책을 공부하기 위한 학교에 다니기도 했다.

그런데 무언가 잘못됐다. 회사의 시장 점유율이 줄어들고 수익이 떨어진다. 금융 분석가들은 이 회사의 주식을 '팔아야 할 것'으로 지정했다. 회사는 젊은이를 채용하는 데 어려움을 겪고, 사무실에는 나이 든 직원만 가득하다. 무언가 제대로 돌아가고 있지 않은데, 그 이유를 아는 사람이 없다. 어떤 간부들은 회의적으로 돌아섰다. 중요한 자리에 있던 몇몇 사람은 이전에는 상상할 수 없던 일을 했다. 즉 더 이상 그 책을 따르지 않는다고 말했다. 남아 있는 간부들은 실의에 빠지고 말았다.

정말 신기하게도 한 가지 괜찮은 점은 회사의 사무실이 굉장히 깨끗하다는 사실이다. 예산 삭감에도 불구하고 건물은 말 그대로 반짝반짝 빛이 난다. 회사의 미화원들은 언제나 싱글벙글이다. 미화원이 어떤 사무실에 들어가면 사람들의 마음이 한껏 고조된다. 왜냐하면 그들은 일하면서 노래를 부르기 때문이다. 물론 그 모습을 지켜보는 사람 중에는 그들이 계속해서 노래를 불러대는 것이 짜증 난다고 하는 이들도 있다.

지푸라기라도 잡는 심정으로 회사의 경영진이 모였다. 무엇이 부족한 것일까? 최고경영자의 그 책을 더 공부해야 하는 걸까? 매주 최고경영자를 칭송하는 자리에 더 많은 사람을 초대해야 할까? 최근에 그 자리의 참석률이 급감했다. 그들은 도무지 감을 잡을 수 없었다.

그때 경영진 중에 연세가 지긋한 분이 수년 전에 자신과 다른 지도자가 매주 최고경영자와 직접 만나 대화를 나눴다고 이야기했다. 하지만 다른 이들은 이러한 생각에 의아했다. 왜냐하면 모두 최고경영자를 위해 해야 할 일이 너무 많았기 때문이다. 그것은 마치 시간 낭비처럼 보였다.

게다가 그들은 그분과 만난 자리에서 무슨 말을 해야 할지, 그리고 어떻게 그 자리를 마련해야 할지 자신이 없었다. 그분과 이야기를 나눴던 기억이 있는 사람들은 그분이 우리 말을 잘 들어주기는 했지만, 그에 대해 즉시 답변을 주지는 않았다면서 참 이상한 자리였다고 말했다. 회사를 운영하기 위해서는 즉각적인 답변이 필요하지 않은가? 그 와중에 어떤 이는 미화원 중에 지금도 최고경영자를 만나는 분이 있다는 말을 했다. 하지만 언제 혹은 어떻게 만나는지에 대해서는 아는 이가 없었다. 참으로 신기한 일이었다.

경영진은 그 책을 들여다보기로 했다. 당연한 말이지만 그 책에 따르면 회사가 번창하기 위해서는 경영진이 정기적으로 최고경영자와 이야기를 나눠야 한다. 사실 그 책에는 최고경영자와 정기적인 의사소통이 있을 때에만 제대로 운영되도록 이 회사가 만들어졌다고 쓰여 있다. 그리고 거기에는 최고경영자와 대화하며 그분의 이야기를 경청하는 미화원의 이야기로 가득하다. 경영진은 이것을 곰곰이 생각해 보았다. 그들은 그 책을 존중하지만, 회사를 운영하는 일에 있어서는 구체적인 전략에 관한 또 다른 책이 필요하다는 입장이었다. 어떻게 하면 최고경영자와 이야기를 할 수 있는지 미화원에게 물어보자는 제안도 있었다. 하지만 그 안건은 너무도 뻔한 이유로 그 즉시 묵살되었다. 그래 봐야 청소부에 불과하지 않느냐는 생각 때문이었다. 미화원은 회사를 운영할 줄 모르는 부류다.

결국 경영진은 각자가 회사를 운영하는 방법에 관한 새로운 책을 쓰기로 약속하며 그 회의를 마쳤다. 아주 좋은 생각처럼 보였다. 그런데 개중에는 미화원이 모이는 곳을 찾아가 보려고 결심한 이들도 있었다. 그들은 회사 중역의 방부터 살펴보기 시작했다. 하지만 흔적을 찾지 못했다. 영업부와 마케팅부도 찾아봤지만 역시나 헛수고였다. 건물 전체를 뒤져 봐도 나오는 것은 전혀 없었다.

마지막으로, 누군가 지하실 끝 구석에 가면 보일러실 뒤편에 빈 자재 창고가 있다는 것을 기억해 냈다. 그 창고를 향해 다가가는데 나직한 웅얼

거림이 들려왔다. 문틈 사이로 슬며시 들여다보려 하자 방안이 너무 밝아 눈이 부셨다. 눈을 비비고 다시 들여다보니 그곳에는 최고경영자와 이야기를 나누는 미화원들로 가득했다. 경영진은 어안이 벙벙했다. 미화원들은 마치 최고경영자가 그 자리에 있는 것처럼 말을 하고 있었지만, 경영진은 그분을 보거나 들을 수 없었다.

일부 경영진은 되돌아갔다. 누가 봐도 시간 낭비일 뿐이라고 생각했다. 겉으로 봐선 아무 일도 일어나지 않는 것 같았다. 솔직히 그들은 미화원들이 쉬지 않고 해대는 그 말들을 듣는 것이 불편했다. 심지어 최고경영자에게 자신의 육체적인 질병에 대해서도 털어놓고 있었다! 어떤 미화원은 자신의 엉덩이 쪽에 생긴 문제를 자세히 묘사하기까지 했다. 더구나 그들은 방 안의 밝은 빛이 너무 거슬렸다. 지도자인 그들은 무엇이 중요한지 볼 수 있는 훈련을 받았는데, 지금 이 순간은 그러한 중요함과는 거리가 멀어 보였다.

남아 있던 경영진은 궁금증에 사로잡혔다. '회사 운영에 관해 우리가 놓치고 있던 것은 없을까?' 따지고 보면 지금 이 회사에서 제대로 돌아가는 것은 환경 미화뿐 아닌가! 건물의 화장실들만 눈이 부실 정도로 빛이 난다! 그래서 그들은 그 자리에 남아 계속 들어보기로 했다.

매주 그 경영진들은 지하실 한 귀퉁이로 내려가 미화원들이 최고경영자에게 하는 말을 들었다. 얼마 지나지 않아 그중 몇몇은 미화원들과 함께 하기 시작했다. 처음에는 최고경영자가 자신의 말을 듣지 않는 것 같아 이상한 기분이 들었다. 한 주 한 주가 지나 몇 달이 되고, 그러자 이상한 일이 일어났다. 어렴풋이나마 최고경영자의 모습이 보이기 시작한 것이다. 방 한가운데 그분의 모습이 잠깐 동안 나타나기도 하고, 혹은 그분의 손이 보이기도 했다. 그분의 목소리가 들렸고, 어떨 때는 그분이 함께하시는 것을 느끼기도 했다. 어떤 식으로든 똑같은 방식으로 두 번 이상 나타나지는 않으셨다. 그분이 나타나시는 방식이나 시기는 그들 마음대로 할 수 있는 것이 아니었다. 모든 것이 그분의 주권에 달려 있었다.

최고경영자와 이야기를 나눈 경영진들은 돌연 자신의 일에 무언가 예전과 다른 일들이 일어나고 있음을 발견했다. 보이지 않는 손이 놀랍고 세밀한 방식으로 그 일들을 빚어가고 있었다. 어느 순간 그들의 일이 회사의 화장실처럼 눈부시게 빛나기 시작했다. 그와 동시에 자신이 스스로 계획했던 일들은 산산이 조각나고 있음을 보았다. 이에 대부분은 고통스러운 시간을 보냈다. 어떤 이는 강등되기도 하고, 심지어 미화원으로 좌천된 이도 있었다. 그들은 최고경영자께서 자신의 삶을 통제하기 시작한 것을 보게 되었다. 누구도 그분의 주권적인 방식을 막을 수 없었다.

놀라운 것은 좌천된 이 경영진 또한 변하게 되었다는 사실이다. 미화원에게 인사하기 시작했고, 그들의 일에 고마움을 표현하게 되었으며, 한 사람 한 사람 그 이름을 알아가며 관심을 갖고 그들의 삶에 관해 물어보게 되었다. 그들은 미화원들의 말을 경청하며 회사를 어떻게 운영해야 좋을지 묻기 시작했다. 미화원들의 식견은 놀라움을 금치 못할 정도였다. 회사의 다른 이들도 그들의 삶이 얼마나 눈부시게 빛나고 있는지 깨닫게 되었다. 마치 회사의 그 화장실들처럼 말이다.[1]

위의 비유는 내가 지금까지 나눴던 내용의 상당 부분을 축약한 것이다. 예수님의 공동체(가족, 교회, 친구 관계)가 기도하지 않는다면, 성령님 없이 교회의 삶을 사는 모습을 보여 줄 뿐이다. 최고경영자를 진심으로 사랑하고 존중하는 지도자라면 이런 모습을 보아 넘기기 어렵다. 그러나 이 비유에 등장하는 지도자는 단순히 최고경영자와 대화를 나누는 일을 잘 못 할 뿐만이 아니라, 그러한 필요 자체를 느끼지 못한다. 자기들이 세운 체계에 들어맞지 않기 때문이다. 그들의 체계는 '기도를 기피하는 것'이었다. 이들은 자신의 힘으로 서 있으려 할 뿐이다.

이 비유의 미화원들이 지하실로 내려간 이유는 그저 '최고경영자와의 대화' 그 자체를 목적으로 해서가 아니다. 그들은 최고경영자의 말에 귀를 기울여 자신의 일에 도움을 얻고자 했다. 화장실 청소는 사람들 눈에 따분하고 무시받는 일이었다. 그들은 오직 최고경영자와의 정기적인 만남을 통해서만 그 일의 목적을 발견할 수 있었다. 이 지도자로부터 온전한 지도와 힘을 받지 않고서는 자신의 일을 해낼 수 없었다.

마찬가지로 함께 기도하는 일 역시 우리의 현실과 분리되지 않는다. 함께하는 기도를 통해 우리는 교회를 이끌어 나가는 데 가장 필요한 것, 곧 성령님이 주시는 능력과 지혜를 얻게 된다. 기도하는 공동체 안에서는 성령님이 활동하시며, 그 성령님이 우리에게 예수님을 인도해 주시기 때문이다. 참으로 그분이야말로 모든 것의 주인이시다.

쇠하는 법 배우기

위 비유는 최고경영자가 회사를 운영하는 일과 관련해 오직 긍정적인 측면만을 보여 준다. 나는 2017년에 개봉한 뮤지컬 영화 "위대한 쇼맨"(*The Greatest Showman*)을 보며, 성령님이 그분의 교회를 이끌어 가시는 모습이 어떠한지 살펴보는 데 도움을 얻었다.

촬영에 앞서 이 영화의 제작자들은 투자를 유치하기 위해 뉴욕에서 대본 리허설을 열었다. 그런데 마지막 순간에 주연 배우인 휴 잭맨(Hugh Jackman)이 코에 있는 피부암 제거 수술을 받았다. 의사는 그에게 노래를 부르지 말라고 했고, 제작자들은 합창단 중에서 대역을 세워 노래를 대신 하게 했다. 휴에게는 앞에 나와 립싱크를 하라고 했다. 적어도 계획은 그랬다. 그런데 영화의 핵심 내용이자 휴 자신의 삶을 담은 노래, "지금부터"(From Now On)라는 곡이 시작되자 계획은 틀어지고 말았다. 대역이 힘겹게 노래를 이어가는 동안 휴는 노래하고픈 충동과 싸웠다. 결국 그는 더 이상 참을 수 없었고, 처음에는 부드럽게 시작했지만, 천천히 소리를 끌어올려 자신의 웅장한 목소리를 한껏 내뿜었다. 방 안에 있던 이들은 전율을 느꼈다. 곧이어 합창단이 가세했고, 이내 그 자리는 흡사 예배 현장과 같이 되었다. 참으로 가슴 먹먹해지는 순간이었다.[2]

우리 같은 목사와 교회 지도자들은 대역이라 할 수 있다. '우리가' 부르는 노래를 들으려고 오는 사람은 아무도 없다. 휴의 목소리가 들리기 시작하면 대역은 뒤로 물러났다가 합창단과 함께 다시 그 빛을 발한다. 휴의 목소리가 힘있게 울려 퍼지면서 대역의 목소리도 전체 합창단과 함께 되살아난다. 대역은 휴의 노래에 완전히 매료되어 나머지 합창단원과 함께 춤을 추기 시작하고, 넘치는 생동감에 한껏 고조된 그 대역은 반복적으로 휴를 가리킨다.

이것을 이해한 대역이 바로 세례 요한이다. 세례 요한의 제자들은 사람들이 그들을 떠나 예수님께 가는 것을 보며 자신들의 사역이 약화되고 있음을 감지했다. 실패가 다가오는 것을 본 것이다. 그래서 요한에게 이렇게 말했다. "랍비여 선생님과 함께 요단 강 저편에 있던 이 곧 선생님이 증언하시던 이가 세례를 베풀매 사람이 다 그에게로 가더이다"(요 3:26). 하지만 요한이 본 것은 실패가 아니라 예수님이었다. 그는 참 지도자의 노래를 들었고, 그래서 자신의 제자들에게 이렇게 설명했다. "서서 신랑의 음성을 듣는 친구가 크게 기뻐하나니 나는 이러한 기쁨으로 충만하였노라 그는 흥하여야 하겠고 나는 쇠하여야 하리라"(요 3:29-30).

영화의 대역처럼 요한은 예수님이 흥하시고 자신은 쇠하는 것에 기뻐했다. 이 둘 사이의 역학 관계는 분리할 수 없다. 즉 우리가 쇠해야만 예수님이 흥하실 수 있다.

성령님이 교회의 중심이 되실 때 우리도 되살아난다. 바로 그 중심 된 자리를 성령님께 내드리게 하는 것이 바로 기도이다. 성령님은 우리의 예배와 설교도 기뻐하시지만, 무엇보다 그 자리의 주인이 되기를 원하신다. 그럴 때 비로소 그분은 '마법'을 부리신다.

3부에서는 성령님이 일하시는 방식을 좀 더 자세히 살펴보자.

제 3 부

성령님은 어떻게
새롭게 하시는가?

A PRAYING CHURCH

10

성령님이 일하시는 방식

우리의 기도는 어떻게 성령님의 역사와 이어지는 것일까? 성령님은 어떻게 기도하는 공동체를 새롭게 하실까?

'기도' → '성령님' → '예수님' → '능력'이라는 파워트레인을 생각해 보면, '기도'의 모습은 쉽게 떠오르고, '예수님'이 누구신지도 알겠으며, '능력'도 이해하겠는데, '성령님'은 여전히 모호하다. 그분에 대한 개념이 다소 추상적이다. 그러다 보니 오히려 바울의 생각과 반대로 향하는 불신이 생긴다. '성령님'이 뭔가 실질적인 일을 하실 수 있을지 의심하게 되고, 결국에는 굳이 '기도'해서 뭐하겠는가 하고 생각하는 것이다.

성령님에 대한 모호한 개념은 현대 교회에서 기도가 약화되는 한 요인이기도 하다. 사라진 최고경영자 비유에서 회사 지도자들은 최고경영자가 모습을 드러내지 않자 굉장히 당혹해했다. 세속주의는 이미 우리가 사는 세상에는 영이란 존재하지 않는다고 말한다. 때문에 우리는 신비로운 주인과의 접촉점을 찾는 방법에 대해 참으로 무지한 형편이다.

성령님의 비인격화

우리가 성령님과 그분의 역사를 잘 보지 못하는 한 가지 이유는 사실 그분이 성경에 잘 드러나지 않기 때문이다. 바울은 '성령님의'(Spiritual)라는 단어를 스물다섯 번 사용하는데, 그중 단 한 번을 제외하고는 모든 경우에 대문자 S로 시작하는 'Spiritual', 즉 성령님을 가리킨다.[1] 그런데 영어 번역에서는 그 단어를 소문자 s로 시작하는 '신령한'(spiritual)이란 단어로 번역하여 그 의미가 분명하게 전달되지 않는다.

디팩 초프라(Deepak Chopra)나 간디(Gandhi) 같은 사람들도 '신령하다'고 할 수 있다. 하지만 그들은 부활하신 예수님과 같이 성령님이 지탱하시는 삶을 사는 '성령님의' 사람들이 아니다. 성령님은 예수님을 붙드셨던 것과 동일한 방식으로 우리를 붙드신다. 따라서 성령님의 사람은 성령님과 함께 가며 그분의 인도를 받는다. 성령님이 예수님의 마음을 우리 삶 가운데 넣어 주심으로써 예수님의 열매가 곧 우리의 열매가 되게 하신다(갈 5:22-23).

성령님의 임재하심이 분명하게 나타나지 않는 대표적인 구절로는 다음이 있다. 바울은 로마에 있는 교인들에게 "내가 너희 보기를 간절히 원하는 것은 어떤 신령한[성령님의] 은사를 너희에게 나누어 주어 너희를 견고하게 하려 함이니"(롬 1:1)라고 말한다. 여기서 바울이 만약 신령한 어떤 것을 의미했다면 그는 무언가 희한한 다른 세상의 은사를 주고자 했다는 말이 된다. 도대체 신령한 은사란 무엇을 말하는 것인가? 일종의 축하 카드에 적힌 인사말 같은 것인가?

그러나 이것을 '성령님의' 은사로 이해하면 바울은 성령님이 주시는 어떤 것, 즉 교회의 특정한 필요에 맞춰 삼위일체의 제3위 하나님이 주시는 선물을 주고자 했다는 말이 된다. 이것은 인격적인 하나님이 주시는 인격적인 선물이다.

마찬가지로 바울은 골로새에 있는 교인들에게 다음과 같이 쓰고 있다. "이로써 우리도 듣던 날부터 너희를 위하여 기도하기를 그치지 아니하고 구하노니 너희로 하여금 모든 신령한[성령님의] 지혜와 총명에 하나님의 뜻을 아는 것으로 채우게 하시고"(롬 1:9). 나는 우리 모임의 지도부를 위해 매일 이 기도를 하고 있다. 그들에게 필요한 것은 옛 지혜가 아니다. 성령님이 그들의 필요를 아시고 그들을 위해 주시는 맞춤 지혜가 필요하다. 그들은 모두 수많은 결정의 순간을 마주하며 살아간다. 다들 지혜로운 사람들이지만 그럼에도 여전히 성령님만 주실 수 있는 개인적인 돌보심이 필요하다.

고린도 교인들에게 바울은 신자의 몸에 관해 다음과 같이 쓴다. "육의 몸으로 심고 신령한[성령님의] 몸으로 다시 살아나나니 육의 몸이 있은즉 또 영의[성령님의] 몸도 있느니라"(고전 15:44). 천국을 구름 위에 떠 있는 것처럼 생각하는 그리스도인들이 있는데, 참 가슴 아픈 일이다. 아마 이 구절에서부터 그러한 생각을 하게 된 것이 아닌가 싶다. '신령한' 몸에는 물질적인 부분이 존재하지 않는다. 하지만 '성령님의' 몸은 만질 수 있는 물질로 이루어진 예수님의 몸과 동일하다. 예수님의 몸은 어떤 기운이 아니다. 성령님의 능력으로 계속 살아 계시다. 이보다 더 인격적인 몸은 있을 수 없다.

위의 세 가지 예를 통해 우리는 성령님이 교회를 이끌어 가시는 것을 볼 수 있다. 성령님이 은사와 지혜, 그리고 영생을 주신다. 그분은 공중에 둥둥 떠다니시는 것이 아니라, 일하고 계신다.

예수님은 우리에게 성령님이 일하시는 '방식'을 보여 주기 위해 간단하면서도 생동감 있는 비유를 들려주셨다.

성령님의 바람

예수님은 성령님이 우리에게 관여하는 방식을 다음과 같이 묘사하신다. "바람이 임의로[뜻대로] 불매 네가 그 소리는 들어도 어디서 와서 어디로 가는지 알지 못하나니 성령으로 난 사람도 다 그러하니라"(요 3:8).[2] 예수님이 니고데모에게 하신 이 말씀의 의미는 이렇게 해석할 수 있다.

> 바람이 그 '뜻대로' 불매 (너의 계획과 목표는 네가 아닌 성령님이 통제하신다) 네가 그 소리는 들어도 (만약 네가 기도를 최우선순위에 둔다면 성령님이 일하시는 놀라운 방식을 볼 것이다) 어디서 와서 어디로 가는지 알지 못하나니 (그러나 성령님이 일하시는 그 방식과 시점, 혹은 성격은 예측할 수 없다. 기도와 그 결과로 일어나는 경이로운 일이 어떻게 연결되는지는 볼 수 없다. 그것은 비이성적인 것이 아니라 너의 시야를 초월하는 초자연적인 것이다).

따라서 성령님이 일하시는 '방식'을 이해하는 첫걸음은 그것을 알려고 하는 '욕구'를 버리는 것이다. 왜냐하면 성령님은 우리의 비서가 아니시기 때문이다. 우리의 계획에 복을 주기 위해 존재하는 분이 아니시다. 그분은 자신의 계획과 구상에 따라 자유롭게 일하는 성령님이시다. 우리는 성령님이 일하시는 시점과 방식, 혹은 결과를 쥐락펴락할 수 없다. 나 역시 그렇게 하려고 했으나 되지 않았다. 내가 속한 공동체에서 놀라운 기도의 응답을 받은 것은 성령님이 자유롭게 일하신 결과물이다. 그분께 모든 주권이 있다.

그렇지만 바람이 불어오는 데는 독특한 패턴이 있다. 우세풍은 밤낮을 가리지 않고 한 방향으로 일정하게 불어온다. 열다섯 살 나이에 선원이 되기 위해 바다로 떠났던 나의 할아버지는 칠레의 최남단에서 우세풍을 거슬러 항해했던 이야기를 들려주었다. 선원들은 40일 동안 시속 80에서 110킬로미터로 불어 오는 바람에 맞서 힘겹게 항해했다. 40일째 되는 날, 실의에 빠진 선장은 배를 동쪽으로 돌려 인도양을 지나 태평양을 건너 캘리포니아로 가는 방안을 고려했다. 이때 나의 할아버지가 일주일만 더 가 보자고 제안했다. 그런데 그다음 날, 바람의 방향이 바뀌었고, 그로 인해 배는 혼곶(Cape Horn)을 돌아 캘리포니아로 올라갈 수 있었다.[3] 우리가 바람을 통제할 수 없다는 사실은 두말할 나위가 없다. 하지만 우리가 우세풍의 방향을 알게 된다면 성령님의 기상 예보관이 될 수는 있을 것이다.

이 책의 도입부에서 나는 킴과 함께 기도하는 모습을 살짝 언급했다. 이제 그 기도 시간 뒤에 숨겨진 이야기를 하려고 한다. 어쩌면 그 이야기를 통해 성령님의 바람이 불어오는 방식을 느낄 수 있을지 모르겠다.[4]

킴과 내가 기도하는 법을 배우다

자폐증을 앓고 있는 킴은 무척 이른 아침부터 층계를 오르락내리락하는 나쁜 버릇이 생겼다. 아내와 나는 번갈아 가며 킴에게 침대로 돌아가라고 아주 큰 소리로 이야기했다(사실은 소리를 질렀다!). 어느 날 아침 일찍,

나는 킴과 함께 기도하기로 마음먹었다. 내가 침대에서 일어나자 아내가 물었다. "뭘 하려고 그래요? 킴한테 소리 지르려고요?" 나는 "10년을 그렇게 해봤지만 소용없었잖소. 그래서 기도를 해볼까 해요"라고 답했다. 아내는 웃으며 이렇게 말했다. "무슨 말이에요? 20년이죠."

나는 위층으로 올라가 킴에게 손을 얹고 그 아이의 영혼에 평안을 달라고 하나님께 기도했다. 기도를 시작하자마자 불현듯 한 가지 새로운 생각이 떠올랐다. '그동안 나는 킴에게 성령님 안에서 성장하여 자신의 행동을 통제할 수 있는 능력이 있음을 과소평가했구나.' 아무런 음성도 듣지 못했지만, 내게는 무척 낯선 생각이었다. 그 후로 3개월 동안 일주일에 한 번 정도 나는 살며시 위층으로 올라가 킴과 함께 기도했다. 그러다 2008년 3월 중순께, 오르락내리락하던 킴의 습관이 하룻밤 사이에 멈춰버렸다. 무엇 때문일까? 우리가 이사를 했기 때문이다. 사실 우리는 몰랐지만, 그동안 킴은 길 건너 정육 공장의 트럭들 때문에 잠에서 깼던 것이다.

하지만 내게는 성령님의 역사를 재촉할 방법은 없었다. 그래서 킴과 함께 아침 경건의 시간을 갖기로 했다. 같이 성경 이야기를 읽고, 그러고 나면 내가 그릇을 정리하는 동안 킴은 기도를 했다. 기도는 길지 않았다. 그저 한두 문장 정도에 불과했다. 그해 여름, 한번쯤 킴에게 기도를 잘하고 있다고 격려해야겠다는 생각을 계속했는데, 그것 말고도 나는 이것저것 할 일이 너무 많았다. 그러다 그해 가을이 되어서야 다른 일들을 다 내려놓고 킴과 함께 앉아 그 아이의 기도를 들었다. 그러자 그 아이의 기도가 꽃을 피웠다. 문장이 길어지고 내용이 깊어졌다. 특히 그 아이가 감사를 표하는 모습에 무척 놀랐다.

다음 해가 되자 킴은 사람들에게 "당신을 위해 기도하고 있어요"라는 말을 하기 시작했다. 심지어 사람들에게 손을 얹고 기도하기도 했다. 분노로 인해 어려움을 겪고 있던 킴은 분노로 인해 힘들어하는 사람들을 위해 기도하기 시작했다. 그해 말, 우리는 손자 벤을 먼저 떠나보내야 했다. 우리 가족 모두가 큰 충격에 빠졌으나, 킴은 자주 그 아이를 기억하며 기도했다.

킴은 기도와 관련해 어떤 거리낌도 없다. 그래서 점심을 먹으려고 나의 사무실에 들렀다가, 무엇이 필요하다는 말을 듣기라도 하면 주저 없이 그 자리에서 기도한다. 또 킴은 우리가 주저하는 일도 아무 망설임 없이 하곤 한다. 특히 2018년에 주님이 우리 딸 애슐리를 하늘로 데려가신 이후 킴은 애슐리가 우리보다 먼저 떠난 것에 대해 자신만의 방식으로 슬퍼하면서 그렇게 떠난 자매를 기억하며 기도했다.

최근에 킴과 나는 서로의 인내를 위해 그동안 했던 기도의 막을 내렸다. 지난 몇 년간 나는 킴에게 인내심을 위해 기도하라고 했지만, 사실은 오히려 나의 조급함을 위해 기도해 달라고 했어야 했다.

이 이야기에서 우리의 기도가 어떻게 성령님과 이어지는 것일까? 이와 관련해 다음의 일곱 가지 패턴을 언급하고자 한다.

1. 놀라움. 내가 처음 킴을 위해 기도하러 가고자 했던 마음이 들었을 때부터 거의 모든 단계마다 나는 성령님의 역사에 놀라지 않을 수 없었다. 전혀 예상하지 못했지만, 철저히 성경적인 일들이 일어났다. 나는 장애가 있는 아이의 부모로서 그저 내 몸과 영혼을 추스르는 것만으로도 너무 바빠서 육체적인 여력이 없었다. 뿐만 아니라 킴과 같은 정도의 장애가 있는 사람이 성령님 안에서 성장할 수 있으리라고는 상상조차 하기

힘들었다. 그러나 성령님은 상자의 안과 밖, 어디에서든 일하실 뿐만 아니라 그 상자를 날려 버리기도 하신다. 이 사실을 알고 나면 경이로운 일들을 찾고 또 기대하게 된다.

2. 상상력 폭발. 우리가 기도에 헌신하면 성령님의 역사는 언제나 우리가 상상한 것보다 더 넓고 깊게 일어난다. 바울은 이를 이렇게 표현한다. "우리 가운데서 역사하시는 능력대로 우리가 구하거나 생각하는 모든 것에 더 넘치도록 능히 하실 이에게"(엡 3:20). 킴을 위해 기도하려고 처음 위층으로 올라갔을 때 나는 이 일로 인해 킴과 내가 함께 아침 기도 시간을 갖게 되거나, 혹은 킴의 기도를 통해 다른 이들의 삶에 감동을 주리라고는 상상도 하지 못했다.

성령님의 온화한 깨우침에 깊은 죄책감(내가 얼마나 킴을 과소평가했는지에 대해)을 느낀 나는 장년층 성경 공부반에서 가르치는 일을 그만두고, 킴과 장애가 있는 다른 친구 한 명에게 성경을 가르치기 시작했다. 후에는 아내가 이 과정을 이어받아 지적 장애가 있는 성인을 위한 주일 학교 커리큘럼을 만들기도 했다. 지금은 이것을 씨지저스에서 출판해 베데스다 사역의 교재로 사용하고 있다. 그리고 수백 개의 교회에서 그 교재를 통해 실제로 지적 장애가 있는 이들의 제자훈련을 진행하기 시작했다. 이 모든 일이 성령님의 그 온화한 깨우침 한 번에서 비롯된 것이다.

3. 회개. 만약 내가 회개하지 않았다면 이 이야기는 그저 하나의 좋은 발상이라는 단계에서 머무르고 말았을 것이다. 다시 말해서, 나는 그저 죄책감을 느낀 것에서 멈추지 않고 더 나아가 거기서 돌아섰다. 내가 회개한 횟수에 한번 주목해 보라. 소리 지르는 일에서 기도하는 일로, 킴을 과소평가하는 일에서 그 아이를 위해 기도하는 일로, 여러 일로 분주

해하는 것에서 경청하는 일로. 그 모든 순간에 죄책감 뒤에는 반드시 순종이 뒤따랐다. 성령님이 우리를 예수님의 형상으로 빚어 가신다. 이를 경험하고 나면, 이전에는 좋다는 건 알았지만 실천하기 힘들었던 회개와 순종을 더 이상 밀어내지 않게 된다.

4. 죽음과 부활. 성령님이 우리에게 예수님을 주실 때는 그분의 생명과 함께 주신다. 우리의 삶 가운데 예수님의 이야기, 곧 그분의 죽으심과 부활을 써 내려가신다. 이에 대해서는 다음 장에서 더 이야기하겠지만, 위 이야기의 매 순간에 나는 '작은 죽음'을 경험해야만 했다. 소리 지르고, 여러 일로 분주한 것 등 내 안에 있는 정형화된 패턴을 죽여야만 했다. 그러나 지금 나는 킴과 함께 우리의 문제점과 기쁨을 위해 기도하면서 매일 같이 '작은 부활'을 누리고 있다. 오늘 아침 킴은 9월에 있을 디즈니 여행에 대해 하나님께 감사를 표했다! 가끔씩 킴이 자신의 음성지원 컴퓨터에 특별히 즐거운 기도를 적을 때면 나는 그 화면을 사진으로 찍어 킴이 기도하고 있는 사람에게 보내 준다.

이것이 2번 항목의 '상상력 폭발'과 어떻게 연결되는지 보라. 사랑에서 비롯된 속박은 성령님께 있는 부활의 능력을 확장해 나가기 위한 그분의 도약대이다. 그렇게 예수님의 패턴이 곧 우리의 패턴이 되게 하신다.

이것을 알면 사랑에서 비롯되는 죽음을 밀어내지 않을 수 있고, 또한 부활을 기다리며 기도할 수 있게 된다.

5. 감추임. 이 이야기 안에는 성령님이 감춰져 있으시다. 그 말은 우리가 그 이야기를 주의 깊게 들여다볼 때만 그분의 패턴이 보인다는 뜻이다. 만약 당신이 함께 기도하는 일을 비인격화된 렌즈를 통해 바라보며 마치 하나님을 기도에 응답하는 기계인 것마냥 생각한다면, 당신은 우리

이야기의 가장자리에서 그 모든 것을 지휘하시는 성령님을 놓치고 말 것이다. 마찬가지로, 킴을 향한 나의 불굴의 사랑도 나의 연약함 속에 감춰져 있었다.

6. **신비**. 기도의 단순성은 놓치기가 쉽다. 하나님은 그저 킴이 돌아다니지 않게 해달라는 나의 기도를 들어주셨을 뿐이다. 하지만 기도가 어떤 원리로 작동하는지 밝혀내려 한다면 성령님을 잃어버리게 된다. 사실 우리가 이사 가기로 한 날짜는 내가 킴과 함께 기도하기 전에 이미 정해져 있었다. 그렇다고 해서 킴이 돌아다니던 일은 어찌 되었든 멈췄을 것이라고 말한다면, 불신으로 성령님의 불을 끄는 것이다. 만약 우리가 기도의 메커니즘을 '역설계'한다면, 만약 우리가 성령님의 방법론을 알아내려고 한다면, 그것은 하나님을 상자 안에 집어넣는 일이다. 그분은 상자 안에 가둘 수 있는 분이 아니시다.

7. **그중에 가장 작은 것**. 킴과 함께 기도하기 전에 나는 그 아이를 비인격적으로 대했다. 그 아이에게 소리 질렀던 것은 명백한 잘못이었다. 그러나 그만큼 분명히 드러나지는 않았더라도, 내가 그 아이를 과소평가했던 것이나 후에 그 아이와 있으면서도 다른 일로 분주했던 것 역시 잘못이었다. 성령님이 기도라는 창문을 통해 들어오셨을 때, 나는 킴을 장애라는 외적인 모습이 아닌 보다 존엄한 대상으로 대하기 시작했다. 함께 기도함으로써 비로소 킴을 다시 인격적으로 대하게 된 것이다. 이제 우리의 우정은 깊이 무르익어 아이들이 그때 일을 놓고 농담을 하기도 할 정도다. 만약 우리가 성령님을 놓쳐 버리면 우리 곁에 있는 사람을 놓치게 된다.

성령님의 패턴

이와 동일한 패턴이 아내와 내가 다녔던 기도하는 교회 두 곳에서 퍼져 나갔다. 메카닉스빌채플은 농업에 종사하거나 작은 사업체를 운영하는 분들로 이루어진 시골의 소형 교회였다. 그리고 뉴라이프교회는 웨스트민스터신학교의 학생과 교수로 이루어진 도시 근교의 교회였다. 두 교회 모두 초창기에는 사람들이 장로 중 한 분만 제대로 된 직업이 있다고 농담을 하곤 했다!

그런데 이 두 교회에 기도의 영이 스며들었다. 사람들은 모이기만 하면 그 자리가 공식적이든 비공식적이든 언제나 기도하려 했다. 메카닉스빌에서는 수요 기도회가 전통이 되었다. 뉴라이프는 아버지가 집에서부터 시작했던 기도회에서 출발한 교회였다. 아래 이야기는 당시 성령님이 하신 일들을 보여 준다.

1973년, 아버지는 한 교회에서 "복음은 누구든지 변화시킬 수 있습니다"라고 설교하다가 어떤 정신과 의사의 반론을 듣고는, 집으로 돌아가 곰곰이 생각했다. "나는 정말 복음이 누구든지 변화시킬 수 있다고 믿는가?" 아버지는 필라델피아에서 가장 거칠다고 하는 사람들을 찾아 정말로 복음이 그들을 변화시킬 수 있는지 확인하기로 했다. 동네 한 아이스크림 가게 앞에 오토바이 폭주족이 모인다는 것을 알고는 그곳으로 갔다. 거기서 아이스크림콘을 산 다음, 그 옆에서 시끄럽게 떠들던 한 무리의 청소년에게 다가갔다.

그들은 자주 그곳에 모여 술을 마시거나 마약을 주고받고 했다. 아이스크림이 손을 타고 흘러내리는 와중에도 아버지는 그 아이들에게 잊지 못할 한마디를 날렸다. "나는 밀러 목사라고 하는데, 여기 혹시 마법사는 없나?" 아이들이 낄낄거렸다. 그러자 아버지는 불에 기름을 끼얹을 말을 덧붙였다. "아, 사실 나는 밀러 박사야."

그들의 조롱이 더욱 격해지던 찰나에 우락부락하게 생긴 빨간 머리 청년(도둑질, 마약과 알코올 중독에 빠져 있던) 하나가 걸어와 이렇게 말했다 "조용히 해. 나 이 양반 알아. 전에 한번 길에서 차를 얻어 탔거든. 뭐라고 하는지 들어나 보자고." 그 빨간 머리 청년의 이름은 밥 헵이었다. 그 후로 6개월 동안, 아버지는 밥과 친구가 되었고, 그가 한밤중에 술에 취해 전화를 걸어와도 그의 이야기를 다 들어주었다. 아버지는 인내하며 밥을 사랑했고, 결국 그를 그리스도께로 인도했다.

밥의 이야기 안에는 앞서 킴의 이야기에서 보았던 것과 유사한 패턴이 있다. 다음을 주목해 보라.

1. 놀라움. 아버지가 난데없이 지나가던 사람을 차에 태워 주고 그에게 복음을 전했던 일을 통해 훗날 밥이 아버지가 내민 구원의 손길을 붙잡고, 더 나아가 불량배 무리 전체가 복음을 듣게 되었다. 그때 그 일이 하나님이 준비하신 일이라고 그 누가 상상조차 할 수 있었겠는가?

2. 상상력 폭발. 정신과 의사의 반론으로 인해 아버지의 상상력이 열리고, 결국 아버지는 상자 밖으로 나가서 담대한 일을 행할 생각을 했다. 아버지는 그저 그 정신과 의사의 생각에 반대하는 것에 머물지 않고, 자신의 진정성을 시험한 것이다. 상상력이 발동되자 그로써 모험심과 담대함의 문이 열렸는데, 이 두 가지는 바로 사도행전에 나오는 초대 교회의 지표이다. 밥은 교회 생활을 계속하다가 장로가 되었고, 급기야는 런던에 있는 남아시아인을 위한 선교사가 되었으며, 지금도 그곳에서 교회 개척 운동을 이끌고 있다.

3. **회개.** 아버지는 그 정신과 의사의 반론을 진지하게 받아들였고, 그로 인해 스스로 했던 말을 자신의 마음과 행동을 돌아보는 계기로 삼았다. 그렇게 하여 아버지는 담대한 사랑의 행동을 할 수 있었다.

4. **죽음과 부활.** 성령님이 주신 충동에 순종함으로써 아버지는 굉장히 난처한 상황에 부딪혔다. 한 무리의 청소년에게 조롱을 당하는, 말 그대로 자존심을 죽여야 하는 상황이었다. 그리고 밥이 아버지를 구해 주었을 때 부활이 일어났다. 이러한 패턴은 한밤중에 걸려온 밥의 전화에 아버지가 응답할 때도 계속되었다.

5. **감추임.** 성령님의 역사는 이 이야기 자체에 감춰져 있다. 아버지가 순종하는 마음으로 실패를 무릅쓰고 나갔을 때 성령님의 역사가 살아났다. 우리는 성령님에 대한 경험을 찾아 헤매는 것이 아니라, 사랑의 삶을 통해 그분의 풍부한 역사를 발견하게 된다. 내가 보았거나 경험했던 성령님의 역사는 언제나 밑에서부터 조용히 솟아났다. 아버지가 밥과 같은 사람을 거저 차에 태운 일은 감춰진 사랑의 역사였다.

6. **신비.** 이 이야기의 각 부분은 성령님이 계획하신 일들이었다. 아버지는 '때마침' 차를 얻어 타려는 밥을 태웠고, 그에게 복음을 전했다. 또 '때마침' 아이스크림 가게에 가서 밥이 다가올 때까지 놀림을 받았다. 타이밍이 참으로 절묘했다.

7. **그중에 가장 작은 것.** 이전에 밥은 경범죄 전과로 인해 거주 지역에서 쫓겨난 적이 있었다. 그는 예수님이 함께 식사하신 '세리와 죄인들' 중 한 명이었다. 아버지의 손을 다고 흘러내린 그 아이스크림은 죄인과 함께한 식사였던 것이다.

킴의 이야기와 밥의 이야기는 사뭇 다르다. 하지만 그 안에서 성령님이 역사하신 패턴은 유사하다. 성령님이 킴에게는 일상적인 사랑의 일들을 엮어 역사하셨다. 반면 밥에게는 극적인 믿음의 일을 통해 역사하셨다. 두 이야기 모두에 행동하는 성도가 있었다. 이것을 언급하는 이유는 일상적인 사랑의 이야기는 소홀히 하기 쉽기 때문이다. 힘겨운 부모를 인내하며 견디는 사람은 모든 면에서 능력 있는 설교자 못지않게 성령님으로 충만해 있다.

성령님의 능력은 두 이야기 모두에서 나타나는데, 그분의 능력에 다다르는 통로는 진정성, 순종, 회개, 그리고 사랑이다. 그분은 성령, 곧 '거룩한' 영이시다. 동시에 우리는 성령님이 실제로 사건을 빚어 가시고, 놀라운 일들을 일으키시며, 우리의 상상력에 불꽃을 튀게 하시는 모습을 볼 수 있다. 여기서 우리는 성령님이 우리가 구하거나 생각하는 모든 것에 더 넘치도록 능히(엡 3:20) 역사하신다고 요약한 바울의 가르침을 보게 된다.

내가 이와 같은 말을 하는 이유는, 나는 성령님에 관해서는 아직도 '밝혀지지 않은 중간지대'가 있다고 믿기 때문이다.

한편으로 내가 속한 개혁주의 세계에서는, 성령님을 그릇 강조하여 하나님의 말씀에 담긴 권위와 선량한 옛 전통이 추구한 거룩함에서 벗어나지는 않을까 염려한다. 실제로 우리는 주관적인 감정에 의존해 파괴적이고 어리석은 일을 하면서 '성령님이 인도하셨다'는 식으로 주장하는 이들을 목격한다.[5] 그런가 하면 또 한편으로 은사주의 세계에서는 기도와 성령님을 소홀히 하는 것은 합리주의와 무능력으로 들어가는 길이라고 염려한다.

개혁주의를 제동 장치라고 한다면, 은사주의는 연료와도 같다. 그 둘 사이에 너무 혼탁하지 않은 중간지대가 있지는 않을까? 이번 장에서 우리가 살펴보고자 했던 것과 3부의 나머지 부분에서 계속해서 살피려는 것이 바로 그 지점이다.

11

예수님의 이야기로 들어가라

　성령님의 역사에 있어서 가장 뚜렷한 패턴은 예수님의 죽으심과 부활이다. 나는 이것을 'J-곡선'[1]이라고 부른다.

　예수님의 삶은 영어의 철자 J처럼 죽음을 향해 내려갔다가 다시 부활을 향해 올라온다. 성령님이 그리스도와 하나가 되셨다면 예수님의 삶에 나타나는 이 패턴이 동일한 성령님을 통해 우리의 삶에도 나타날 것이다. 성령님이 우리에게 예수님의 인격을 가져다주신다면, 똑같이 예수님의 이야기도 우리에게 가져다주실 것이다. 예수님의 이야기 없이 누군가에게 그분을 전할 수 있겠는가? 불가능하다. 진부하고 상투적인 말밖에는 할 말이 없을 것이다. 그분의 인격과 그분의 이야기는 서로 분리할 수 없다.

　만약 우리가 기도할 때 어떤 일이 일어나는지 가장 심각하게 오해하는 점을 하나 꼽으라면, 나는 J-곡선을 잃어버린 것이라고 하겠다. 하나님이 우리의 기도에 응답해 주시기를 바라는 것이 틀린 일은 아니지만, 동시에 그분의 응답은 아들의 이야기를 벗어나지 않는다. 즉 성령님이 예수님의 길과 상관없이 예수님의 능력을 가져다주시는 일은 없다.

이 J-곡선의 '지도'가 없다면 쉽게 기도를 포기하고픈 유혹에 빠지고, 잘못된 방향으로 나아가게 된다. 만약 J-곡선을 잃어버린다면, 우리는 '기도' → '성령님' → '능력'과 같이 동력 체계에게 예수님을 빠뜨릴 것이다. 예수님은 쇼윈도에 걸린 신령한 장식물이 아니다. 그분은 진심으로 우리에게 그분의 길을 깊이 새겨 주고자 하신다. 나의 동역자 존 호리(Jon Hori)는 이를 다음과 같이 표현했다. "성령님은 십자가 모양의 렌즈를 통해 그분의 능력을 모아 흘려 보내신다."[2]

자, 우리는 어디로 가고 있는가? 예수님께로 갈 것이다. 우리가 가야 할 길은 어디인가? 바로 그분의 길이다. 이제 예수님의 길이 우리의 기도에 미치는 세 가지 영향을 살펴보자.

죽음과 부활로 우리는 기도에 대해 열린다

첫째, 어떤 공동체가 기도에 헌신하기 시작하면 그 공동체의 회원들은 예수님의 삶이 지나왔던 죽음과 부활의 패턴을 따라가게 되고, 그것은 다시 기도의 깊이를 더한다.

나의 아버지에 관한 이야기 이면에서 이 죽음과 부활의 패턴을 볼 수 있다. 1968년에 라브리의 기도 공동체를 목격한 이후 아버지는 수요일 저녁 기도회에서 기도하기 시작했다. 아버지는 기도에 힘을 쏟을수록 예수님의 이야기 속으로 들어갔다. 즉 파워트레인이 움직이기 시작한 것이다. 1970년 봄에 아버지는 신학교는 물론 자기 자신에게까지 낙심했다.

웨스트민스터에 사표를 냈다가, 후에 다시 그 사표를 취하했다. 그해 아버지는 중요한 전도 사역에서 실패를 경험했고, 그리하여 낮아진 마음으로 1970년 6월에 스페인으로 갔다. 자부심 가득했던 자신이 죽음으로써 아버지의 마음에 성령님이 일하실 수 있는 문이 열렸고, 결국 사역에까지 그 역사가 쏟아졌다. 성령님은 다음과 같은 방향으로 일하신 것이다.

'기도'(수요일 저녁) → '죽음'(실패로 인한 낮아짐) → '부활'(스페인에서의 발견).

이러한 패턴은 아버지의 삶 가운데 계속해서 이어졌다. 70년대에 들어 하나님은 뉴라이프교회와 해외 사역, 즉 아일랜드와 우간다에서의 선교 사역에 복을 주셨다. 하지만 80년대 초반 어머니는 교회 일에 아버지가 소진되는 것을 염려했다. 바로 그 시점에 어머니가 아버지께 그분의 '순서가 뒤바뀐 사랑'에 대한 편지를 썼다(101쪽을 보라). 어머니는 아버지의 삶에서 파괴적인 패턴을 끝내야 한다고 강권했다. 어머니는 아버지가 평소 어머니의 조언에 귀를 기울이지 않는 연약함을 놓치지 않았다. 이는 익숙한 문제점인데, 부활의 축복으로 인해 오히려 사역이라는 우상으로 가는 길이 열릴 수도 있다.

훗날 어머니의 말에 의하면, 아버지는 어머니의 편지에 반대하지는 않았지만 그것을 마음에 담아 두지도 않았다고 한다. 그로부터 두 달이 지난 1983년 6월에 아버지는 우간다에서 심장마비로 쓰러졌고, 그 뒤로 다시는 우간다에 가지 못했다. 바람은 그분의 뜻대로 분다.³

그해 가을, 아버지는 목요일 아침 일곱 시부터 정오까지 진행되는 다섯 시간짜리 기도회를 시작했다. 아버지는 기회가 될 때마다 누구에게나 참석하라고 권했고, 우리는 참석하신 분들을 위해 기도했다. 아버지는 그저 "한번 와보세요"라고만 했다. 반드시 길게 기도해야 하는 것도 아니고 그저 아버지와 함께 기도해 보자는 따뜻한 초청이었다. 그러다 새로운 분이 오시면 아버지는 차를 끓여 대접하고 그분의 이야기를 들은 후 함께 기도했다. 편안하지만 또한 진지한 시간이었다. 별다른 일이 없는 경우 우리는 보통 정해진 시간의 절반 정도 기도했다. 나는 1985년 새롭게 시작한 전도 사업에 전임으로 일하기 시작하면서 그 기도 모임에 동참했다. 그 어디에서보다 목요일 아침 기도 모임에서 나는 공동 기도의 가치와 기쁨을 배울 수 있었다.

이 모임의 결과 나는 하나님이 "우리 가운데서 역사하시는 능력대로 우리가 구하거나 생각하는 모든 것에 더 넘치도록 능히 하시는 것"(엡 3:20)을 보았다. 향후 십 년 동안 우리는 뉴라이프교회가 확대 성장하여 여러 개의 자매 교회를 낳는 모습을 지켜보았다. 또한 월드하베스트미션 [World Harvest Mission; 현재는 서지(Serge)]이 성장하고 발전하여, 현재 300명 이상의 선교사를 파송하는 모습도 보았다. 그리고 우리가 운영하는 "아들됨"(Sonship) 과정을 통해 수천 명의 삶이 올바로 세워지고 변화되는 모습을 볼 수 있었다. 팀 켈러(Tim Keller, 후에 뉴욕의 영향력 있는 설교자가 됨)는 우리 교회에 다니면서 복음을 강조한 아버지의 설교에 강한 영향을 받았고, 그것은 다시 켈러 자신의 설교에도 영향을 미치게 되었다. 나는 우리의 목요일 아침 기도 모임이 복음주의 교회가 복음을 바라보는 관점, 즉 복음은 단순히 비그리스도인만을 위한 것이 아니라, 그리스도인을 위한 것이기도 하다는 관점을 형성하는 데 영향을 미쳤다고 생각한다.

만약 기도를 성령님이 우리를 예수님의 이야기로 이끌어 가시는 방법과 별개로 이해한다면, 하나님이 우리의 기도에 응답하시는 핵심 구조를 놓치고 만다. 하나님이 어머니의 죽음(아버지께 솔직하게 털어놓은 일)에 대한 응답으로 아버지를 쇠약하게 하신 것을 놓치고, 또 하나님이 아버지를 죽음으로 끌어내리셔서 분주함을 내려놓고 기도를 최우선으로 삼도록 돌이키신 것을 놓친다. 결국 기도하는 공동체에서 일어나는 여러 가지 경이로운 일들을 놓치고 만다. 이 이야기에 담긴 패턴은 다음과 같다. '죽음'(어머니의 솔직함) → '더 많은 죽음'(아버지의 심장마비) → '부활'(목요일 기도 모임) → '더 많은 부활'(사역의 폭발). 아래 그림 11.1은 이 패턴을 보여 준다.

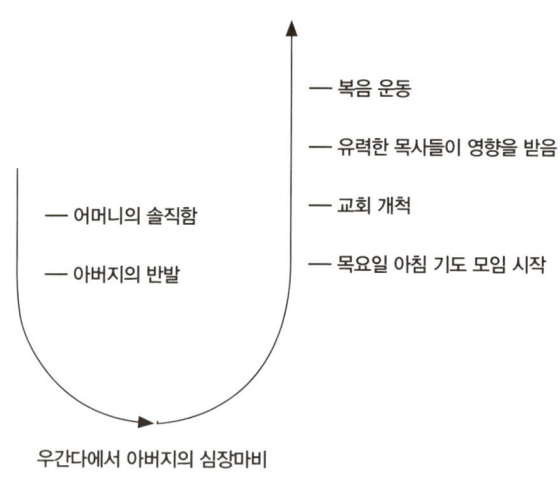

그림 11.1. 아버지의 J-곡선: 죽음, 그리고 부활

이 J-곡선은 우리가 위 이야기를 전체적으로 이해하는 데 도움이 된다. 이러한 이해가 없다면 우리는 기도를 우리가 사는 세상에서 고통을 사라지게 하는 도구라고 생각했을 것이고, 더 나아가 그런 생각은 혼란을 가중하다 못해 회의적이고 비판적인 태도로 돌아서게 했을 것이다. 왜냐하면 하나님은 오히려 우리를 끌어내리시기 때문이다. 반대로 기도

를 진지하게 받아들인다면, 우리의 앞길을 가로막고 우리를 예수님의 이야기로 이끌어가시는 성령님의 능력을 구하게 될 것이다.

바울은 다음의 구절들에서 성령님이 죽이는 일을 하신다고 말한다. "너희가 육신대로 살면 반드시 죽을 것이로되 영으로써 몸의 행실을 죽이면 살리니"(롬 8:13). "그러므로 땅에 있는 지체를 죽이라"(골 3:5). 우리는 성령님이 하신 이 죽이는 일을 아버지의 삶 속에서 보았다. 먼저는 아버지의 자부심을, 그다음에는 사역이라는 우상숭배를 제지하셨다. 그러면 그때마다 놀라운 부활의 문이 열렸다. 성령님이 왜 '거룩한' 영이라 불리시는지 알 수 있는 순간들이었다. '성령 충만'은 그저 인간적인 승리나 자신에 대한 좋은 느낌과 동일시할 수 있는 것이 아니다. 스데반이 성령 충만해진 직후, 사람들은 그를 돌로 쳐 죽였다(행 7:54-60). 여기서 스데반의 승리는 어디에 있는가? 자신의 구원자에 대한 뜨거운 사랑으로 그의 얼굴이 환하게 변한 것에 있다.

성경에는 예수님이 채찍을 들고 아버지의 집을 청소하신 일이 기록되어 있다. 이 사건을 통해 우리는 기도가 우리 삶에서 고통을 제거하는 이방의 마술 같은 것이라는 생각을 버려야 한다. 사실 기도하는 삶을 살면 고통이 더 '커진다.' 하지만 그와 더불어 능력과 사랑, 소망도 더 커진다. 죽음과 부활이 우리 삶의 새로운 규범이 되기 때문이다.

기도하는 일 자체가 죽음과 부활임

둘째, 때로는 아무 이유 없이 바람이 불지 않을 때도 있다. 언젠가 할아버지는 브라질 해안 근처의 무풍지대에서 배가 며칠씩 움직이지 않은

적이 있다고 했다. 기도를 잘하면 마치 하나님과 연결된 것 같은 영적인 '황홀감'을 느끼지 않을까 기대하는 그리스도인이 많다. 그러나 실제로 기도를 해보면 지루함을 느낄 때가 많다. 짜릿한 감정을 기대하다가 지루함을 맞닥뜨리면 혼란에 빠질 수밖에 없다. 그래서 함께 기도하는 일을 멀리하기도 한다.

하지만 기도 그 자체가 예수님의 죽으심과 부활의 모습을 하고 있다면 어떨까? 기도하는 행위 자체가 일종의 죽음이다. '일을 이루어 내기 위한' 자기 의지를 버리고, 함께 하나님 앞에 나아가 "우리를 도와주세요"라고 구하는 것이다. 그러므로 기도에 들어가는 처음 '느낌'은 자신을 죽이는 것이다. 왜냐하면 기도는 자신의 행위를 끝내고 하나님의 행위로 들어가는 문을 여는 의지적 행동과 결정이기 때문이다.

우리가 다른 사람들과 함께 기도할 때 느끼는 죽음의 형태를 자세히 설명해 보면 도움이 될 것 같다. 어떤 사람은 길게 기도하고, 어떤 사람은 전혀 기도하지 않는다. 어떤 사람은 중구난방 생각나는 대로 다 쏟아내고, 어떤 사람은 기도회 주제와 상관없이 자기가 하고 싶은 기도만 한다. 그래서 함께 기도하면 덜커덩거리는 느낌을 받는다. 또 약속된 시간을 채우는 것만으로도 일종의 죽음과 같다. 그러다 보니 공동 기도는 시간 낭비 같고, 마치 무언의 규칙을 어기는 것 같은 느낌이 든다.

기독교 지도자 중에 기도의 기술을 배우지 못한 이들은 기도 인도를 할 때 말을 너무 많이 하기도 한다. 침묵을 불편해하는 것이다. 또는 기도를 지나치게 연설하듯이 해서 마치 한 편의 작은 설교 같다.

누구와 함께 기도하는가 역시 어려운 시험대가 되기도 한다. 대부분 함께 기도하자는 초청에 처음 모습을 드러내는 이들은 유력한 사람들이 아닌 경우가 많다. 중고 가게에서 쇼핑하기를 더 선호하는 이들이다. 교회 안에서 드러나지 않는 사람들과 낮은 모습으로 기도하는 일은 특별히 더 좋은 죽음이다. 왜냐하면 가식과 자만을 버려야만 상대적으로 보잘것없어 보이는 사람들을 소중히 여길 수 있기 때문이다.

소셜 미디어는 즉각적이고 시각적이다. 반면 기도는 느리고 신비한데, 일종의 죽음이 담겨 있기 때문이다. 사도 바울이 "우리가 지금은 거울로 보는 것 같이 희미하나"(고전 13:12)라고 한 것은 옳은 말이다. 하지만 그 희미함 안에는 하나님의 능력이 잉태되어 있다. 바울은 이것을 너무도 잘 알았기에 일부러 연약한 모습으로 고린도 교인들에게 자신을 드러냈다. "내가 너희 가운데 거할 때에 약하고 두려워하고 심히 떨었노라 내 말과 내 전도함이 설득력 있는 지혜의 말로 하지 아니하고 다만 성령의 나타나심과 능력으로 하여 너희 믿음이 사람의 지혜에 있지 아니하고 다만 하나님의 능력에 있게 하려 하였노라"(고전 2:3-5).

죽음은 그 자체로는 아무 일도 하지 못한다. 그럼 이제 우리는 어떻게 그리스도와 우리의 죽음을 연결할 수 있을까? 계속 기도의 자리로 나가라. 멈추지 말라. 무료할 때 기도하라. 지쳤을 때 기도하라. 남들이 따분해할 때 기도하라. 겟세마네에서 도망치지 말라. 겟세마네에 머물러 기도하라!

응답받는 기도는 죽음과 부활의 모습을 한다

마지막으로, 우리의 기도와 하나님의 응답은 십자가의 길을 따른다. 씨앗이 죽는 것처럼 기도 역시 우리의 통제를 벗어나 땅속으로 그 모습을 감춘다. 그 후 시간이 흐르면 푸르고 작은 잎새가 되어 흙을 뚫고 나온다.

> 하나님의 나라는 사람이 씨를 땅에 뿌림과 같으니 그가 밤낮 자고 깨고 하는 중에 씨가 나서 자라되 어떻게 그리 되는지를 알지 못하느니라 땅이 스스로 열매를 맺되 처음에는 싹이요 다음에는 이삭이요 그 다음에는 이삭에 충실한 곡식이라 열매가 익으면 곧 낫을 대나니 이는 추수 때가 이르렀음이라(막 4:26-29).

그림 11.2에서는 오랜 기도 후에 '성령님' → '예수님' → '생명'으로 이어지는 흐름을 볼 수 있다.

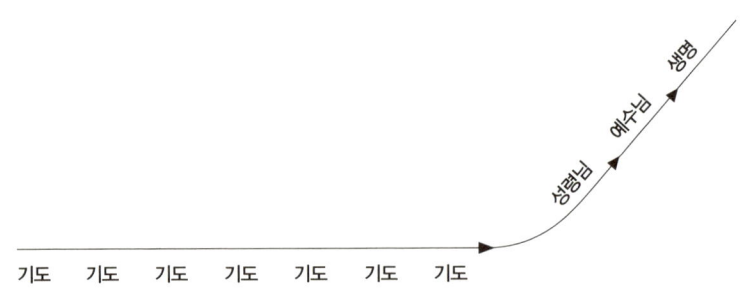

그림 11.2. 오랜 시간의 기도 후에 생명을 거둠

농부가 씨앗이 어떻게 자라는지 모른다고 하신 예수님의 말씀("어떻게 그리 되는지를 알지 못하느니라", 막 4:27)은 성령님이 어떻게 역사하시는지에 대한 설명("바람이 임의로 불매", 요 3:8)과 동일하다. 하나님은 우리가 기도할 때 어떤 일이 일어나는지 드러내지 않으심으로써 우리의 의지를 꺾으신다. 그런 다음 오래 침묵하셔서 그 의지를 한 번 더 꺾으시고, 오직 하나님만 그 모든 것을 바로잡을 수 있다는 확신을 갖게 하신다. 이는 예수님께 익숙한 내용이다. 예수님도 친히 자신을 죽어야 할 씨앗으로 묘사하셨다(요 12:24). 기도는 예수님이 가신 것과 똑같은 길을 따른다는 사실을 이해할 때 비로소 우리는 하나님이 응답하시는 방법에 대해서도 준비가 된다.

J-곡선은 '기도' → '성령님' → '예수님' → '능력'이라는 교회의 파워트레인 안에서 '예수님'의 중요성을 훨씬 더 깊이 드러낸다. 우리는 우리의 공동체를 기분 좋게 하는 예수님을 초청한 것이 아니다. 우리는 싸움에 능하신 용사이자 왕이시고, 사자이자 어린양이신, 그리고 우리의 죄악을 씻기 위해 오신 그분의 다스림에 스스로 굴복하는 것이다. 그분은 우리의 계획을 이루기 위해 이 땅에 오시지 않았다. 오히려 우리를 그분의 아버지께서 맡기시는 사명으로 인도하기 위해 오셨다. 기도하는 공동체는 끊임없이 그분의 가로막으시는 다스림을 구한다. 그분은 지금도 풍랑을 잠잠케 하고, 귀신을 꾸짖으며, 상을 엎으시는 분이다!

물론 함께하는 기도는 이방인의 마술 같은 것이 아니다. 내가 원하는 것을 얻기 위한 수단도 아니다. 그것은 예수님의 이야기로 들어가는 길이다. 우리는 성령님이 '어떻게' 일하시는지는 모르지만, '어디에서' 일하시는지는 분명히 알고 있다. 바로 겸손히 낮아진 곳에서 일하신다. 우리가 배운 성령님은 예수님의 인격과 무관한 추상적인 개념이 아니시다. 성령님은 자신을 쇼로 둔갑시키지 않는, 감춰진 장소를 기뻐하신다. 스스로의 힘으로 자신의 삶을 이끌어 갈 수 없는 망가진 사람들 안에서 일하기를 기뻐하신다.

함께 기도하는 삶으로 들어감으로써 우리는 성령님께 예수님의 이야기를 따라 우리의 삶을 다시 빚어 달라고 간구한다. 그러니 이제 더 진전하는 삶을 원한다면 죽음과 부활을 준비하라!

12

전력 공급망을 바꾸라

최근에 있었던 목회자 대상 집회에서 나는 참석자 모두에게 기도하는 교회를 만들기 위한 청사진을 그려 보라고 했다. 결과적으로 좋은 생각들이 많이 나왔지만(예컨대, 장로들의 기도회 시작하기, 목회 기도를 좀 더 사려 깊게 준비하기) 빠진 것이 있었다. 나는 이렇게 말했다. "여러분, 아무도 기도의 전략에 대한 계획을 짜신 분이 없네요. 하나님께 질문을 하신 분이 아무도 없어요." 그러자 그중 한 분이 이런 말을 했다. "이 자리에 있는 우리 여덟 명이 다 기도하는 교회를 세우려 하면서도, 기도 역시 전략이 필요하다는 생각을 한 분이 하나도 없다니 참 놀랍습니다!"

그러한 생각을 하지 못한 이유가 무엇일까? 우리는 전에도 기도하는 교회에 초점을 맞추어 목회자 대상 기도 모임을 했었고, 거기에 참석했던 분들은 모두 『일상 기도』를 읽은 뒤 일상 기도 세미나에도 참여했는데 말이다. 하지만 우리는 본능적으로 계획을 짜는 것과 기도를 하는 것을 별개의 것으로 여긴다. 이는 기도를 요정이나 점성술 같은 '비현실적' 세계의 것으로 전락시키는 세속주의의 모습을 거의 완벽하게 보여 주는 예라고 할 수 있다. 다시 말해서, 우리가 아무리 진지하게 계획을 짠다 하더라도 기도는 그 계획에 포함되지 않는다. 그렇게 되면 복음은 교회의 가장자리에서 흔들리다가 급기야 본질적으로 이교적인 전력 공급망처럼 되고 만다. 하지만 기도를 통해 계획을 세우면 그 전력 공급망을 바꿀 수 있다.

다음 모임에서 나는 내가 계획을 세울 때 '목숨'과도 같이 여기는 것을 보여 주었다. 그것은 하나님께 묻고 싶은 것을 빼빼하게 적은 여러 장의 기도 카드였다. 나의 계획은 늘 기도로 가득하다. 예수님의 공동체를 이끌어 가는 지도자로서 나는 모든 일을 기도로 시작한다. 왜 그렇게 할까? 왜냐하면 그것이 예수님의 공동체 안에서 예수님을 따르는 이들이 살아가는 방식이기 때문이다. 미혼 여성이든, 부유한 사업가든, 아니면 목사이든 상관없다. 그리고 솔직히 말해서 기도하지 않고 세운 계획은 놀라울 정도로 무력하다. 그것은 J-곡선을 반대 방향으로 진행하는 꼴이다. 즉 생명에서 시작해 죽음으로 끝나고 만다.

기도하는 교회의 가장 중요한 요소는, 기도 외에는 '아직 계획을 세우지 않고' 기대하는 마음으로 기다리는 것이다. 사무엘상의 저자는 기다릴 줄 모르는 사울의 조급한 심령을 끊임없이 하나님께 묻는 다윗의 기도하는 심령과 안타까운 마음으로 대비시키고 있다.

앞서 우리는 사도행전 도입부에 기도회가 있는 것을 보았다. "여자들과 예수의 어머니 마리아와 예수의 아우들과 더불어 마음을 같이하여 오로지 기도에 힘쓰더라"(행 1:14). 그들은 그저 예수님의 계획을 따르고 있다. "아버지께서 약속하신 것을 기다리라"(4절). 이 말은 무슨 의미인가?

경영이나 관리 자문을 맡은 이들은 이 말을 들으면 말 그대로 미치고 펄쩍 뛸 것이다. 알 수 있는 것이 하나도 없기 때문이다. 무엇을, 언제, 어떻게 하라는 것인지 알 수 있는 것이 없다. 하지만 우리가 할 일은 성령님을 통제하는 것이 아니라 그저 기다리며 기도하는 것이다.

예수님의 공동체에서는 어떤 계획을 세우든 그에 앞서 세심한 마음으로 기도하며 기다리는 일을 가장 먼저 해야 한다. 예를 들어, 우리는 씨지저스에서 사용하는 마케팅 전략을 개략적으로 정리해 보았다. 우리가 일해 온 내용을 정리하고는, 무언가가 빠진 것을 알게 되었다. 거기에는 우리의 성장을 주도했던 한 가지가 빠져 있었다. 그래서 다음의 문구를 첨가했다. "기다림: 우리는 하나님이 허락하신 죽음에 성령님이 부활을 가져다주시기를 기도하며 적극적으로 기다린다." 기도하며 성령님의 역사를 기다리는 것은 우리에게 가장 중요한 일이다.

우리는 기도를 주로 '요구하는 것'으로 생각하는 경향이 있다. 틀린 말은 아니다. 하지만 앞 장에서 보았듯이 사실 기도는 그보다 훨씬 더 크고 풍성하다. 기도하는 공동체는 삶의 방향을 새롭게 바꾼다. 거기에는 일과 관리도 포함된다.

이제 예수님과 초대 교회는 어떻게 기도를 통한 관리를 실천했는지, 그리고 현대 교회의 모습은 어떤지 예를 들어 살펴보자.

예수님의 기도를 통한 관리의 한 사례

지도자들 대부분은 좋은 직원을 선발하기가 얼마나 어려운지 쉽게 공감할 것이다. 여기 예수님이 행하신 인사 업무를 한번 살펴보자.

예수님은 제자들을 택하시기 전에 밤이 새도록 하나님께 기도하셨다 (눅 6:12). 이에 대해 요제프 라칭거(Joseph Ratzinger)는 다음과 같이 적절히 논평한다. "제자들을 부르신 일은 기도의 일이다. 이는 마치 예수님이 기도를 통한 아버지와의 친밀한 관계 속에서 그들을 낳으신 것과 같다 … 그들을 부르심은 아들과 아버지의 대화에서 비롯되고 또 거기에 뿌리를 내리고 있다."[1]

예수님은 지금 그분의 지상 사역 중에서 가장 중요한 한 가지 결정을 내리고 계시다. 바로 교회의 유전자(DNA)를 선택하시는 일이다. 세상의 모든 인간 중에 가장 하나님을 의지하는 분으로서 예수님은 자기 뜻만으로 제자들을 택하실 수 없었기에 기도하셨다. 이것이 바로 기도를 통한 관리이다. 이에 반해 대다수 교회들이 사용하는 관리 형태에서는 기도가 형식적인 절차에 불과하다.

예수님이 하신 밤샘 기도의 결과물은 충격적이었다. 열두 명의 블루칼라 노동자를 택하신 것이다. 예수님은 하버드가 아닌 마트로 가셨다. 열둘 중에 적어도 일곱 명, 특히 제자들 중 대표 역할을 했던 이들(베드로와 안드레, 그리고 요한)은 기술자였다. 세리였던 마태는 야비한 중고차 판매원과 개인 사업자 중간쯤에 있었다. 제사장이나 학자, 상류층은 아무도 없었다. 예수님은 제자들에게 "추수하는 주인에게 청하여 추수할 일꾼들을 보내 주소서 하라"(눅 10:2)고 말씀하신 그 조언을 친히 따르셨다. 그분은 지도자가 아닌 '일꾼'을 뽑으셨다.[2] 성령님이 하시는 일은 이처럼 언제나 놀라움을 동반한다.

왜 예수님은 상류층을 외면하고 시골 촌부를 택하셨을까? 그분은 무언가 완전히 새로운 것을 창조하신 것이다. 새로운 유전자가 필요하셨다.

예수님은 전에 이런 말씀을 하셨다. "새 포도주를 낡은 가죽 부대에 넣는 자가 없나니"(눅 5:37).

한 무리의 어부들이 예수님의 선발 대상 1순위가 되리라고 그 누가 생각이나 했겠는가? 그렇지만 교회가 지난 200년 동안 매섭게 불어닥친 불신의 공격에 맞서 놀라운 회복력을 보일 수 있던 것은 대체로 교회에 이같은 블루칼라의 속성이 배어 있기 때문이다. 시골 촌부들은 고집이 세고, 의견을 쉽게 내뱉으며, 대개 짧고 투박하게 말하기로 유명하다.

내 아내도 시골 출신이다. 필라델피아의 길거리에서 자라면서 아내는 삶의 역경에 익숙해졌다. 아내는 내게 시골의 거친 동네를 지나는 법을 가르쳐주기도 했다. 그것은 주변 환경을 잘 살피되 머리는 숙이고, 사람들과 눈을 마주치지 않으면서, 일정한 속도를 유지하는 것이다. "반지의 제왕"에 나오는 정원사 샘처럼 아내는 쉽게 속아 넘어가지 않는다. 아무리 대중적인 생각이라 해도 흔들리는 일이 거의 없다.

상류층 사람들은 시골 사람들을 쉽게 무시하거나 묵살한다. 이 주제는 복음의 곳곳에서 메아리친다. 사두개인들이 성전 경비대에게 예수님을 잡아 오라고 명했을 때, 그들은 빈손으로 돌아와 자신을 보낸 자들에게 이렇게 말했다. "그 사람이 말하는 것처럼 말한 사람은 이 때까지 없었나이다 하니 바리새인들이 대답하되 너희도 미혹되었느냐 당국자들이나 바리새인 중에 그를 믿는 자가 있느냐 '율법을 알지 못하는 이 무리는 저주를 받은 자로다'"(요 7:46-49). 이는 상류층 인사들이 시골 사람을 얼마나 업신여기는지 느낄 수 있는 구절이다.

지도자를 선출하는 일에 담긴 실제적인 의미는 무엇일까? 우선, 나는 지도자를 선출하기 전에 밤새워 기도하기를 '소망하는' 교회가 많다는 사실을 안다. 어쩌면 이런 때가 정말로 "예수님은 어떻게 하실 것인가"(WWJD: What Would Jesus Do?)라고 질문해야 할 때가 아닌가 싶다. 내가 하려는 말은 지도자를 찾아다니지 말라는 것이다. 그보다는 하나님께 교회를 위한 '일꾼들'을 세워 달라고 꾸준히 기도하라. 그런 뒤에 겸손히 맡은 바 일을 잘 감당하는 신실한 남녀가 나타날 때 그런 사람들을 찾아 일꾼으로 세우라. 그러면 그 일꾼들 중에서 자연스럽게 지도자가 드러날 것이다.

사도행전에 나타나는 기도를 통한 관리의 한 사례

앞서 보았듯이 사도행전은 기도회로 시작한다. 이 기간에 사도들은 인사 업무에 관한 첫 번째 결정을 내린다. 누가는 그들이 가룟 유다를 대체할 사람을 뽑는 모습을 이렇게 기록했다. "그들이 기도하여 이르되 뭇 사람의 마음을 아시는 주여 이 두 사람 중에 누가 주님께 택하신 바 되어 … 보이시옵소서"(행 1:24-25).

마찬가지로 교회에서 첫 번째 선교사들을 파송할 때도 기도하는 시간을 가진 후 그 일을 위임했다. "주를 섬겨 금식할 때에[기도] 성령이 이르시되 내가 불러 시키는 일을 위하여 바나바와 사울을 따로 세우라 하시니[성령님] 이에 금식하며 기도하고 두 사람에게 안수하여 보내니라[예수님을 전파]"(행 13:2-3). 여기서 성령님의 파워트레인이 작동하고 있음을 주목하라. 기도는 장식품이 아니다. 성령님이 역사하시는 곳이다.

아버지는 목회자들에게 종종 "누가 바나바와 바울을 뽑아 첫 선교 여행을 맡겼습니까?"라고 질문했다. 대부분은 "안디옥 교회입니다"라고 대답했다. 그러면 아버지는 위의 구절을 보여 주었다. 교회는 성령님의 부르심을 확증하여 파송했을 뿐, 그들을 부르신 분은 성령님이시다. 성령님이 무대 뒤에서 실제로 모든 것을 판단하고 결정하신다.

성령님은 어떻게 일하시는가? 누가는 이에 대해 이렇다 할 언급이 없다. 하지만 나는 안다. 삶의 속도를 늦출 때, 특히 내가 매주 금요일 두 시간씩 기도하는 그때 어떤 일들이 실제로 일어나고 있다. 또한 그때 예상치 못한 생각들이 떠오르기도 한다. 사실 대부분의 획기적인 일들은 이처럼 조용히 기도하는 시간에 일어난다.

성령님의 역사에 늘 수반하는 그 놀라움을 주목해 보라. 이 일이 있기 직전에 누가는 안디옥 교회의 핵심 지도자 다섯 명을 언급한다. 그 가운데 둘(다섯 중 가장 많은 은사를 받았을 것으로 생각되는 바나바와 바울)을 성령님이 뽑으셨다. 세상에 어떤 교회가 정신이 나가지 않고서야 담임 목사와 수석 목사를 선교지로 내보낸단 말인가? 그러면 선교사는 왜 필요하겠는가? 그런데 그것이 바로 성부께서 성자에게 하신 일이 아닐까?

성령님은 로마 제국 각처에 흩어진 교회의 성장을 돕기 위해 굉장히 유능한 다민족 지도자로 이루어진 사역팀을 해체하셨는데, 이로 인해 안디옥 교회는 약화될 것처럼 보였다. 만약 담임 목사가 아프리카로 떠나 버리면 그 교회의 선교 비전에 어떤 변화가 생길지 상상해 보라. 그러나 성령님은 큰 은사를 받은 두 사람의 지도자를 밀어내셔서 안디옥 교회의 젊은 지도자들이 자라날 공간을 마련하셨다. 대개 힘센 지도자는 권력을 내려놓으려 하지 않는데, 그래서 젊은 지도자들이 억눌리기 마련이다.

그러나 오해하지는 말라. 성령님이 관리를 잘하는 것까지 반대하시는 것은 아니다. 이후 10년간 사도 바울은 헬라 세계에서 중추적인 역할을 한 두 도시 에베소와 고린도 사이에서 지혜롭게 균형을 유지했다. 하지만 관리가 무대의 중심을 차지하면 성령님은 숨을 쉴 수가 없다. 알래스데어 매킨타이어(Alasdair MacIntyre)는 관리의 유일한 목적은 질서와 효율성에 있다고 지적한다. 즉 관리의 초점은 그 과정에 있다. 거기에는 '궁극의 목적'(텔로스) 같은 것은 없다.³ 오직 예수님의 영이신 성령님만이 한 번도 상상해 보지 못한 불가능한 일로 우리를 인도하실 수 있다.

기도를 통한 직원 모집의 현대적 사례

씨지저스가 처음 시작된 1999년 당시 성령님은 거의 10년 동안 다양한 형태의 죽음으로 나를 연약하게 만드셨다. 주님이 나를 얼마나 낮은 자리까지 끌어내리셨는지 말로 다 형언할 수 없을 정도다. 내가 했던 일과 내가 썼던 글이 다른 이들의 업적으로 돌아갔다. 말 그대로 친한 친구 한 명 외에는 아무도 남지 않았다. 그래서 씨지저스를 시작할 때 직원은 나 한 명뿐이었다. 내 봉급을 감당할 만한 돈을 마련할 수 있을지도 확신이 없었다. 한없는 수치와 상실감이 끊임없이 밀려왔고, 그로 인해 나는 예수님의 고난에 동참하게 되었다.

사람들에게 외면당하거나 비방을 받으면 '무게감'(weight)이 줄어드는 것을 느낀다. 이 표현은 '영광'으로 번역되는 히브리어 단어와 같은 뜻인데, 이런 의미의 무게감이 줄어들면 사람들의 답신을 기대하거나 그들에게 의미 있는 존재로 받아들여지기가 참 어렵다. 오랜 시간에 걸쳐 이러한 죽음을 선물로 받은 나는 영혼의 새로운 모습을 얻게 되었다. "[예수님의] 치욕을 짊어지고 영문 밖으로"(히 13:13) 내쫓기는 일이 어떤 것인지 잘 알게 된 나는 이제 사람들의 이메일이나 전화에 신속하게 답장을 하려고 애쓴다.

그곳은 참으로 낯선 자리였다. 주 예수님은 내게 그리스도의 신부를 고난에 맞서도록 준비시키는 엄청난 비전을 주셨지만, 그러한 비전을 실행에 옮길 수 있는 인간적인 능력은 전부 다 빼앗아 가셨다. 그러니 나는 모든 일을 기도로 할 수밖에 없었다. 성령님이 내 삶의 많은 것들을 뒤바꾸셨는데, 그중 가장 힘든 고난 속에서 예수님은 내게 기도에 대해 가르쳐주셨다. 나의 책 『일상 기도』는 바로 그런 나의 깨달음을 글로 옮긴 것이다.

하지만 이 무게감 상실이라는 문제는 여전히 내 곁을 떠나지 않았다. 2010년에 나는 씨지저스 사역의 운영자를 선발하려고 했으나, 계속되는 실패를 맛보았고 그로써 커다란 실의에 빠졌다. 열세 개의 직접적인 보고서를 써야 했지만 내게는 시간이 거의 없었다. 결국 2018년 금요일 기도 시간에 나는 비교적 분명한 일 두 가지를 했다. 첫 번째는 기도한 것이다. "예수님, 이 사역을 진행하시겠습니까?" 두 번째는 오직 기도로만 직원을 모집하겠다고 결심한 것이다.

그로부터 몇 달간 이례적인 일들이 일어나기 시작했다. 나는 우리 내부에는 이 일을 관리할 만한 사람이 전혀 없다고 굳게 믿고 있었다. '마트' 직원 수준은 몇 명 있었지만(나도 그중 하나), 우리는 '하버드' 졸업생이 필요했다. 바로 그때, 놀라운 생각이 머릿속에 떠올랐다. '우리 중에도 그 일을 이끌어 갈 사람이 있다.' 나는 이런 종류의 떠오르는 생각들을 경계하는 편이다. 왜냐하면 그저 인간적인 직관일 수도 있기 때문이다. 그래서 나는 마리아처럼 그 생각을 마음속에 감춰 두었다.

하지만 하나님께로부터 오는 생각에는 '표지'가 있음을 깨닫게 되었다. 즉 그런 생각은 이례적이고 상자 바깥에 있는 경향이 있지만, 그럼에도 철저히 성경적이라는 것이다. 나는 내가 경험한 무게감 상실과 그로 인해 내 일이 얼마나 제한되었는지 잘 알았지만, 그것을 무시하려 하거나 혹은 그로 인해 고통의 문을 열고 그 안으로 들어가려 하지는 않았다. 나는 그 죽음을 받아들였고, 오히려 잘 죽는 것이 부활을 위한 도약대가 됨을 알았다. 그래서 할아버지가 탄 배의 선장처럼 바람의 변화를 감지하기 위해 촉각을 곤두세웠다.

몇 달이 지난 후 금요일 기도 시간에 또 다른 생각이 문득 떠올랐다. '밥 로커가 이 사역의 운영자가 될 수도 있을 것 같다.' 이사회의 의장인 밥은 우리가 하던 사역을 사랑하고 귀하게 여겼다. 그의 아내 베키가 암으로 세상을 떠나면서 우리 관계는 더욱 가까워졌는데, 사실 밥은 몇 주 후면 여든의 나이를 바라보고 있었다! 하지만 나는 그 생각을 떨쳐버릴 수 없었다. 나는 밥을 잘 아는 자문위원에게 전화를 걸어 이에 관해 물었고, 그 자문위원은 긍정적인 답변을 해주었다. 그리고 실제로 밥에게 이 운영자 자리를 제안했을 때 그의 대답도 동일했다. 밥은 매일 한 시간씩 자전거를 탈 정도로 나이에 비해 활력이 있었다.

그해 봄, 성령님의 도우심은 정말 놀라웠다. 밥이 합류한 것 외에도 세 명의 직원을 더 구했고, 그러자 우리 기관의 자문위원은 운영진을 구성해 보라고 제안했다. 이는 내가 지난 10년 동안 기도해 왔던 제목이다. 이에 나는 우리 자문위원에게 관리 체제에 관한 도움을 구했고, 그는 우리에게 EOS(Entrepreneurial Operating System)라는 사업 운영 체제를 하나 소개해 주었다. 우리는 이것을 통해 엄청난 도움을 얻었다. 우리는 여전히

'마트' 수준에 불과하지만, 그와 동시에 **사람의 손이 아닌 주님이 만드신 대성당인 것이다.**

내가 이러한 이야기를 하는 이유는 '경영/관리'와 '성령님의 역사'가 상반되는 것이 아니기 때문이다. 성령님은 우리가 더 나은 관리를 할 수 있도록 도우신다. 다만 '관리'를 절대시해서는 안 된다. 그것은 상상력을 파괴하는 일이다. 왜냐하면 관리인은 오직 존재하는 것만 보지만, 기도하는 지도자는 존재하지 않는 것도 본다. 에베소 교회의 파워트레인은 "우리 가운데서 역사하시는 능력대로 우리가 구하거나 생각하는 모든 것에 더 넘치도록 능히 하실 이"(엡 3:20)로 끝난다는 사실을 기억하라.

밥 로커의 이야기는 지극히 평범하지만 내게는 참으로 놀라운 일이었다. 왜냐하면 지금도 나는 그 당시에 내가 얼마나 약하고 위축되어 있었는지 느낄 수 있기 때문이다. 또한 그 이야기는 기도에서부터 시작되었고, 지금도 그것이 어떠한 모습으로 펼쳐질지에 이목을 집중하고 있다. 나는 단 한순간도 그 이야기를 잊을 수 없다. 나는 **목격했고 또 기도했다.** 그래서 지쳐 쓰러진 성도에게 이 말을 해주고 싶다. 여러분이 낮은 자리에서 겪은 이야기를 하찮게 여기지 말라. 다른 사람들이 여러분의 이야기를 소중히 여기지 않더라도 걱정하지 말라. 그 이야기는 예수님이 여러분에게 주시는 선물이다. 그러니 기쁨으로 누리라.

목회자에게 전하는 말

어떤 교회 연구소나 목회자 세미나에서 여러분과 교회의 다른 직원들에게 낮은 자리로 가라고, 드러나지 않는 기도의 자리로 내려가라고, 그리고 진행 중인 모든 사역의 속도를 늦추고 함께 기도하는 법을 배우라고 조언한다면 어떨지 한번 생각해 보라. 하나님께 평범한 것이 이상한 말처럼 들린다면 참 두려운 일이다.

우리가 성령님께 주목하지 않으면 그곳에 빈 공간이 생겨나고, 그러면 목사든, 장로든, 아니면 외부의 자문위원이든 '관리인'이 그 자리에 들어오게 된다. 좋은 관리인은 교회에 필요한 사실과 절차, 그리고 사람을 알아본다. 행정의 은사는 교회에 축복이지만, 동시에 교회의 핵심을 이루는 사실을 쉽게 놓칠 수 있다. 그것은 바로 성령님이 예수님을 죽은 자 가운데서 부활케 하셨다는 사실과, 그렇게 두 분이 하나가 되심으로써 비롯된 생명과 능력이다. 그 포괄적인 빛 가운데서 다른 모든 지혜가 그 모습을 드러낸다.

목사가 관리인 역할을 할 때 안정되고 기독교화 된 문화 속에서는 꽤 일을 잘하는 것처럼 보일 수 있다. 그러나 지옥의 역사가 압도하는 곳에서는 관리를 부차적인 자리로 보내고 성령님을 본래 주인 된 자리에 올려 드려야 한다. 그런 뒤에는 성령님이 여러분의 삶을 이끄시는 대로 따라갈 준비를 하라!

13

지도자라면 함께 기도하라

기도하는 공동체는 기도하는 지도자와 기도하는 회중의 다층적 구조로 이루어져 있다. 교회 안에서 기도하는 문화를 유지하려면 이처럼 양쪽 모두에 초점을 맞추는 것이 필요하다.

기도하는 교회는 없고 기도하는 지도자만 있으면, 그 지도자를 통해 무언가 놀라운 일이 일어나는 것을 보겠지만 정작 회중은 그 목사의 믿음에 의존해 간접적인 삶을 살려고 할 것이다. 그런데 그 목사가 더 이상 그들과 함께하지 않을 때 문제가 발생한다. 나는 뉴라이프교회에서 그러한 문제가 일어나는 것을 보았다. 우리에게는 기도하는 지도자는 있었지만 기도의 문화를 꾸준히 지속해 나갈 기도 체계(기도회 같은)가 없었다.

마찬가지로 기도하는 지도자 없이는 기도하는 교회를 이루기 어렵다. 그렇게 되면 성전에서 기도하던 시므온과 안나처럼 기도가 그저 몇몇 경건한 기도자의 전유물로 전락하게 된다. 바울의 권면은 오늘날 우리에게도 여전히 유효하다. "**온 교회가** 모든 기도와 간구를 하되 항상 성령 안에서 기도하고 이를 위하여 깨어 구하기를 항상 힘쓰며 여러 성도를 위하여 구하라"(엡 6:18, 강조는 저자의 번역).

기도하는 지도자의 가장 훌륭한 예인 나사렛 예수님을 살펴보자.

예수님의 기도 생활 들여다보기

마가복음 1장에는 예수님이 처음 공생애에 들어서며 기적을 행하시는 모습이 나타나 있다. 먼저 예수님은 가버나움의 회당에 들어가셔서 귀신을 내쫓으셨고, 이어서 베드로의 장모를 치료하셔서 열병을 낫게 하셨다. 그날 밤 온 동네가 그 문 앞에 모였다(33절). 예수님은 밤이 새도록 병자들을 치료해 주셨고, 다음 날 "새벽 아직도 밝기 전에 예수께서 일어나 나가 한적한 곳으로 가사 거기서 기도하셨다"(35절). 예수님이 오래 기도하시는 동안 사람들이 다시 모이기 시작했고, 그들은 제자들을 재촉해 예수님을 찾아보라고 했다. 마침내 그들은 예수님을 찾았지만, 예수님은 더 많은 사람들을 치료하시기보다 갈릴리의 다른 마을로 전도하러 떠날 것이라고 말씀하셨다.

예수님이 처음 공생애를 시작하신 그날은 공적 사역과 사적 기도가 완벽하게 조화를 이룬 날이었다. 그분은 놀라울 정도로 성공적이었던 사역을 뒤로하고 아버지와 함께하는 시간을 가지셨다. 예수님이 여러 가지 일에 정신을 빼앗기지 않으셨다는 점을 주목하라. 그분은 시끄럽게 방해받지 않을 만한 '한적한 곳'을 찾아 떠나셨다. 완전한 하나님이시자 동시에 사람이신 예수님은 하늘에 계신 아버지와의 친교를 떠나 살려고 하지 않으셨다.

복음서에는 예수님의 기도 생활에 관한 두 가지 비전이 제시되어 있다. 그중에 누가복음은 외적 비전, 앞서 4장에서 살펴본 예수님의 기도 생활과 성령님에 초점이 맞춰져 있다. 그런가 하면 요한복음에는 내적 비전이 담겨 있는데, 예수님은 반복적으로 "나는 아무것도 스스로 할 수 없고 오직 나의 아버지께서 행하시는 그것만을 할 수 있다"(참조. 요 5:19)고 말씀하신다.

예수님의 기도 생활을 이끈 것은 그분의 아들 되심이었다. 아들이신 예수님은 스스로는 아무것도 할 수 없었다. 그분은 세상 그 누구보다도 가장 의존적인 인간이셨다.[1] 많은 그리스도인이 "내가 좀 더 훈련을 받았더라면 더 많이 기도했을 것이다"라는 식으로 기도를 훈련의 관점에서 바라본다. 그러나 예수님의 기도 생활을 이끈 것은 훈련이 아니라 의존이었다.

기도하는 지도자에게는 누가복음과 요한복음의 상호보완적인 비전이 필요하다. 복음주의자들은 사명을 위한 기도를 강조하는 반면(누가복음), 보다 관조적인 전통에서는 성자와 성부의 친교가 영혼의 자양분이 된다고 강조한다(요한복음). 그런데 누가복음의 강조점만 내세우면 기도를 비인격화하여 율법주의로 치달을 수 있다. 반대로 요한복음의 강조점만 주장하면 자신의 상황에만 몰두하여 현대 사회의 문제점인 이기주의의 밑거름이 될 수 있다.

그러나 누가복음에서 예수님의 외적 기도 생활을 강조한 것과 요한복음에서 아버지를 향한 예수님의 내적 의존을 강조한 것을 결합하면 놀라울 정도로 논리정연한 인간의 참모습을 발견할 수 있다. 누가복음의 기도하는 예수님은 요한복음의 의존적인 예수님이시다. 두 복음서의 저자는 동전의 양면을 정확하게 보았다. 하나님께 먼저 철저히 의존하는 사람은, 성령님의 역사를 기다리는 기도 생활을 통해 그 의존을 표현한다. 그림 13.1은 이러한 조합을 그림으로 나타낸 것이다.

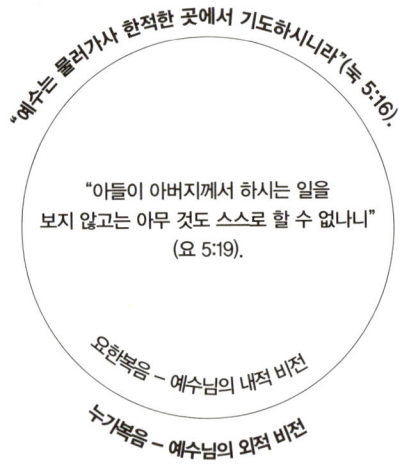

그림 13.1. 예수님의 기도 생활에 대한 누가복음과 요한복음의 상호보완적 비전

기도하는 지도자 존 스토트

호주 출신의 목사인 리처드 트리스트(Richard Trist)는 세계적인 신학자이자 목사인 존 스토트(John Stott)를 처음 만났을 때를 이야기했다.[2] 당시 트리스트는 런던에 있는 올솔스교회(All Souls Church)에서 스토트의 지도 아래 설교 목사가 되기 위해 이제 막 영국에 도착했다. 가족과 함께 짐을 풀고 있는데 전화벨이 울렸다. "저는 존 스토트입니다. 런던에 오신 걸 환영합니다. 당신을 위해 기도하고 있었습니다. 글렌다 사모님과 아이들 루크,

소피, 릴리, 그리고 그레이스는 어떤가요?" 트리스트는 스토트가 그들을 다과 자리에 초대했을 뿐만 아니라 '이미' 자신과 가족의 이름을 기억하며 기도하고 있었다는 사실에 충격을 받았다. 얼마 지나지 않아 트리스트는 스토트의 개인적인 기도 습관을 알게 되었다. 존은 아침에 일어나자마자 침대 한 귀퉁이에 앉아 이렇게 기도했다.

하늘에 계신 아버지, 좋은 아침입니다. 주 예수님, 좋은 아침입니다. 성령님, 좋은 아침입니다. 하늘에 계신 아버지, 오늘 이 하루를 아버지 앞에서 살아가며, 아버지를 더욱더 기쁘시게 해드릴 수 있게 해주옵소서. 주 예수님, 오늘 이 하루를 저의 십자가를 지고 주님을 따르며 살게 해주옵소서. 성령님, 오늘 이 하루에 저를 충만히 채워 주시어 제 삶 속에서 사랑과 희락과 화평과 오래 참음과 자비와 양선과 충성과 온유와 절제의 열매가 무르익게 해주옵소서. 거룩하고 복되시며 영광이 가득한 삼위 하나님이시여, 저를 긍휼히 여기시옵소서.

스토트의 '기도 체계'는 낡은 가죽 노트에 담겨 있었는데, 거기에는 그가 그때까지 만난 수백 명의 이름이 빼곡히 적혀 있었다. 그는 성경을 읽은 뒤 자신의 기도 노트를 펼쳤고, 그 후에야 일을 시작했다.

스토트의 사적인 기도 생활은 공동 기도에 들이는 노력과도 균형을 이루었다. 그가 처음 올솔스교회의 목사가 되었을 때, 그는 교인들에게 기도를 '선택적인 기타 항목'으로 여기지 말라고 경고했다. "매주 주일에 약 450명이 교회에 와서 예배를 드립니다. 그런데 고작 25명만이 목요일 기도회에 참석합니다. 우리는 이제 막 교회 역사의 새로운 장을 시작했습니다 … 성공하려면 우리는 기도해야만 합니다."[3] 그달 둘째 주 화요일 저녁에 수백 명의 사람들이 올솔스교회에 와서 함께 기도했다. 트리스트는 수많은 기도회에 참석했지만 그런 모습은 단 한 번도 본 적이 없었다고 말했다. 참석자들은 교회의 설교와 소그룹, 선교사들과 포괄적인 문화 등 모든 것을 위해 기도했다. 스토트는 런던에 갈 때마다 이 기도회에 참석해 사람들과 함께 앉아 기도했다.

스토트는 교회에 공동 기도가 부족한 모습을 보고 마음에 짐을 느꼈다고 한다. 그는 다음과 같이 썼다.

나는 가끔씩 세계 평화와 복음화가 더딘 이유가 하나님의 백성이 기도를 하지 않아서는 아닐까 하고 생각한다. 우리는 공적으로 간구하는 일을 지금보다 훨씬 더 진지하게 받아들여야 한다. 지역 교회들이 매 주일 모여 하나님 앞에 십 분 혹은 이십 분 혹은 삼십 분 정도라도 엎드려 기도한다면, 하나님이 어찌 그 기도를 듣지 않으실 수 있겠는가.[4]

지금까지 탁월한 지도자의 기도 생활을 개략적으로 살펴보았으니, 이제 누가복음과 요한복음에 담긴 이 기도의 역동성이 내 삶의 이야기 속에서 어떤 모습으로 나타나는지 알아보자.

또 한 명의 기도하는 지도자 들여다보기

1995년 5월, 새시대자선재단(The Foundation for New Era Philanthropy)이 문을 닫았다. 이로써 그 당시에 내가 몸담았던 전도 사역과 180개 복음주의 비영리 단체들이 수십억의 손실을 보았다. 우리는 모금 운동을 벌였으나, 7월 말이 되었을 때 나는 곤경에 처했다. 모금 운동이 힘을 잃은 것이다. 나는 매주 금요일을 금식과 기도의 날로 정했다. 어느 금요일, 그날도 나는 불안한 마음으로 기도를 시작했다. 내가 찾은 '한적한 곳'은 어느 교회 지하에 있는 주일 학교 교실이었다.

무언가 잘못되었다고 느꼈지만, 그게 정확히 무엇인지 알 수 없었다. 그런 느낌을 받을 때면 나는 하나님 앞에 나아가 침묵을 지킨다. 그리고 내 마음을 기도 일기에 쏟아낸다. 안 좋은 농담처럼 들릴 수도 있지만, 나는 속도를 늦추고 기다리면서 급히 서두르는 일은 불가능하다는 것을 배웠다. 성령님이 말씀하실 수 있는 공간을 내드리고 내 심령은 말을 멈춰야만 한다. 그 두 가지 모두 쉽게 일어나는 일은 아니다. 내가 계획하고 문제를 해결하려는 마음을 '내려놓아야' 성령님의 공간이 생겨난다.

나는 어떤 음성을 들으려고 앉아 있지는 않는다. 하나님의 음성은 이미 하나님의 말씀 안에 있기에, 나는 오히려 성경을 통해 천천히 기도한다. 바로 이런 몸부림 속에서 나는 내게 지혜가 없음을 아는 것이 지혜의 핵심인 것을 알았다. 그래서 나는 잠언을 통해 기도했다.

그렇게 말씀을 읽고 기도하는 중에 내게 이런 주제가 떠올랐다. "지략이 많으면 평안을 누리느니라"(잠 11:14). 그리고 깨달았다. '우리에게 좋은 지략이 없구나.' 그러자 1년 전에 어떤 개발자문위원과 함께했던 회의가 기억났다. 나는 집에 돌아와 그에게 전화를 걸어 우리가 처한 곤경에 대해 이야기했다. 전화 통화는 한 시간이나 계속되었다. 그에게는 우리에게 꼭 필요한 실제적인 지혜가 있었다. 그다음 주에 그는 휴가를 떠나는 길에 필라델피아에 들러 우리와 하루를 보냈다. 그의 도움으로 우리의 모금 운동은 새로운 변화를 맞이하게 되었고, 거의 10억 원을 모금할 수 있었다. 하지만 그보다 더 좋은 결과는, 그 일을 계기로 우리가 10년간 멘토 관계를 지속하게 되었으며, 그 관계를 통해 내가 계발 분야에서 많은 것을 배웠다는 것이다.[5]

나는 기도했다. **나는 아무것도 스스로 할 수 없었기 때문이다.** 오직 그렇게 할 때만 성령님이 내게 지혜를 주셨다. 이 과정은 J-곡선의 패턴을 따른 것이다. 우리가 일종의 죽음에 처한 것을 깨달을 때 비로소 기도의 문이 열리고 성령님의 지혜로 나아갈 수 있다. 즉 우리가 가장 약할 때 성령님이 가장 강해지신다.

그날 성령님의 인도하심은 예측하지 못한 '상자 바깥'에서 일어났다. 하나님이 엮어 가시는 모든 이야기처럼 그분은 나의 상상보다 훨씬 더 큰일을 하고 계셨다. 내가 그 자문위원에게 전화를 걸었을 때만 해도 그로부터 4년 뒤 내가 새로운 전도 단체 씨지저스를 시작하기 위해 그분의 수완과 지혜가 필요하게 될 줄은 몰랐다. 사람들에게 후원을 요구하는 것이 죽을 만큼 두려웠지만, 사람을 사랑하는 이 새로운 방법을 배워야만 했다. 하나님이 "내 원수의 목전에서 내게 상을"(시 23:5) 준비하고 계셨으나, 나는 그것이 언제인지조차 몰랐다.

그때로부터 25년이 지난 지금, 그 자문위원의 아들이 계속해서 나와 우리 직원들의 멘토 역할을 하고 있다. 사도 바울은 하나님이 "우리가 구하거나 생각하는 모든 것에 더 넘치도록 능히 하실"(엡 3:20) 수 있다고 했는데, 이는 그저 해본 말이 결코 아니다.

개인적인 기도문 만들기

사도행전에는 교회의 지도자들이 공동으로 기도하는 모습과 사적으로 기도하는 모습이 '둘 다' 나타난다. 공동 기도와 사적 기도는 상호보완적이다. 사적 기도의 예를 들면, "베드로가 기도하려고 지붕에 올라가니 그 시각은 제 육 시더라"(행 10:9)라는 대목이 있다. 이 시각은 정오를 가리키는데 이를 통해 아침, 점심, 저녁에 하루 세 번 기도하던 유대인의 패턴을 엿볼 수 있다. 이 예는 한 지도자의 사적 기도를 가져온 것이지만, 일정한 시간에 기도해야 할 필요성은 모든 성도에게도 예외가 아니다. 성도가 체계적인 기도 생활을 할 때 공동 기도도 풍성해진다.

우리가 꾸준히 기도하려면 체계가 필요하다. 중세 교회에서 기도문을 만든 이유가 바로 그 때문이다. 그들은 기도하는 마음으로 성경을 읽는 이른바 '거룩한 독서'를 통해 기도를 체계화했다. 일반적으로 수도원에서는 매주 시편 150편 전체를 가지고 기도했다. 시편 하나를 읽은 뒤 수도사들은 바닥에 엎드려 약 1분 정도 조용히 기도했다. 베네딕트회의 규칙에 따르면 수도사들은 하루에 최소 4시간씩 기도와 예배, 그리고 성경 읽기를 했고, 안식일이나 축일에는 이보다 더 많은 시간을 사용했다.

나는 최근에 매일 기도하는 대상 중 가족과 직장을 위해 개인적인 기도문을 만들었는데, 아침에 이 기도문으로 기도하면 약 30분 정도가 소요된다. 손바닥만 한 색인 카드에 기도문을 써서 주로 성경에 꽂아 두고 사용한다. 다음 쪽에 내가 만든 매일 기도문 일부를 가져와 보았다. 기도 카드에서 가져온 예문은 굵은 글씨로 적었고, 성경 구절은 따옴표로 인용했다. 모든 카드마다 다 배경이 되는 이야기가 있다.

나 자신을 위한 개인적인 간구(열여섯 장)

"모든 일에 기도 … 로, 너희 구할 것을 감사함으로 하나님께 아뢰라 그리하면 … 하나님의 평강이 그리스도 예수 안에서 너희 마음과 생각을 지키시리라"(빌 4:6-7).

나는 15년 된 이 카드로 먼저 기도를 시작한다. 이 카드는 회의주의로 인해 나의 기도 생활이 약화되는 것을 느꼈을 때 만들었다. 이 내용을 통해 나는 지난 시간들을 돌아보고 아버지의 도움을 구한다.

"진실로 홍수가 범람할지라도 그에게[나에게] 미치지 못하리이다 주는 나의 은신처이오니 환난에서 나를 보호하시고 구원의 노래로 나를 두르시리이다"(시 32:6-7).

이 카드는 25년 동안 지니고 있었다. 7년 전 악의 물결이 포효하는 것을 감지한 뒤로 이 카드의 자리를 매월 기도에서 매일 기도로 옮겼다.

"끝으로 너희가 주 안에서와 그 힘의 능력으로 강건하여지고 … 하나님의 전신 갑주를 입으라"(엡 6:10-11).

이 카드는 7년 전 이 시대의 악한 영향력이 팽창해 가는 것을 느꼈을 때 만들었다. 나는 이 카드를 가지고 그리스도인의 갑주를 구하는 기도를 한다. 오늘은 "믿음의 방패"(엡 6:16)를 구했다.

"무릇 더러운 말은 너희 입 밖에도 내지 말고"(엡 4:29).

나는 신중히 말하고 행동하기 위해 몸부림친다.

"듣기는 속히 하고 말하기는 더디 하며 성내기도 더디 하라"(약 1:19).
나는 경청하기 위해 힘쓴다. (우리 강아지가 이 기도 카드의 모서리를 뜯어먹었는데, 어쩌면 내가 이 기도에 얼마나 순종하는지를 시험하기 위해 일어난 일이 아닌가 싶다.)

"내가 … 들리면 모든 사람을 내게로 이끌겠노라"(요 12:32).
이 기도를 하기 시작한 지는 11년이 되었다. 약 4년 전에 교회가 예수님의 사람에게 좀 더 깊은 관심을 기울이도록 하는 일에 완전히 좌절감을 느끼면서 이것을 매일 기도로 바꾸었다.

"여성들을 '자매'와 딸처럼 대하게 하소서. 혹 그렇게 하지 못하겠거든 눈을 돌리게 하소서. '여호와의 아름다움을 바라보게' 도와주시옵소서"(참조. 시 27:4; 딤전 5:2).
나는 성적 순결을 위해 매일 이 기도를 한다.

가족을 위한 기도(마흔한 장: 우리는 대가족이다!)

"오직 마음에 숨은 사람을 온유하고 안정한 심령의 썩지 아니할 것으로 하라 이는 하나님 앞에 값진 것이니라"(벧전 3:4).
우리의 손녀 제이미가 내적으로나 외적으로 아름다워지기를 바라며 이 기도를 한다.

"네가 이 사람들보다 나를 더 사랑하느냐 … 주님 그러하나이다"(요 21:15).

예수님이 베드로에게 하신 이 질문을 나는 우리 손자 잭의 삶에 예수님을 향한 사랑이 자라나게 해달라고 기도할 때 사용하는데, 실제로도 그렇게 되었다.

일터를 위한 기도(스물여섯 장)

"내가 기도하노라 너희 사랑을 지식과 모든 총명으로 점점 더 풍성하게 하사 너희로 지극히 선한 것을 분별하며"(빌 1:9-10).
우리의 운영진을 위해 이 기도를 한다.

"내가 하늘 문을 열고 너희에게 복을 쌓을 곳이 없도록 붓지 아니하나 보라"(말 3:10).
이것은 우리의 연간 기금을 위한 기도이다.

"하나님이 능히 모든 은혜를 너희에게 넘치게 하시나니 이는 너희로 모든 일에 항상 모든 것이 넉넉하여 모든 착한 일을 넘치게 하게 하려 하심이라"(고후 9:8).
우리의 재정과 행정을 담당하는 팀을 위해 이 기도를 한다.

"나의 영을 네 자손에게, 나의 복을 네 후손에게 부어 주리니"(사 44:3).
우리의 아랍권 사역을 위해 이 기도를 한다.

그 밖의 여러 가지 기도들(열 장)

"주 여호와의 영이 내게 내리셨으니 이는 여호와께서 내게 기름을 부으사 … 모든 슬픈 자를 위로하되 … 슬퍼하는 자에게 … 찬송의 옷으로 그 근심을 대신하시고"(사 61:1-3).

나는 고난 중에 있는 이들을 위해 이 기도를 한다.

아름다운 상호 관계

교회의 지도자인지 아닌지와 상관없이 사적인 기도 생활과 공동 기도 사이에는 아름다운 상호 관계가 있다. 곧 둘 중의 하나가 잘 되면 다른 것도 더욱 굳건해진다는 점이다.

오랜 기간 개인적으로 기도해 오면서 나의 믿음은 꾸준히 성장해 '내가 울부짖으면 하나님이 들으신다'는 고요한 확신에 다다르게 되었다. 그러한 믿음은 내가 참여하는 기도 모임에도 쏟아부어진다. 내가 하나님을 확신하므로 다른 이들도 하나님을 확신할 수 있는 힘을 얻는 것이다. 그렇다고 해서 내가 말로 나에게 믿음이 있음을 내세우는 것은 아니다. 다만 내가 함께하는 기도를 얼마나 진지하게 여기는지를 통해 그들이 그것을 느낄 뿐이다. 그러면서 그들의 믿음도 자라나고, 이제는 그들 자신의 사적인 기도 역시 진지하게 받아들이는 초석이 세워진다. 믿음이 믿음을 낳는다. 결과적으로, 그들의 믿음은 다시 나의 믿음을 굳건하게 한다.

또한, 개인적으로 기도할 때 나는 최선을 다해 '기도로 사고'하려고 한다. 예를 들어, 기도 카드를 새로 쓰거나 수정하다 보면 '기도의 목표'를 분명히 하는 데 도움이 된다. 즉, 내가 원하는 것은 정확히 무엇인가? 이 일에는 어떤 장애물이 있는가? 내가 매일 기도해야 하는 나의 연약한 점은 무엇이 있는가? 여기서 깨달은 점이나 바라는 것들을 기도 모임에 가서 나누면, 다른 사람들도 기도하며 자신의 경우를 생각해 보는 데 도움이 된다.

사적 기도와 공동 기도가 상호 작용하는 한 가지 예를 들어 보자. 앞에서 내가 제시한 기도 카드 중에 말을 지나치게 많이 하는 나의 죄와 관련된 내용을 보았을 것이다. 기도 모임을 할 때 간혹 나의 믿음이 거품처럼 부풀어 올라 아무런 제재도 받지 않게 되고, 결국 내가 말을 너무 많이 하는 경우가 있다. 나는 이렇게 말이 많아지는 내 성향과 그로 인해 사람들의 삶 속에 성령님의 역할이 제한되는 부작용을 너무도 잘 안다. 그래서 나는 기도회를 인도할 때 내 생각을 나누는 시간을 한 번에 3분 이내로 제한하려고 노력한다. 무대 중앙을 차지하는 것의 위험성을 인지하고 있기에 나는 '무조건 멈춤'을 할 때가 자주 있다. 성령님이 조용히 하라고 나를 끌어당기시는 것을 느끼고, 그러면 말을 하던 중에도 "이제 그만 해야겠습니다"라고 하며 멈추곤 한다. 비행기가 착륙도 하기 전에 낙하산을 메고 뛰어내리는 것이다. 만약 착륙을 하게 된다면 내가 하고 싶은 말이 더 많아졌을 것이다.

나는 예수님의 공동체를 이끌어 가는 지도자이지만, 그 사실 때문에 오히려 예수님의 가장 큰 잠재적 경쟁자이기도 하다. 그러나 예수님이 하셨던 것처럼 '나는 기도 모임조차 스스로 할 수 없습니다'라고 고백할 때 성령님이 말 많은 나의 성향을 죽일 수 있도록 힘을 주신다. 그럴 때 우리 모두는 예수님을 더욱 잘 바라보게 될 것이다.

14

함께 큰 기도로 나아가라

우리의 아버지께서 "우리가 구하거나 생각하는 모든 것에 더 넘치도록"(엡 3:20) 하신다면, 기도의 파워트레인 마지막에서 우리는 큰 기도에 초점을 맞추게 될 것이다.

성경은 과장법이 거의 사용되지 않는다. 그런데 바울은 성령님이 뿜어내시는 생명과 영광, 능력의 폭발력을 인간의 언어로 표현할 수 있는 최대 범위까지 묘사하고 있다. 아래 예들은 에베소서 3장 20절에 대한 몇 가지 다른 번역이다. 모두 성령님의 역사가 얼마나 큰지 전달하기 위해 노력하고 있다.

> 이제 하나님께 영광을 돌립니다. 하나님께서는 우리 안에서 그분의 강력한 능력을 통해 우리가 구하거나 생각하는 것보다 더 많은 일을 이루실 수 있습니다(NLT 직역).

> 이제 우리 안에서 역사하시는 그분의 능력에 따라 우리가 구하거나 상상하는 모든 것에 더 넘치도록 능히 하실 이에게(NIV 직역).
>
> 하나님은 우리가 상상하거나 추측하거나 구하는 것보다 훨씬 더 많은 일을 하실 수 있습니다(MSG 직역)!

사도행전 곳곳에서 우리는 우리가 구하거나 상상하는 모든 것을 초월해 역사하시는 성령님의 폭발적인 능력을 발견하게 된다. 하나님께서는 모두 평범한 일이다. 그러니 파워트레인의 마지막 부분에서 어떻게 '상상력 폭발'이 일어나는지 살펴보자. 그러면 파워트레인의 출발점, 곧 어떻게 기도해야 하는지도 달라진다.

우리는 큰 기도를 한다. 성령님께는 그것이 평범한 일이기 때문이다. 그런데 성령님은 그분의 능력을 십자가 모양의 통로로 흐르게 하신다.

나의 가족을 위한 큰 기도

1990년에 나는 우리 아이들 여섯 중에 다섯 명을 데리고 캠핑을 떠났다가 끔찍한 일을 겪었다. 아이들의 이기심과 나의 버럭 소리 지르는 습성이 만나 큰 혼란이 일어난 것이다. 그날 우리는 그야말로 재앙을 향해 내달렸다. 비에 흠뻑 젖은 밤을 보내고 차를 몰고 가면서 나는 기도했다. "예수님, 우리 가족을 지켜 주셔야만 합니다." 우리 아이들이 서로에 대한 사랑이 부족한 것을 보고 나는 그들의 믿음이 약하다는 것을 알게 되었다.[1]

그림 14.1은 우리 가족의 암울한 '현실'과 천국을 향한 믿음의 '열망'(예수님을 믿는 일), 혹은 사랑(예수님처럼 사랑하는 일) 사이의 긴장 관계를 보여 준다. 둘 사이의 격차가 내 기도의 동력이 되었다.

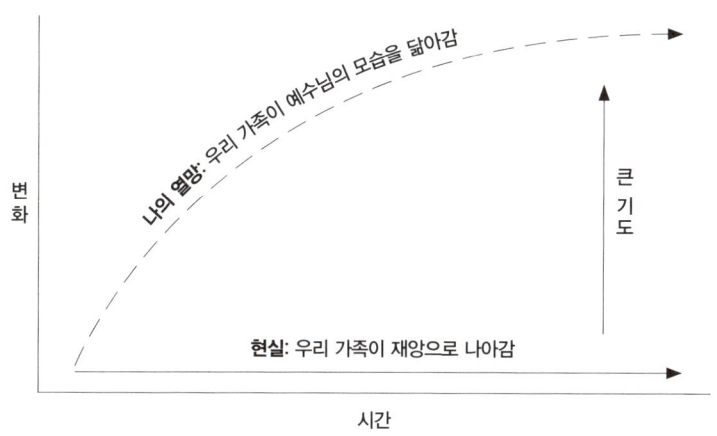

그림 14.1. 큰 기도

나의 열망은 한편으로 하나님의 마음을 보여 준다. 즉, 하나님은 우리 가족이 반쪽만 구원받기를 원하지 않으신다. 그분은 우리가 믿음과 사랑으로 가득 찬, 그래서 예수님의 모습을 닮은 완전한 구원을 얻기를 바라신다. 그래서 나는 큰 기도를 했다.

천국에 대한 분명한 목표 의식이 없으면, 기도는 쉽게 모호하고 따분한 하나의 치료책으로 변해 버린다. 그러면 일종의 고통 없는 세상을 요구하는 기도로 흘러갈 수 있다.

존 뉴튼(John Newton)은 큰 기도를 하는 방법을 알고 있었다.

당신은 왕께 오는군요,

큰 간청을 들고 오는군요.

그분의 은혜와 능력 그러하시니,

너무 큰 청이 어디 있으리.[2]

예수님은 우리에게 큰 기도를 하라고 권하신다. 만약 주기도문(마 6:9-13)에서 "나라가 임하시오며 / 뜻이 하늘에서 이루어진 것 같이 땅에서도 / 이루어지이다" 부분을 빼버린다면, 그것은 바람이 빠져 쪼그라든 풍선과도 같을 것이다. 아내와 나는 우리 아이들이 믿음과 사랑 외에 다른 무엇에서 두각을 나타내는 일에는 별 관심이 없다. 물론 학교 공부나 운동을 열심히 하라고 격려하고, 또 아이들이 최선을 다할 때 그 모습을 즐겁게 바라보지만, 그것은 어디까지나 부차적일 뿐 우리는 자녀들이 예수님을 따르는 자가 되게 해달라고 기도한다.

캠핑에서 돌아오던 차 안의 그 고요함이 아직도 기억난다. 아이들은 지쳐 곯아떨어졌고, 기도한 후의 내 마음도 고요함을 되찾았다. 나는 하나님이 내 가족을 구원하시리라는 것을 알았다. 그때나 지금이나 여전히 세미한 하나님의 음성을 들었기 때문이다.

그렇다면 하나님은 차 안에서의 내 기도에 어떻게 응답하셨는가? 기도가 끝나기 무섭게 그분은 나를 그리스도의 고난에 참여하도록 이끄셨다. 천국을 목표로 하는 이들은 왕이 걸어간 길에 들어서게 된다. 하늘로 돌아가시기 한 주 전에 예수님은 제자들에게 그분이 가시는 길이 우리가 가야 할 길이라고 말씀하셨다. "한 알의 밀이 땅에 떨어져 죽지 아니하면 한 알 그대로 있고 죽으면 많은 열매를 맺느니라"(요 12:24).

이내 내게 고난이 찾아오기 시작했고, 그해 말에는 완전히 소진되었다. 나는 하나님이 우리 가족을 위해 일하시기를 바랐지만, 하나님은 나를 위해 일하기를 원하셨다. J-곡선의 밑바닥에서 나는 기도하는 법을 배웠다. 그 후로 20년간 하나님은 우리 자녀들에게, 그리고 나아가 그들의 배우자에게 경이로운 일을 끊이지 않고 행하셨다. 그리고 이제 우리는 우리의 손주들을 위해 기도하고 있다. 그 핵심은 우리 가족의 '현실'과 나의 '열망' 사이에 존재하는 그 긴장 관계를 직시하는 것이다.

사도 바울의 큰 기도

큰 기도는 큰 죽음에서 솟아난다. 나의 큰 기도들은 모두 끔찍했던 캠핑 여행에서 비롯되었다. 죽음이란 낮은 자리에 처해야만 자신의 부족함과 함께 하나님의 열망을 더욱 뚜렷하게 보게 된다.

성경에는 이러한 패턴이 놀라울 정도로 시종일관 등장한다. 모세가 양을 치고 있을 때 주신 하나님의 비전(출 3장), 야곱이 목숨을 부지하기 위해 도망칠 때 주신 하나님의 약속(창 28장), 다니엘이 포로로 잡혀갔을 때 주신 비전(단 7장), 그리고 요한이 밧모섬에 유배되어 있는 동안 주신 비전(계 1장) 등이 그러하다.

마찬가지로 바울의 장엄한 기도 역시 그의 오랜 수감 생활 가운데 솟아난 것이다. 바울은 자신과 함께한 이들이 골로새 교인들을 위해 기도하고 있음을 알렸다. 따라서 이것은 바울 한 사람의 기도가 아니라 '그와 함께한 모든 이들의 기도'였다. 예수님의 공동체 하나가 또 다른 공동체를 위해 기도한 것이다. 다음에서 굵은 글씨로 쓰인 부분을 주목하라.

이로써 우리도 듣던 날부터 너희를 위하여 기도하기를 그치지 아니하고 구하노니 너희로 하여금 모든 '신령한'[성령님의] 지혜와 총명에 하나님의 뜻을 아는 것으로 채우게 하시고 '주께' 합당하게 행하여 범사에 기쁘시게 하고 모든 선한 일에 열매를 맺게 하시며 하나님을 아는 것에 자라게 하시고 그의 영광의 힘을 따라 모든 '능력'으로 능하게 하시며 기쁨으로 모든 견딤과 오래 참음에 이르게 하시고(골 1:9–11).[3]

교회의 파워트레인인 '기도' → '성령님' → '예수님' → '능력'과 유사한 패턴(따옴표)을 주목해 보라. 바울과 함께한 이들은 성령님이 필요한 지혜를 주셔서(9절), 골로새 교인들이 예수님을 드러내게 하시기를(10절) 기도한다. 그들 안에 성령님의 부활 능력을 부어 주셔서 그로써 "기쁨으로 모든 견딤과 오래 참음"(11절)에 이르게 해달라고 기도하는 것이다.

이 기도는 마치 "큰일을 하지 않을 거면 구하지 말라"는 것과 같다. 바울과 함께한 이들은 골로새 교인들이 '가능한 한 최선을 다해' 열매를 맺도록 '노력하게' 해달라고 기도하지 않았다. 그들이 "모든 선한 일에 열매를 맺게" 해달라고 기도했다. 거기에는 '최선을 다해 보라'거나 '삶은 늘 고된 것이다'와 같은 말이 없다. 그들의 기도는 활력과 소망으로 빛난다. 또한 성령님의 부활 능력이 예수님의 아름다움을 그분의 몸이신 교회에 가져다주실 거라는 기대감으로 가득하다. 큰 믿음이 큰 기도의 원동력이 되는 것이다.

이 기도는 즉각적이며 전술적인 요구로만 전락해 버리는 여타의 많은 기도회의 모습과는 현저히 다르다. 대개 우리는 각각의 나무만 보고 웅장한 숲을 보지 못할 때가 많다. 허리의 관절염이나 질풍노도의 아이들,

혹은 고장 난 자동차 같은 것들만 헤집고 다닌다. 눈을 들어 더 큰 천국의 비전을 보지 못하면 늘 반복되고 다루기 힘든 문제들 때문에 버거움과 우울함마저 느끼게 된다. 그러나 우리가 처한 현재의 모습 속에서도 예수님의 비전을 보면 기도의 힘을 얻을 수 있다. 이는 참 간단한 원리다. 그리스도의 몸이 그리스도의 열망을 위해 기도할 때 비로소 우리는 되살아난다. 우리는 본래 그분의 꿈을 꾸도록 지음 받은 존재이기 때문이다.

제임스 프레이저의 큰 기도

중국 남서부의 리수족 사람들을 위한 선교사였던 제임스 프레이저(James O. Fraser)는 내게 큰 기도를 하는 것과 현실을 직시하는 것의 두 가지 비전을 가르쳐 주었다. 1911년에 리수족 선교를 시작한 그는 각양각색의 리수족 사람들과 그들이 사는 산악 마을을 무척 좋아했다. 5년 동안 그들과 함께 살아가며 처음에는 통역사를 통해 복음을 전하다가 나중에는 리수어로 전했다. 많은 사람이 신앙을 고백했는데, 얼마 지나지 않아 상당수가 다시 우상과 귀신을 숭배하는 일로 돌아갔다. 프레이저는 가족 전체가 그리스도께 나아오는 경우가 아니면 씨족의 압박과 귀신의 세력이 홀로 믿는 사람을 압도해 버린다는 것을 알게 되었다. 귀신과 우상숭배는 완전히 잘라내야만 했다. 온 집안이 모든 우상을 다 불태워야만 했던 것이다.

거센 저항에 직면한 프레이저는 먼 거리에서 공동 기도 운동을 통해 대응했다. 그는 영국에 기도팀을 조직한 뒤 리수족 마을과 풍습에 대해 자주 편지를 써 보내서 그들에게 기도를 부탁했다. 한번은 편지에 그곳에서 매년 열리는 도간절(Sword Ladder Festival)에 대해 설명했다. 이 축제는 무당이 거꾸로 세운 검으로 사다리를 만들어 그것을 밟고 올라감으로써 귀신의 노를 달래는 의식이다. 그는 기도팀 동역자들에게 특정한 마을이나 계곡, 또는 특별히 믿음에 적대적인 주술사를 '목표'로 삼아 기도해 달라고 부탁했다. 프레이저는 자신이 직면하는 이 영적 세력은 오직 연합된 기도를 통해서만 물리칠 수 있다는 것을 알았다.

외딴 산속 한 리수족 마을의 헛간에 들어간 프레이저는 진흙 바닥에 앉아 자신의 기도팀에게 '믿음의 기도'에 관해 장문의 편지를 썼다. 그는 예수님이 기도와 믿음을 얼마나 긴밀하게 연결하셨는지에 큰 감명을 받았다.

> 예수께서 대답하여 이르시되 내가 진실로 너희에게 이르노니 만일 너희가 믿음이 있고 의심하지 아니하면 이 무화과나무에게 된 이런 일만 할 뿐 아니라 이 산더러 들려 바다에 던져지라 하여도 될 것이요 너희가 기도할 때에 무엇이든지 믿고 구하는 것은 다 받으리라 하시니라(마 21:21-22).

프레이저는 기도와 믿음의 연결 고리를 19세기 캐나다의 어떤 농부 이야기와 비교하며 설명했다. 당시 캐나다 정부는 그 농부가 약 20만 평의 땅을 10년 동안 경작하면 그 땅의 소유권을 주겠다고 약속했다. 프레이저는 이 농부의 부지런함을 믿음의 기도에 비유했다. 프레이저는 리수족 수천 가구가 그리스도께 나오기를 원했지만, 그에게 있던 믿음의 크기는 200가구 정도에 불과했다. 그는 크게 기도했지만, 자신의 믿음을 더 늘리지는 못했다. 그러자 그는 위 이야기의 농부처럼 '땅을 경작했다.' 리수족 사람들에게 쉼 없이 복음을 전했고, 고국에 있는 기도팀에게도 끊임없이 편지를 보낸 것이다.

프레이저는 리수족을 장악하던 영적 장벽을 무너뜨리기 위해 친구에게 기도 공동체를 만들어 함께 믿음의 기도를 해달라고 부탁했다.

> 나와 함께 (리수족 수백 가구를 하나님께로 인도하기 위해) 기도하기 원하는 모든 이들의 기도 협력이 더욱 귀하고 소중합니다. 내가 원하는 것은 아침이나 저녁 경건회 시간에 나의 사역과 그 필요에 대해 한번씩 주님 앞에 언급하는 정도가 아닙니다. 그보다는 매일 낮이나 밤 시간에 이 사역을 위해 일정한 시간(한 30분 정도?)을 구별해서 기도해 주기를 바랍니다. 그 시간을 내게, 아니 주님께 드릴 수 있겠습니까?

프레이저의 사역은 리수족 200가구를 회심시키고자 했던 그의 '열망'에서 비롯되었다. 하지만 5년이 지나는 동안 회심자가 단 몇 사람밖에 없자 그는 '현실'을 직시하고 중국내지선교회 책임자에게 편지를 써서 다른 곳으로 파송해 달라는 제안을 했다. 하지만 프레이저의 열망은 사그라지지 않았다. 그는 어떻게 해야 200가구를 그리스도께 인도할 수 있을지 몰랐지만, 하나님이 그렇게 하실 것이라고 믿었다. 믿음 안에서 열망과 현실이 함께할 수 있었던 것이다.

헛간의 진흙 바닥에 앉아 느낀 프레이저의 믿음과 내가 캠핑에서 돌아오는 차 안에서 느낀 믿음은 모두 선물이었다. 누구도 그것을 구하지 않았다. 이것은 정말 중요한 점이다. 만약 누군가 믿음을 경험해 보려고 시도한다면, 그는 어떤 희열감이나 자신감, 혹은 흥분된 느낌을 찾으려 할 것이다. 초점이 예수님 자체에서 예수님을 경험하는 것으로 옮겨지면서 그저 어떤 느낌을 얻으려고 애쓸 뿐이다. 그것이 바로 우상숭배이고, 그러한 우상숭배는 성령님의 불을 꺼뜨린다.

프레이저는 다른 곳으로 보내 달라는 편지를 부치기 전에 마지막으로 한 번만 더 리수족 사람들을 방문하기로 했다. 1916년 10월 여행길에 오른 그는 첫 번째 마을에서 복음을 전했는데, 이때 그는 "자신에게 너무도 소중한 이 메시지를 서둘러 전하려는 듯한 모습을 보이지 않기 위해 조심했다." 다음 날 아침 떠날 채비를 하던 그에게 리수족 일행이 급히 달려와 이렇게 말했다. "선생님, 잠시만요. 이 가족이 그리스도인이 되기를 원합니다. 이들을 도와주실 수 있나요?" 프레이저는 신중했다. 왜냐하면 "정령 숭배에 사용된 모든 도구를 완전히 파괴하지 않으면" 그리스도를 받아들일 공간이 생기지 않는다는 것을 알았기 때문이다.[4] 그로부터 며칠 동안 일곱 가족이 그들의 우상을 전부 불태웠다. 마을마다 수많은 가족이 우상을 불태우고 그리스도께 나아왔다. 2개월 동안 129가구, 총 600명의 리수족 사람들이 신자가 되었다.

하나님은 프레이저가 구하거나 상상할 수 있는 모든 것을 초월하여 그의 기도에 응답하셨다. 그런데 이는 리수족 안에서 그리스도의 죽으심을 구현한 프레이저의 모습과 분리해서 생각할 수 없다. 그는 내가 'J-곡선'이라고 불러온 것을 정말로 잘 알았다. 1918년 리수족과 함께 있던 그는 다음과 같은 기록을 남겼다. "십자가는 고통스럽다. 그러나 나는 개의치 않는다. 하나님의 은혜로 나는 열심히 일하고 열심히 기도할 것이다 … 피 흘림이 그치는 순간 찬송도 그친다 … 성 카타리나(St. Catharine)의 기도는 희생으로 붉게 물들었고, 그때 그녀는 못 자국 난 손이 어루만지심을 느꼈다."[5]

프레이저가 경험한 죽음은 무엇보다 자아에 대한 죽음이었다. 자신 안에서 솟아나는 열망에 대해 계속해서 아니라고 말할 때 겪게 되는 내적 고통이었다. "프레이저가 가장 두려워했던 것은 무기력해지는 것이었다. 영적인 태만과 나태함, 그리고 기도하지 않음으로써 시험에서 패배하는 것이었다."[6] 그는 쉼 없이 리수족을 섬겼다. 먼저는 무릎으로, 그다음에는 끊임없이 산골 마을을 찾아다니며 지저분한 바닥에서 잠드는 것도 마다하지 않고 복음을 전했다. 그리고 그들에게 복음의 도구를 주어 제자화하기 위해 힘썼다. 우선 그들에게 문자를 만들어 주었고, 그 문자를 가지고 신약성경을 리수어로 번역했다. 그의 삶에서 가장 큰 기쁨의 순간이었다.

마지막으로, 프레이저는 임신한 아내와 두 아이를 남기고 52세의 나이에 뇌성 말라리아로 소천됨으로써 자신의 모든 것을 주었다. 1918년에 그는 자신의 일기장에 이렇게 썼다. "만약 우리가 피 흘려 구원을 이루신 분의 사역자가 되고자 한다면, 우리도 피를 흘려야만 한다." 한 세기가 지난 지금, 150만 명의 리수족 가운데 약 130만 명이 신자이다. 리수족의 한 청년은 공산주의 정권의 조사를 받을 때 이렇게 말했다. "기독교는 이미 우리의 살과 핏속에 스며들어 있어서 그것을 우리에게서 떼어내기란 쉽지 않을 것입니다."[7] 프레이저의 큰 열망은 큰 기도로 이어졌고, 결국 많은 열매를 맺었다. 사실 하나님이 "우리가 구하거나 생각하는 모든 것에 더 넘치도록 능히 하실" 수 있다는 말만으로는 하나님을 보여 주기에 턱없이 부족한 것 같다.

프레이저의 삶에서 우리는 분명한 목표를 정하는 것이 얼마나 중요한지(리수족을 믿음으로 인도하는 것)와 그 목적지에 도달하는 방법(믿음과 큰 기도), 그리고 그 여정이 어떠한 모습을 띠게 되는지(J-곡선)를 볼 수 있다. 우리의 목표와 수단, 그리고 과정이 분명해지는 순간 우리가 '어떻게' 기도해야 하는지 정해진다. 그것이 바로 우리가 이번 장에서부터 다음 장까지 살펴보았고 또 계속해서 살펴보고자 하는 내용이다.

하지만 그 모든 것의 가장 핵심을 놓쳐서는 안 된다. 우리의 자녀 혹은 친구들의 영혼을 위해 기도로 싸우는 일을 부끄러워하지 말라. 제임스 프레이저가 리수족 헛간의 진흙 바닥을 마다하지 않고 기도팀과 함께 도간절에 맞서 싸웠던 것처럼 하라. 우리의 가족이 바로 우리의 리수족이다. 스포츠, 스마트폰, 그리고 인스타그램에 맞서 싸워야 한다. 그들을 위해 매일 같이 진지하게 꾸준히 기도하는 일, 그리고 다른 사람을 그 기도에 참여시키는 일을 시작해야만 한다. 아마 우리 인생에서 가장 힘든 일이 될 것이다. 그래서 우리는 함께 그 일을 해야 한다.

15

큰 기도를 위한 삼각형

잠시 숨을 돌리며, 어떻게 공동 기도가 큰 기도로 이어지는지 살펴보자. 인간이 기획하는 모든 일에는 비전과 전략, 전술이 있다. 비전은 우리가 '왜' 그 일을 하는지에 대한 대답이다. 전략은 우리가 '어떻게' 그 일을 만들어 가야 하는지, 전술은 오늘 우리가 '무엇을' 해야 하는지에 관한 것이다. 그림 15.1은 이와 관련한 세 가지 형태의 기도를 보여 준다.

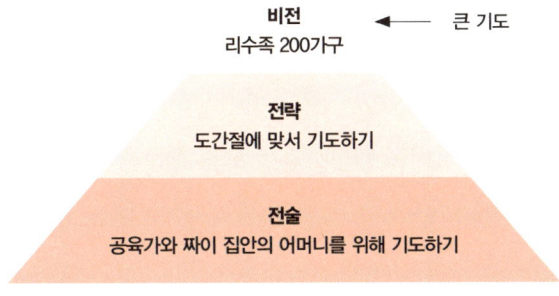

그림 15.1. 기도의 삼각형

맨 위에 있는 비전이 아래에 오는 전략과 전술을 빚는다. 제임스 프레이저의 비전은 리수족 200가구를 회심하게 하는 것이었고, 나는 이것을 '큰 기도'라고 지칭했다.

그 아래에 있는 전략은 비전을 실현하는 방법들이다. 프레이저의 전략은 고국인 영국에 기도팀을 만든 뒤 분명한 목표를 정해 수시로 기도 요청을 하는 것이었다. 대표적인 예로 그는 도간절에 도사리는 귀신의 세력에 맞설 수 있도록 기도를 요청했다.

마지막으로, 가장 아래에 있는 것은 전술이다. 이는 전략을 실행에 옮기기 위한 구체적인 활동을 말한다. 프레이저의 전술은 특정한 마을을 목표로 정해 기도하는 것이었고, 대표적인 예로, 공육가(Six Family Hollow)와 그곳에 사는 짜이 집안이 해당했다. 짜이(Tsai) 집안의 어머니는 그 마을에서 예수님을 드러내는 빛과 같은 존재였다.

기도의 삼각형을 오르내리며 기도하면 우리의 기도가 침체에 빠지는 일을 막을 수 있다. 보통 기도 모임은 이 삼각형의 가장 아래층에서 정체되곤 한다. 곧 전략과 비전이 없는 경우가 많다. 하지만 비전이 곧 우리가 살아가는 이유이다.

우리가 손주들을 향해 품은 비전은 그 아이들이 믿음과 사랑 안에서 자라가는 모습을 보며 기뻐하는 것이다. 그리고 우리의 전략은 그들을 자주 방문하거나 가족 모임을 하는 것이다. 마지막으로 우리의 전술은 그렇게 함께 모였을 때 우리가 실제로 하는 행동들이다. 비전은 열쇠와 같다. 따라서 비전이 없으면 전술은 버거운 짐이 된다. 아내와 내가 우리 손주들을 위해 하는 기도 대부분은 비전과 전략에 관한 기도이다. 물론 구체적인 필요가 생기면 그것을 위해서도 기도하지만, 그보다는 우리 손주들이 예수님과 동행하는 마음을 품게 되는 데 훨씬 더 많은 신경을 쓰고 있다.

이제 기도의 삼각형 중 전술에서 비전으로 올라가는 방법을 살펴보자. 코로나 팬데믹 기간에 우리는 코로나로 인해 아픈 이들을 위해 기도하면서도(전술), 삼각형 위쪽으로 올라가 백신을 개발하는 의사와 연구진을 위해 기도하고(전략), 또한 그 팬데믹이 종식되게 해달라고 기도했다(전략). 그러나 궁극적으로 우리는 "하나님, 무엇 때문에 이렇게 하십니까?"라고 물었다(비전). 그렇게 팬데믹 6개월 차에 접어들면서 분명히 알 수 있었던 것은 하나님이 그분의 교회를 가지치기하고 계시며, 우리를 공동체적 죽음으로 이끄신다는 것이었다. 그러자 나는 하나님이 이미 실행에 옮기신 일, 곧 그분의 교회를 가지치기하는 일을 위해 기도하기 시작했다. 이렇게 기도의 방향을 전환하는 것은 쉬운 일이었다. 왜냐하면 나 자신을 위해서도 그렇게 기도할 때가 많았기 때문이다. 나는 그저 개인적인 기도를 확대했을 뿐이었다. 좋은 기도는 서핑과 비슷하다. 파도에 몸을 맡겨 그 위에 올라타는 것이지 파도와 싸우는 것이 아니다.

삼각형 모양에서 우리는 비전을 위한 큰 기도와 전술을 위한 비교적 작은 기도의 전체적인 균형을 볼 수 있다. 비전을 위한 큰 기도는 양념과 같다. 요리 전체에 맛을 내는데 그렇게 많은 양이 필요하진 않다. 반대로 전술을 위한 기도는 우리 기도의 많은 부분을 차지한다. 그러나 우리는 성숙할수록 더 큰 기도를 하게 된다! 프레이저처럼 '우리의 리수족'이 있는 일터로 향하고, 그곳에서 예수님을 닮아가며 그분을 진하게 된다.

큰 기도는 우리의 기도 레퍼토리를 확장해 준다. 늘 하던 옛날 노래만 부르는 것이 아니라 우리의 상상력도 더욱 성장한다. '안 될 이유가 어디 있어?'라는 생각을 하게 된다. 아래는 나의 일과 관련해 함께하는 기도의 모습을 형성하는 데 기도의 삼각형이 어떤 도움을 주는지 몇 가지 사례를 가져온 것이다.

기도를 위한 기도

그림 15.2는 2007년 3월에 내가 『일상 기도』라는 책을 쓰기 시작할 때 만든 기도 카드인데, 그 내용은 기도를 위한 기도이다.[1]

주로 전술과 전략에 관한 기도이지만, 아랫부분에 있는 내용은 비전을 위한 기도이다. 카드를 쓰면서 이런 생각을 했다. '내가 원하는 것은 무엇인가? 하나님이 무엇을 해주시길 원하는가?' 사실 나는 책을 쓰고 싶었던 것은 아니다. 다만 하나님이 기도 운동을 일으키셔서 교회에 기도하는 방법을 가르쳐 주시기를 원했다.

일상 기도 3/07

협력자: 골 4:2, "기도를 계속하고 기도에 감사함으로 깨어 있으라."

밥 알럼스: 딤후 1:7, "하나님이 우리에게 주신 것은 두려워하는 마음이 아니요 오직 능력과 사랑과 절제하는 마음이니."

일상 기도 책: 단순하고 점잖게, 읽기 쉽게, 잘 편집해서, 사람들에게 기도를 가르침.

세미나: 수백 회.

교회에 기도하는 방법을 가르쳐주는 기도 운동.

그림 15.2. 『일상 기도』를 위한 기도 카드

이 카드는 내가 여러 가지 외부적 상황들로 약해져 있던 때, 즉 J-곡선의 밑바닥에 있던 시기에 쓴 것이다. 당시 우리가 하던 사역은 알려져 있지 않았고, 사람들의 마음을 끄는 요소가 전혀 없었다. 나는 내게 이러한 기도를 할 만한 믿음이 있는지조차 걱정하지 않았다. 그저 기도했을 뿐이다. (자신의 믿음을 보는 것은 해로운 일이다. 믿음은 본질적으로 바깥에 계시는 하나님을 보는 것이다.) 자신의 연약함을 다시 한번 분명히 보게 되면 기도는 지극히 당연한 일이 된다. 하늘을 가리던 수건이 얇아지는 것이다. 하나님은 우리를 약하게 하셔서 우리 안에 있는 그분의 능력을 드러내기를 좋아하신다. 그래서 나는 큰 기도를 한다.

그리고 나는 하나님이 엮어 가시는 이야기에 집중했다. 몇 년간 밥 알럼스를 설득해 일상 기도 사역을 함께하려고 노력했지만, 그는 주저했다. 충분히 이해할 만했다. 밥의 입장에서는 전례가 없는 새로운 일(기도하는 그리스도인에게 기도하는 법을 열심히 훈련시키기)을 시작하게 되면 심각한 임금 삭감을 감수해야 했고, 그 부족분을 스스로 해결해야 했다. 혹 사역이 실패라도 하면 우리 두 사람 다 밥을 구제할 재정적 여유가 없었다. 설상가상으로 그에게는 대학에 다니는 자녀가 둘이나 있었다. 그래서 이 카드에 보면 전략의 전환을 볼 수 있다. 그것은 밥을 채용하려는 노력을 그만두고 나의 비전을 위해 기도하는 것이다. 또한 나는 하나님이 밥에게 능력과 사랑, 그리고 절제의 영을 부어 주시기를 기도했다. 그것은 성령님의 파워트레인을 위한 기도였다. 능력의 '느낌'이 아닌 '성령님의 능력' 그 자체를 위한 기도였다. 우리 둘 다 그것이 필요했기 때문이다.

그래서 성령님은 어떻게 하셨는가? 상황은 더 안 좋아졌다. 3개월 후 대형 출판사 한 곳에서 『일상 기도』의 출판을 거부했다. 그런데 하나님은 오히려 그 연약함을 사용하셔서서 밥에게 우리와 함께 전임으로 일하고자 하는 열망을 주셨다. 7월에 그가 내게 전화해서 함께 시작해 보자고 한 것이다. 나는 너무 놀라 그에게 조심스럽게 물었다. 그리고 돌아오는 답변은 동일했다. 훗날 그는 내게 이렇게 설명했다. "펜실베이니아 시골길을 달려 출장을 가던 중 갑자기 이런 생각이 들었습니다. '지금이 바로 그때다.' 하나님께 하신 말씀이라고 말하지는 않겠습니다. 하지만 난 그렇게 믿습니다. 바로 그 순간 저는 당신에게 전화를 하고 차를 돌려 그때 그 식당에서 당신을 만났지요. 그것은 제 인생 최고의 결정이었어요."

우리는 결코 뒤돌아보지 않았다. 하나님은 내가 구하거나 상상할 수 있는 모든 것 이상으로 일상 기도 사역에 복을 내리셨다.

큰 기도는 어떻게 우리의 기도 모임으로 옮겨가게 되는가? 사람들이 전술과 전략에 대해 기도하고 있다면, 그들의 비전을 확장하는 것은 비교적 쉬운 일이다. 이렇게 기도하면 된다. "하나님, 교회에 기도하는 방법을 가르칠 수 있는 기도 운동을 일으켜 주십시오. 교회의 지도자들이 예수님의 고백처럼 '스스로는 아무것도 할 수 없다'는 사실을 보도록 도와주십시오."

큰 기도는 고된 일상 속에서 우리의 기도와 나아가 우리의 영혼을 자유롭게 한다. 갈 바를 알지 못하면 나무만 보고 숲을 놓치기 쉽다. 그야말로 '쳇바퀴 도는 인생'이다. 그러나 어디로 가야 할지를 안다면 그 쳇바퀴 같은 삶에서도 소망과 목적이 생겨난다.

하지만 30년을 그렇게 기도했는데 여전히 한 발자국도 내딛지 못했다면 어떻겠는가? 이제부터 그 이야기를 하려고 한다.

예수님의 인격을 향한 열망

내게는 거의 응답받지 못한 비전에 관한 기도 제목이 하나 있다. 사실 이것은 설명하기가 쉽지 않은데, 부디 독자들의 양해를 바란다.

끔찍했던 캠핑 이후에 9개월이 지나고 하나님이 내 마음속에 한 가지 열망을 불타오르게 하셨다. 1991년 안식년 기간에 복음서를 연구하고 있을 때 나는 예수님의 '인격'에 큰 감동을 받았다. 그분의 궁휼히 여기는 마음과 진실하심, 그리고 아버지께 의존하시는 모습에 완전히 매료된 것이다. 내 마음이 예수님의 인격에 너무도 사로잡힌 나머지 1999년에 씨지저스 사역을 시작할 때 우리의 첫 번째 비전선언문은 "사람들이 예수님의 아름다움을 보도록 돕자"였다. 하지만 얼마 안 돼 그 슬로건을 내릴 수밖에 없었다. 왜냐하면 사람들이 그게 무슨 말인지 도무지 이해하지 못했기 때문이다. 일종의 미용실 같은 건가? 찬양팀 이름인가? 아니면 무슨 화방이나 화실 같은 덴가?

나는 복음서에 나타나는 예수님이 얼마나 활기 있고 생명력이 넘치는지 교회가 보기를 바랐다. 그래서 그분처럼 사랑하고, 또 그분이 가신 길에 들어서기를 바랐다. 비록 하나님이 내 생애 동안 그 일을 이루실지 확신할 수는 없었지만, 반드시 그렇게 하시리라는 고요한 확신을 느낄 수 있었다. 나는 그 비전이 아직 이루어지지 않은 것을 잘 안다. 하지만 여전히 소망과 현실 사이를 오가며 매일 같이 기도하고 있다.

2006년에는 그림 15.3에 있는 기도 카드를 만들었다. 하나님이 처음 내 마음에 이 부담감을 넣어 주신 때로부터 15년이 지났다는 것에 주목해 보라. 나는 "하나님이 어떤 일을 해주시기를 바라는지 구체적으로 구해야 한다"는 사실을 깨닫기까지 그토록 오랜 시간이 걸렸다. 이것은 다소 흔치 않은 기도인데, 나는 사람들이 예수님의 '인격'을 보게 해달라고 하나님께 구체적인 요구를 하고 있기 때문이다. 또한 교회가 '복음처럼 되게' 해달라는 기도와 교회가 예수님의 이야기, 곧 J-곡선에 들어가게 해달라는 기도 역시 주목해 보라.

그로부터 10년이 채 지나지 않은 2015년에 나는 교회가 예수님의 인격을 보도록 돕는 그 일에 수많은 실패를 겪었다. 그래서 결국 현실을 직시하게 되었고, 예수님의 인격에 관한 새로운 전략을 짜기를 중단했다. 다만 작은 전술적 결정을 내렸고, 그런 다음에는 매일 이 기도 카드로 기도하기 시작했다. 그 과정에서 매주 기도와는 다른 매일 기도의 특별한 능력을 목격했다. 1년 안에 변화가 일어나기 시작했다. 아랍계 그리스도인 한 명이 우리 직원이 되었고, 채터누가에서 예수님의 인격에 마음이 뜨거워진 목사 한 분을 알게 되었다.

8/06 "선생이여 우리가 예수를 뵈옵고자 하나이다", 요 12:21.

　　교회가 예수님의 인격을 보고자 함.

　　그분처럼 고귀한 사랑의 사명을 봄.

　　복음을 믿음, 복음처럼 됨.

　　목사와 신학교, 평신도 지도자들의 생각을 바꿈.

9/10 - "내가 땅에서 들리면 모든 사람을 내게로 이끌겠노라."

그림 15.3. '예수님을 보기 위한' 기도 카드

큰 기도는 반복되는 실패에 직면했을 때에도 기도 생활을 지속할 수 있게 한다. 프레이저가 사임 의사를 밝히는 편지를 쓰기로 한 것은 전략적인 결정이었다. 그는 단 한 번도 자신의 비전을 포기한 적이 없다. 다만 현실을 직시했을 뿐이다.

우리가 큰 기도를 포기하지 않고 계속해 간다면 하나님은 우리의 세상 저 바깥에서부터 우리가 원하는 일들을 시작하신다. 최근에 나는 우리 임원 기도회에서 이 기도 카드를 보여 주고, 임원진에게 예수님에 관한 새 영화 시리즈 "선택받은 자"(The Chosen)를 보라고 권했다. 나는 이 시리즈 영화가 교회들이 예수님의 인격을 보게 해달라는 기도(그리고 다른 이들의 기도)에 대한 응답이라고 믿는다. 하나님은 우리가 단체나 조직에 대한 우상숭배에 빠지지 않으면서 그분의 영광을 보존할 수 있도록 우리와 무관한 곳에서 우리 기도에 응답하신다.

이 두 가지 이야기(밥 알럼스와 예수님의 인격에 관한)에서 성령님이 어떻게 나를 예수님의 길로 인도하셨는지 주목하라. 그것은 인간적인 노력을 '줄이고' 기도를 '늘리는' 방법이었다. 사실 '일을 줄이고' 대신 '기도를 더 많이 하는 것'은 굉장히 편안한 길이다.

나의 사역을 위한 모든 기도는 그날 캠핑을 마치고 돌아오는 차 안에서 한 기도 이후로, 그 다음해에 하나님이 내 마음에 새기신 단 하나의 비전, 곧 '신부를 준비하라'는 비전에서 흘러나온 조각들이다. 이것을 좀 더 구체적으로 표현하면 다음과 같다. '신부가 고난에 대비하게 하라. 이 고난은 신부를 정결하게 하며, 고난이 지나면 남편 되신 예수 그리스도께서 오실 것이다.' 아주 간단하다. 나는 매일 다양한 방식으로 교회가 예수님을 닮아가게 해달라고 기도한다.

큰 기도를 가로막는 한 가지 장애물: 인간적인 자신감

지금은 기도에 관한 사역을 이끄는 목회자 한 분이 내게 이런 말을 했다. 자신은 한 교단에서 기획팀 업무를 맡고 있는데, 거기서 교단의 크기를 두 배로 늘리려는 계획을 세웠다는 것이다. 그러면서 그는 이렇게 예측했다. "실패할 겁니다. 왜냐하면 그 계획은 기도에서 우러나온 것이 아니라 우리의 자신감에서 나온 것이기 때문이죠." 그의 말이 맞았다. 그 계획은 실패로 돌아갔다.

교회나 단체들이 어떤 비전이나 사명 선언문을 이루려고 애쓰다가 결국 그 일을 미루거나 아니면 하는 둥 마는 둥 내버려 두는 일이 비일비재하다. 그보다 더 심각한 것은 사람들 앞에서는 계속해서 그 사업에 대해 말하고 있다는 사실이다. 그런 일은 기도 가운데 하나님의 뜻을 기다리지 않고 시작한 일이다. 또한 성령님도 생명을 불어넣지 않으실 일이다. 그것은 오로지 육의 일인데, "육은 무익하다"(요 6:63).

꿈을 아무리 크게 꾼들 그것이 기도하는 공동체와 기도하는 지도자에게 연결되어 있지 않으면 그 꿈은 이루어지지 않는다. 누가는 성령님이 이루시는 큰일은 기도에서 흘러나온다고 보여 주기 위해 무척 애를 썼다. 예를 들어, 이스라엘 사람들이 성전에서 기도하고 있을 때 사가랴가 이상을 보았고, 예수님이 세례를 받으며 기도하실 때 하늘이 열렸고, 변화산에 오르셨을 때 그분은 기도하셨다. 이러한 역학관계를 잘 보여 주는 것이 '기도' → '성령님' → '예수님' → '능력'의 파워트레인이다.

우리가 사역을 기획하고 비전팀을 꾸린다고 해서 천국의 사명을 발견할 수 있는 것은 아니다. 세상에서는 잘 먹히는 수법도 예수님의 천국 사명에는 통하지 않는다. 왜냐하면 결국 주권은 왕이신 그분께 있지, 우리에게 있지 않기 때문이다. 나의 아버지와 나 자신의 삶에서 보았고, 또 성령님이 선한 일을 위해 사용하신 그 비전들은 모두 하나님이 주신 것이다. 시간이 지남에 따라 그 비전들은 성장해 갔다. 마치 프레이저가 리수족을 위해 기도하고 그들을 사랑할 때 그의 비전이 빚어졌듯이 우리가 기도하고 사랑할 때 그러한 비전들이 밝히 드러났다.

큰 기도를 가로막는 두 번째 장애물: 약한 믿음

하지만 우리의 믿음이 약하면 어떻게 되는가?

언젠가 나는 우리 직원들이 큰 기도를 하는 데 어려움을 겪는 것을 알게 되었다. 내가 이에 관해 묻자 훈련 담당 직원인 켈리가 이렇게 말했다. "실감이 나지 않아요. 그러니까, 너무 크고 실제가 아닌 것 같아요. 아니면 마치 '하나님이 온 세상에 복을 주십니다'라는 말처럼 무책임한 핑계를 대는 느낌이에요."

켈리는 자신의 믿음이 약하다고 느꼈다. 약한 근육으로 무거운 것을 들려고 하면 마치 불가능한 일처럼 느껴지기 마련이다. 우리는 믿음이 약한 탓인데, '그건 말도 안 돼'라고 생각하며 너무 쉽게 다른 것에서 그 원인을 찾는다. 프레이저가 리수족 200가구를 위해 기도할 때 그는 이미 성령님의 체육관에서 믿음 근육의 상태를 점검하며 많은 시간 운동하고 있었다. 그가 들 수 있는 무게는 리수족 200가구가 전부였다. 그마저도 혼자서는 불가능한 일이었기에 그는 자신의 기도를 도와줄 사람들을 찾았다. 프레이저와 고국에 있는 기도팀이 함께 힘을 합쳐 비로소 이 엄청난 무게를 들 수 있었던 것이다.

켈리는 계속해서 자신의 궁금증을 큰 목소리로 이야기했다. "제가 정말 관심이나 있을까요? 사람들을 하나님께 인도하고자 하는 큰 열망이 있을까요?" 나는 그녀의 통찰력 있는 이 질문이 참 마음에 든다. 왜냐하면 우리의 믿음은 사랑을 통해 자라난다는 것을 켈리가 깨닫고 있었기 때문이다. 큰 믿음은 큰 사랑에서 나온다. 내가 차 안에서 기도할 수 있었던 원동력은 내 가족에 대한 사랑 때문이었다. 프레이저의 기도 역시 리수족에 대한 사랑에서부터 더욱 성장해 갔다. 우리는 오직 깊은 바다를 향해 출항할 때, 즉 우리의 사랑이 시작될 때만 비로소 열망과 현실 사이의 간극을 느끼게 된다. 소셜 미디어에서 '좋아요'만 찾아다니며 향방 없는 인생을 산다면, 자기 자신을 넘어서는 그 어떠한 열망도 절대로 생겨나지 않을 것이다.

마침내 켈리는 하던 말을 갑자기 멈췄다. 1년 전에 자신이 살던 지역의 어떤 정치인에 관한 진실이 밝혀지게 해달라고 기도했던 것이 떠올랐기 때문이다. 그녀는 결국 그 기도에 대한 응답에 직접적으로 관여하게 되었다. '현실'에 대해 화가 났던 그녀가 자신의 '열망'을 위해 기도했고, 그러자 하나님이 그녀를 그 기도에 대한 응답 속으로 끌어들이셨다. 그녀는 큰 사랑에서 비롯된 큰 기도를 했고, 결국 하나님의 도우심을 보게 되었다.

켈리는 처음에는 큰 기도를 주저했다. 너무 가식적으로 느껴졌기 때문이다. 그러나 무언가 실질적인 생각이 떠오르자 자신이 큰 믿음을 행하고 있음을 깨닫게 되었다. 켈리가 믿음을 직시했을 때 사실상 그녀가 한 말은 "나는 저 큰 산을 결코 바다로 옮길 수 없을 거야"였다. 다시 말해, 우리가 자신감을 믿음으로 혼동해서 '그 믿음'의 수준을 측정하려 한다면 우리는 빈털터리가 되고 말 것이다. 인간적인 자신감은 부침을 반복한다. 하지만 그것은 믿음이 아니다. 믿음을 만들어 내려고 노력한다면 공허함을 피하지 못할 것이다. 인간적인 자신감과 혼동되는 억지스러운 믿음은 진정한 믿음이 아니다.

프레이저는 기도팀에게 아래와 같은 조언을 했다.

> 무리한 믿음은 순수한 믿음이 아닙니다. 거기에는 육적인 요소가 혼합되어 있기 때문입니다. 나는 주님께 200가구의 리수족 사람들이 신자가 되게 해달라고 구했습니다. 그 지역에는 총 2,000가구 이상의 리수족 사람이 있습니다. 아마 "왜 1,000가구를 구하지 않습니까?"라고 물을지 모릅니다. 저는 그 질문에 아주 솔직하게 답할 수 있습니다. 바로 제 믿음이 1,000가구를 감당하지 못하기 때문이죠. 저는 이 한계를 주님이 주셨다고 믿고 받아들입니다.[2]

큰 기도는 세상을 바라보는 전체적인 관점에서 비롯될 뿐만 아니라 동시에 그러한 관점을 더욱 강화한다. 이교적인 운명론에 사로잡혀 "사는 게 다 그렇지"라고 말하기보다는, '안 될 이유가 어디 있어?'라는 생각을 하게 된다. 큰 기도는 큰 꿈으로 나아가는 문을 열어 준다.

다음 쪽에 나오는 그림 15.4는 2007년부터 우리의 사역이 계속되는 실패에 부딪혔을 때 내가 만든 기도 카드 중에 하나다.

> "아버지께는 모든 것이 가능하오니"(막 14:36), 겟세마네의 예수님
> "하나님으로서는 다 하실 수 있느니라"(마 19:26), 예수님이 제자들에게
> "대저 하나님의 모든 말씀은 능하지 못하심이 없느니라"(눅 1:37), 천사 가브리엘이 마리아에게
> "여호와께 능하지 못한 일이 있겠느냐"(창 18:14), 하나님이 아브라함에게
> "주에게는 할 수 없는 일이 없으시니이다"(렘 32:17), 예레미야

그림 15.4. 하나님께는 모든 것이 가능함을 보기 위한 기도 카드

자, 이제 우리가 이렇게 기도하면 어떤 일이 일어나는가? 우리의 상상력이 살아난다. 더 이상 죄악에 무릎 꿇지 않고 새로운 담대함과 새로운 열정으로 삶을 대할 수 있다. 땅에서 일어나 먼지를 털고 새롭게 도전할 수 있다. '그 누가 하나님의 능력을 알까?'라는 궁금증이 일기 시작한다. 소망이 샘솟는 것이다.

여기까지 우리의 여정을 요약해 보자. 기도는 또 하나의 새로운 사역이 아니다. 그것은 성령님이 모든 사역의 주인 되시도록 불꽃을 일으키는 '유일한' 사역이다. 오직 우리가 기도하며 기다릴 때 선장 되신 분께서 우리를 인도하신다. 우리는 선장님께 온 신경을 집중해야만 한다. 공적으로는 그분께 영광을 돌리면서, 실상은 그분이 우리를 인도하지 않으신다는 듯 행동해서는 안 된다. 그렇다고 가만히 서 있어도 안 된다. 우리의 '배'는 예수님의 죽으심과 부활을 향한 항해를 하고 있다. 이 배는 상선이 아니다. 전장으로 향하는 전함이다. 이 배의 선장은 맡겨진 사명을 수행하고 계신다. 큰 사랑은 큰 꿈을 낳고, 그것은 다시 큰 기도와 큰 실천으로 이어진다. 이로써 성도는 비로소 해방을 맛본다!

기도의 함정을 피하라

지금까지 성령님과 우리의 삶 사이에 어떠한 접점이 있는지 알아보았다. 이번 장에서는 성령님이 이끄시는 기도를 둘러싼 몇 가지 함정을 살펴보며 3부를 마무리하려 한다. 성령님의 능력을 추구하다 보면 우리의 가장 안 좋은 모습이 드러날 수 있다. 우리는 성령님을 명확하게 파악하기 어려운데, 바로 그 특성 때문에 늘 우리는 육체적 속성, 즉 자만과 자기 의지로 치우기 쉽다. 그와 같은 함정들 몇 가지는 다음과 같다.

영성을 지나치게 과장하는 일의 함정

할리우드에서는 특정 그리스도인의 기도하는 모습을 즐겨 웃음거리로 삼는다. 인기 있는 영화가 묘사하는 기도하는 장면들을 보면 비범한 영성을 부각하려는 경향이 나타난다. 다음은 우리 가족이 가장 좋아하는 영화 몇 편을 예로 든 것이다.

"미트 페어런츠"(Meet the Parents)를 보면, 예비 사위인 유대인 그렉에게 예비 장인어른이 '식사 기도'를 해달라고 부탁하는 장면이 있다. 살면서 한 번도 기도를 해본 적이 없는 그렉은 경건한 척하며 어색한 말들을 끌어모아 이렇게 기도한다. "오 사랑이 차고 넘치시는 만군의 여호와시여, 오늘, 그리고 매일, 그리고 날마다 우리 앞에 있는 이 상에 온갖 화려한 진수성찬을 합당히 차려 주심을 감사드리옵나이다." 힘겹게 할 말을 찾아 헤매던 그는 뮤지컬 "갓스펠"(Godspell)"에 나오는 "날마다"(Day by Day)라는 노래의 가사를 읊어댄 후 후다닥 "아멘"을 갖다 붙여 끝맺는다.

"크리스마스 대소동"(National Lampoon's Christmas Vacation)에서는 극중 아버지가 80세 숙모인 베서니에게 '식사 기도'를 부탁한다. 치매 초기 증세를 보이는 베서니는 "기도? 기도가 누구야?"라고 반문한다. 그러자 가발을 쓴 베서니의 남편이 그녀의 귀에 대고 "축복 기도 해달라고!"라며 소리친다. 그러자 베서니는 언제 그랬냐는 듯 고개를 숙이더니 국기에 대한 맹세를 외운다. 그녀가 "아멘"을 외치자 오직 아버지만 꿔다 놓은 보릿자루같이 어리둥절해한다.[1]

이것은 빙산의 일각에 불과하다. "크리스마스 대소동"에서 체비 체이스가 돌아가신 숙모를 위해 한 기도도 있고, "탈라데가 나이트"(Talladega Nights)에 나오는 믿을 수 없을 정도로 끔찍한 "사랑스런 아기 예수님께"라는 기도도 있다. 우리가 고등학생을 위한 기도 세미나에서 이 장면들을 영상으로 보여 주면, 아이들은 박장대소를 하고는 한다.

이렇게 연출된 가짜 기도에는 진심 어린 모습을 과시하거나 성령님의 임재를 모방하기 위해 종교적인 표현들이 사용된다. 이는 하나님과의 개인적인 관계, 성경 공부, 그리고 전도와 선교에 초점을 두고 주류 기독교에 부흥을 일으킨 경건주의적 성향 때문이다. 경건주의는 기독교를 생활 속으로 가져왔다. 경건주의는 참으로 하나님과의 살아 있는 경험을 추구한다. 하지만 그러다 보니 하나님을 경험하는 일만 좇거나 심지어 그러한 경험들만 내세우는 방향으로 엇나갈 수도 있다.

나는 경건주의를 강조한다. 왜냐하면 그것은 여전히 기도에 전념하는 복음주의 교회의 한 부분이기 때문이다. 하지만 무언가 결정을 해야 할 때 경건주의자는 때때로 느낌에 이끌려 "하나님이 제게 말씀하셨습니다"라고 주장하는 경우가 있다. 그리고 그러한 주장은 권위와 사랑, 그리고 헌신과 지혜로운 조언을 무시하는 방향으로 나아갈 수도 있다. 물론 하나님이 말씀하시는 것 같은 느낌이 들 때가 있다. 하지만 우리는 우리의 느낌과 하나님의 말씀을 쉽게 혼동할 수 있고, 그로써 성경 말씀보다 자신의 직감을 더 높이기도 한다. 그렇지만 성경적 사랑의 특징은 언약적 사랑이다. 곧 혼인 관계나 직장에서 갖는, 자신의 느낌을 초월하는 굳건한 헌신의 관계이다.

할리우드에서는 우리의 진실함에 균열이 생기는 모습들을 다루곤 한다. 거기에는 이유가 있다. 우리는 위의 '기도들'이 실제 삶과는 무관한 하나의 쇼에 불과하다는 것을 쉽게 알 수 있다. 하지만 이런 일들이 꼭 영화에서만 일어나는 것은 아니다. 우리는 공적인 기도를 할 때 너무도 자주 사람들 앞에서 경건해 보이려고 한다. 가슴에서 우러나오는 기도가 아니다. 그러면 냉소적인 반응이 생겨나고, 결국 좋은 것조차 조롱거리가 되고 만다. 결론은 경건주의가 잘못되면 가식이 된다는 것이다.

요즘 우리 젊은 세대는 겉만 번지르르한 영성을 민망해한다. 세속적인 자유주의를 좇는 이들이 많다. 믿음을 떠난 자식 때문에 어쩔 줄 몰라 하는 부모의 이야기를 들을 일이 많은데, 그들은 대개 경건주의라는 렌즈로 자녀를 바라본다. 부모들의 생각은 다양하다. "그 아이는 어렸을 때 그리스도께 삶을 헌신하겠다고 다짐했어요. 그러니까 꼭 다시 돌아와야만 해요"라거나, 혹은 "걔는 지금 하나님을 거역하고 있어요"라고 말한다. 사실이다. 하지만 하나님을 경험하는 것에 뿌리를 둔 영성은 세속적 자유주의에서 몰아치는 다양한 경험들, 예컨대 성적인 자유나 외적 심미성, 그리고 권위로부터의 해방과 같은 것들에 맞서기에는 그만큼 견고하지 못하다.

그렇다면 어떻게 해야 거짓 영성에 기반을 둔 기도를 피할 수 있는가? 진실하라. 흉내 내지 말라. 하나님과 이야기할 때는 '기도의 언어'에 주의하라. 기도가 우리 삶의 한 근원이 되게 하라.

우리는 청년을 위한 세미나에서 남북 전쟁을 다룬 영화 "영광의 깃발"(Glory)의 한 장면을 보여 준다. 아프리카계 미국인으로 구성된 제54매사추세츠 보병연대가 모닥불 주변에 모여 전장에 투입될 준비를 한다. 먼저 개인적인 기도가 나온다. "내일 우리는 전투에 투입됩니다. 그러니 주님, 제가 한 손에는 소총을, 그리고 다른 손에는 성경을 들고 싸우게 하소서. 만약 제가 소총을 맞고 죽는다면, 그곳이 물속이든 아니면 땅 위에서든, 복 되고 전능하신 주 예수님이 저와 함께하심을 알게 하소서. 그리하시면 제게는 두려움이 없습니다. 아멘."[2]

그런 뒤에 하사관이 다음과 같이 기도한다.

주님, 우리는 오늘 밤 주님 앞에 감사를 드립니다 … 저는 제 자식과 친척들을 노예 신세로 내버려 두고 도망쳐 왔습니다. 그래서 오늘 이 밤 여기에 서서 하늘에 계신 아버지께 복을 간절히 구합니다! 우리 모두에게 복을 주소서! 그리하여 만약 내일이 우리의 마지막 아침이라면, 만약 내일 우리가 심판의 날을 맞이한다면, 하늘에 계신 우리 아버지여, 우리 가족에게 우리가 적과 싸우다 죽었음을 알게 하소서. 우리를 억압하는 자들에 맞서 싸우다 쓰러진 것을 알게 하소서. 하늘의 아버지시여, 자유를 위해 우리가 죽었다는 것을 그들이 알게 하소서. 이 모든 복을 예수님의 이름으로 간구합니다.

그러자 다른 이등병 하나가 이렇게 말한다. "저는 이제 기도를 하지 않습니다. 가족도 하나도 없고 … 우리 엄마도 죽었습니다 … 여러분 모두가 … 저의 유일한 가족입니다. 그리고 저는 54연대를 사랑합니다. 내일 무슨 일이 일어나든 상관없습니다. 왜냐하면 우린 남자니까요. 우린 남자니까요."

앞에서 인용한 할리우드의 기도와 여기 있는 제54연대 병사들의 기도는 하늘과 땅 차이다. 가짜와 진짜, 그리고 모조품과 진품의 차이와 같다. 우리의 자녀들이 그렇게 멍청하지는 않다. 뭐가 진품이고 모조품인지는 구분할 수 있다. 우리의 기도를 들으시고 행동하시는 참 하나님께 진정한 문제를 놓고 기도하며 자녀에게 본이 되고 또 그렇게 가르친다면, 그들의 믿음도 참된 믿음이 될 것이다.

공적인 기도의 또 다른 함정은 반대로 과도하게 영적 의미를 훼손하는 것이다.

영성을 지나치게 축소하는 일의 함정

나의 며느리 팸은 아들 존과 함께 교회의 소그룹 모임에 참여했다. 모임을 마치며 기도하는 시간에 사람들이 돌아가며 기도 제목을 나누는데, 마이클이 하나님께서 집에 새 에어컨을 놓아 주시기를 기도해 달라고 했다. 이전 것이 고장났기 때문이다. 다음은 팸 차례였다.

"저는 그것을 위해 기도할 수는 없어요." 팸이 말했다. 사람들이 너무 놀라 웃고 말았다. 그녀는 설명을 이어나갔다. "방금 말씀하신 내용을 마음속으로 기도해 보려고 했지만, 도저히 기도가 되지 않아요."

기도가 되지 않았던 이유는 그것이 마이클의 진정한 필요가 아니었기 때문이다(그는 가난한 사람이 아니다). 기도 제목이라기보다는 생활 보고라고 하는 편이 더 나았을 것이다. 그는 다른 사람에게 자신이 새 에어컨을 갖게 해달라는 기도를 부탁할 필요가 없었다. 그냥 스스로 가서 하나 사면 될 일이었다. 마이클은 온 생각과 마음을 담아 기도 요청을 하지 않았다. 그러니 팸이 그와 같이 반응했던 것이다.

팸은 종교적인 색채가 없는 가정에서 자랐다. 또한 굉장히 실리적이고 성공적인 사업가였다. 따라서 현실적이지 않거나 뜬구름 잡는 소리는 팸에게 통하지 않았다.

팸의 솔직함에 마이클은 적잖이 놀랐지만, 결국에는 그에게 좋은 영향을 미쳤다. 이에 그는 "그럼 다시 한번 해보겠습니다"라고 말했다. 잠시 생각에 잠겨 정말로 자신의 마음속에 있는 것이 무엇인지 고민하던 그는 진정으로 그에게 필요한 것 두 가지를 언급했다. 팸의 솔직함에 감동한 사람들은 종교적인 모습을 버리고 진실한 모습으로 변화되었다. 모임 전체가 큰 복을 받은 것이다.

마이클의 기도는 '영성이 없는 기도'라고 할 수도 있다. 반면 제54매사추세츠연대의 기도는 '진정한 기도'이다. 그 병사들은 단순한 '기도 모임'을 한 것이 아니다. 그들은 살아 계신 하나님께 자신에게 정말로 중요한 것을 이야기하고 있었다. 팸은 진정성 없는 것에 대해 합당한 반응을 보였다. 그 반응 덕분에 마이클은 말뿐인 기도가 아닌 진지한 기도를 할 수 있었다.

영성을 지나치게 축소한 마이클의 기도와 나의 아버지가 요청한 기도 제목을 한번 비교해 보자. 아버지의 기도 제목은 적어도 이번 일에 있어서만큼은 영성을 지나치게 과장한 것이었다. 교회 기도회에서 아버지(담임 목사)는 새 세탁기를 위해 기도해 달라고 요청했다. 사업을 하는 장로 한 분이 아버지를 언짢게 하지 않으려고 나를 잡아끌더니 이렇게 물었다. "교회 재정이 부족합니까? 아버지 사례가 너무 낮은가요? 도대체 무슨 일이죠?" 나는 웃으며 대답했다. "아닙니다. 재정은 충분합니다. 아버지는 그저 하나님이 우리를 돌보아 주시는 게 너무 좋아서 그렇습니다. 그래서 하나님이 다른 사람을 통해 우리의 필요를 채워 주시기를 바랄 뿐입니다."

경건주의에서는 모든 것을 '비범한 영적' 렌즈로 보려는 경향이 있다. 기도를 통해서만 그 필요가 채워져야 한다고 생각하는데, 이는 다소 이상한 생각이다. 바울은 게으른 그리스도인은 하나님께 더 많이 구하라고 말하지 않는다. 오히려 그런 자들은 먹지도 말라고 한다(살후 3:10)! 예수님이 마지막 만찬을 준비하실 때도 기적을 일으키거나 하지 않으셨다. 오히려 제자들 둘을 보내며 그 식사를 준비하라고 말씀하셨다. 모든 일이 기적으로 일어난다면 진정한 기적마저 싸구려가 될 것이다. 만약 팸이 내 아버지의 기도 제목을 들었다면, 그녀는 시할아버지에게 "전 그런 기도는 할 수 없어요"라고 말했을 것이다. 그러면 나의 아버지도 그로 인해 큰 복을 받았을 것이다.

맥락이 얼마나 중요한지 주목해 보라. 마이클도 아버지도 사람들에게 기도해 달라고 요청했던 것들을 살 만한 돈이 충분히 있었다. 물론, 그만한 돈이 없었다면 에어컨이나 세탁기를 위한 기도는 얼마든지 합당했을 것이다.

자랑하기의 함정

성령님이 우리 안에 예수님을 모셔 오기 때문에 우리는 겉으로 볼 때 서로 상충하는 여러 가지 삶의 방식들을 마주하게 된다. 예를 들어, 기도하며 큰 꿈을 꾸면(14장), 믿음으로 가득 찬 예수님의 마음이 우리 안에 생긴다. 하지만 예수님이 걸어가신 길(11장의 J-곡선)에 따라 우리의 길을 수정하지 않으면, 인간은 믿음을 과시함으로써 자아를 장악하고 부풀릴 수 있다. 믿음이 교만과 한데 뒤섞이면 그 믿음의 목적지인 하나님과의 친밀함 그 자체를 말살하게 된다.

1983년에 아버지는 우간다 선교를 준비하며 우간다 대통령인 밀턴 오보테(Milton Obote)에게 복음을 전하겠다고 선언했다. 아내는 아버지에게 물었다. "그분이 아버님을 만나 주실지 어떻게 아세요?" 이 솔직한 질문은 아버지에게 큰 도움이 되었다. 차라리 아버지가 "시간이 오래 걸리겠지만 하나님이 내게 능력을 주셔서 오보테 대통령에게 복음을 전할 수 있게 해달라고 기도해 주겠니?"라고 했더라면 더 좋았을 것이다. 그래서 어떻게 되었을까? 대체로 '부활'을 예견하는 것은 그다지 좋은 생각이 아니다. 뚜껑을 열고 보니 아버지는 그곳에서 인생의 가장 힘든 시간을 경험하게 되었다. 성령님은 아버지에게 심장마비를 주셔서 우간다 병원에서 고난의 시간과 더욱 친숙해지게 하셨다.

팻 로버트슨(Pat Robertson)이 자신의 기도 덕분에 허리케인이 해안에서 멀어졌다고 주장했을 때 나의 아버지도 농담 반 진담 반으로 "난 내 기도 때문에 그 허리케인이 물러간 줄 알았는데!"라고 말했다. 하지만 이렇게 말했더라면 더 좋았을 것이다. "많은 그리스도인이 이 허리케인이 물러가기를 기도했을 줄 압니다. 하나님은 참으로 우리의 기도를 들으십니다." 아니면 아무 말 하지 않고 그저 팻의 믿음에 대해 하나님께 감사하며, 동시에 그가 겸손의 지혜를 배우게 해달라고 조용히 기도했더라면 더 좋지 않았을까 싶다.

여담이지만, 아버지의 기도는 자화자찬할 때에도 어린아이처럼 하나님의 응답에 순종했다. 우간다의 캄팔라 병원에 홀로 입원해 있을 때 아버지는 오보테 대통령에 관한 것은 다 잊고 병원 간호사들에게 복음을 전하며 기뻐했다. 하나님은 기도하지 않고 행동하지 않는 무기력한 냉담함보다는 아버지의 성향을 더욱 선호하신 것 같다. 예수님은 자신의 달란트를 땅에 파묻어 두는 사람은 그다지 필요로 하지 않으신다.

자랑("난 오보테 대통령에게 복음을 전할거야")은 자신을 높이기 위해 믿음을 이용한다. 사도 바울은 이것을 정확하게 간파했다. 우리가 믿음을 올바로 이해한다면 자랑할 것이 없어진다. "그런즉 '자랑'할 데가 어디냐 있을 수가 없느니라 무슨 법으로냐 행위로냐 아니라 오직 '믿음'의 법으로니라"(롬 3:27).

믿음이 자랑과 뒤섞이면 혼란이 생긴다. 다음의 두 가지 메시지를 동시에 내보내기 때문이다. (1) 하나님은 믿음의 기도에 응답하신다. 그리고 (2) 하나님은 나를 통해 이 기도를 하게 하신다(자랑). 시간이 지날수록 2번이(만약 점검하지 않고 내버려 두면) 1번을 질식시킨다. 믿음과 자랑은 서로 잘 섞이지 않는다. 왜냐하면 자랑은 자신을 드러내는 데 반해 믿음은 사랑과 마찬가지로 자신을 죽이기 때문이다. 이중 메시지는 진실함에 균열을 일으키고, 그로써 성령의 불을 꺼뜨린다.

흔히 우리가 기도나 믿음에 자랑을 뒤섞어 버리면 기도에서 사랑이 떨어져 나가는데, 이것이 또 하나의 피해야 할 함정이다.

사랑 없는 기도의 함정

아내에게는 사랑 없는 기도를 탐지하는 직감이 있다. 한번은 목회자들과 좌담회를 가졌는데, 그 자리를 마련한 목사가 말하기를 자신은 아내와 함께 기도하는 일이 거의 없다고 했다. 그러자 다른 목사 몇몇이 아내와 함께 기도하는 것은 어려운 일이 아니라고, 그냥 가서 같이 하자고 말하면 된다고 조언했다. 나는 속으로 생각했다. '음, 럭비공 같은 아내와 살아 보지 않아서 저런 말을 하겠지.'

나도 전에는 아내에게 전화로 함께 기도하자고 하면 싫다고 거절당하는 일이 적지 않았다. 그러면 나도 억지로 하지는 않았다. 왜냐하면 그것이 왜 힘든지 알고 있었기 때문이다.

우리 딸 킴이 장애를 갖고 태어났을 때 하나부터 열까지 손이 안 가는 것이 없었고, 그 때문에 아내의 에너지와 믿음은 바닥이 나서 몇 마디 위로의 말조차 들을 여력이 없었다. 어떤 지도자는 좋은 의도로 쉽게 기도를 해주었지만, 실질적인 도움을 주거나 아니면 그저 그녀의 말을 들어주는 일에는 소극적이었다. 야고보는 사랑 없는 믿음으로 하지 '말아야' 할 기도가 있다고 설명한다. "만일 형제나 자매가 헐벗고 일용할 양식이 없는데 너희 중에 누구든지 그에게 이르되 평안히 가라, 덥게 하라, 배부르게 하라 하며 그 몸에 쓸 것을 주지 아니하면 무슨 유익이 있으리요 이와 같이 행함이 없는 믿음은 그 자체가 죽은 것이라"(약 2:15-17). 야고보의 말을 다시 풀어 보면, "누군가를 사랑하지 않는다면 그 사람을 위해 기도하지 말라"는 뜻이다.

아내가 싫다고 했다는 말을 듣고 믿음이 부족해서 그렇겠거니 하며 쉽게 반응할지 모르겠다. 사실은 전혀 그렇지 않다. 아내는 우리가 속한 공동체 안에서 믿음과 사랑이 흘러넘치기로 소문이 자자하다. 다만 예수님과 그분의 형제 야고보처럼 그녀는 사랑이 결여된 종교적 쇼를 멀리하기 때문이다.

종교적인 말들이 사랑보다 앞서면 위험하고 공허한 공간이 생겨난다. 하나님은 이 문제의 심각성을 지적하기 위해 계명 하나를 통째로 할애하신다. "너는 네 하나님 여호와의 이름을 망령되게 부르지 말라"(출 20:7)는 제3계명은 그저 맹세하지 말라는 뜻만이 아니다. 종교적인 표현을 피상적이고 교묘하게 사용하는 일을 경계하라는 뜻도 포함되어 있다. 예를 들어, 툭하면 사람들에게 "기도해 드릴게요"라고 말하면서 실제로 행동이 뒤따르지 않는다면, 그것은 사람들을 기분 좋게 하려고 종교적인 언어를 사용하는 것이다. 그런 것도 일종의 하나님의 이름을 망령되게 부르는 일이다.

기도와 사랑을 분리하면 파워트레인의 길목이 막힌다. 성령님의 불을 끄기 때문이다. 베드로는 남편들이 아내를 귀히 여기지 않으면 그들의 기도가 막힌다고 말한다(벧전 3:7).

성령님이 주셔야 할 경험을 우리가 인위적으로 만들려고 하면 그 또한 성령님의 불을 끄는 일이다.

극적인 일들로 가득한 기도의 함정

기도회에는 능력이 있다. 혹은 극적인 일들이 일어나기도 한다. 하지만 조나단 에드워즈(Jonathan Edwards)가 말했듯이 이처럼 겉으로 드러나는 일들을 판단할 때는 신중해야 한다고 믿는다. 그럼에도 우리는 주변에서 극적인 경험을 찾아 헤매거나 혹은 만들어 내는 데 빠져드는 그리스도인을 보게 된다. 하지만 그렇게 되면 경험을 우상화할 수 있고, 그로 인해 파워트레인이 멈추고 만다. 성령님은 자신을 어떤 약물이나 흥분제처럼 취급하기를 용납하지 않으시며, 또한 그분을 예수님의 인격과 분리하는 것도 허락하지 않으신다.

예를 들어, 전에 있었던 어떤 공동체에서는 '기도 의자'라는 것을 사용했다. 한 사람이 그 의자에 앉아 자신의 가슴 아픈 일을 나누면 우리가 그 사람 위에 손을 얹고 함께 기도하는 것이다. 이 '기도 의자'는 사람들이 자신의 보다 속 깊은 이야기를 나누도록 돕는 긍정적인 역할도 했지만, 때로는 가까운 사람들과 함께할 때 더 잘 나눌 수 있는 사적인 문제들을 여러 사람 앞에 공개해야 할 것 같은 부담을 주기도 했다. TV에서 토크쇼 같은 것을 보면 초대 손님이 나와서 자기 이웃에게는 절대 털어놓지 않을 것 같은 이야기를 하고는 한다. 이처럼 '기도 의자'에 앉으면 아직 준비가 되지 않았는데 성령님께 어떤 행동을 촉구하듯 너무 많은 이야기를 내뱉게 될 수 있다. 나는 개인적으로 신실하게 기도하고, 오래 기다리며, 또한 신중하게 마음을 여는 점진적인 역사를 더 선호한다.

예수님은 산상수훈에서 이렇게 기도를 한 편의 쇼로 바꾸려는 경향이 얼마나 큰 문제인지 깊이 지적하셨다.

> 또 너희는 기도할 때에 외식하는 자와 같이 하지 말라 그들은 사람에게 보이려고 회당과 큰 거리 어귀에 서서 기도하기를 좋아하느니라 내가 진실로 너희에게 이르노니 그들은 자기 상을 이미 받았느니라 너는 기도할 때에 네 골방에 들어가 문을 닫고 은밀한 중에 계신 네 아버지께 기도하라 은밀한 중에 보시는 네 아버지께서 갚으시리라(마 6:5-6).

길가 한복판에 서서 큰소리로 기도하는 모습은 생각만 해도 기괴하다. 예수님의 말씀은 결국 "기도를 쇼로 만들지 말라"는 것이다. 예수님은 "또 기도할 때에 이방인과 같이 중언부언하지 말라 그들은 '말을 많이 하여야' 들으실 줄 생각하느니라 그러므로 그들을 본받지 말라 구하기 전에 너희에게 있어야 할 것을 하나님 너희 아버지께서 아시느니라"(마 6:7-8)고도 하셨다. 이 말씀을 하시고 예수님은 제자들에게 '말을 많이 하지 않는' 기도, 곧 주기도문을 알려 주신다. 이 기도는 단순하고 균형을 갖췄으며 요점이 분명하다. 그리고 한 번 외는 데 15초밖에 걸리지 않는다. 예수님은 우리에게 극적인 일을 가미하지 않고 단순하게 믿음으로 기도하는 방법을 보여 주신 것이다.

1987년에 아버지가 림프종 치료를 위해 화학요법을 받는 동안 나는 매일 병원에 찾아갔다. 후에 아버지는 우리가 방문했던 것에 대해 이렇게 회상했다.

암 덕분에 … 가식을 벗어 버리고 … 정직함을 깊이 갈망하게 되었지 … 바울의 사랑을 힘입어, 나는 종교적 공동체 안에서는 흔히 덕목으로 인정받던 것들이 사실은 더 깊은 인격적 뒤틀림이었음을 알게 되었단다 … 그래서 나는 내 안에 있는 몇 가지 오점들을 고백했지. 언제나 다른 사람에게 우월함을 드러내 보이려는 태도, 하나님과 나의 관계를 표현할 때 있는 그대로의 모습보다는 말로 대신하려던 경향, 그리고 대화하는 중에 나의 인격을 슬며시 교묘하게 추켜세우는 모습들 말이지. "말, 말, 말!" 울면서 소리쳤단다. 정말 말을 많이 했던 것이 너무 후회되는구나.[3]

어떨 때는 그저 말을 덜 하는 것이 나을 때가 있다. 존 호리는 사역을 위해 아이티를 방문했을 때 이것이 무슨 뜻인지 목격할 수 있었다. 그는 조용히 기도하던 어떤 사람을 보고 다음과 같이 증언했다.

우리가 아이티에 온 지 며칠이 지났지만 직접적으로 사역에 가담한 것은 그날이 처음이었고, 그래서 모든 이들이 들떠 있었다. 두 개의 팀은 재빨리 노란색 스쿨버스에 짐을 싣고 짙은 초록색 버스 좌석에 앉아 버스가 출발하기를 기다리고 기다리고 또 기다렸다. 우리는 다 준비되었지만 버스는 그렇지 않았다. 기적이 일어나 버스가 고쳐지기를 기다리고 있는데, 밥 알럼스가 조용히 걸어가며 문자를 보내는 모습을 보았다. 나는 농담

삼아 이렇게 물었다. "자네 동네에 있는 정비소 직원한테 와서 버스 좀 고쳐 달라고 연락이라도 한 거야?" 그는 미국에 있는 기도 후원자들에게 이곳의 버스가 출발할 수 있게 기도해 달라는 문자를 보내고 있었다고 답했다. 참 부끄러운 말이지만 설사 우리가 그곳에서 오전 내내 기다리고 있었다 할지라도 나는 그런 생각을 한 번도 하지 못했을 것이다. 나는 멋쩍어 하며 주머니에서 휴대 전화를 꺼내 들고는 "어, 그래, 나도 그런데"라고 말했다. 밥이 문자를 보낸 지 5분도 채 되지 않아 버스는 출발했다. 그는 나를 쳐다보고 악수 대신 주먹을 내밀며 이렇게 말했다. "우리 하나님 정말 대단하지 않으신가?" 이걸 두고 우연이라고 하는 사람도 있을 수 있다. 하지만 나는 이것을 의로운 사람의 문자 기도에 대해 하나님이 주신 응답이라고 부른다.

요컨대, 공적인 기도는 극적인 일들과 자부심, 그리고 위선으로 치달을 수 있지만, 사적인 기도는 그렇지 않다. 그렇기 때문에 예수님도 큰 거리 어귀에서 기도하던 이에게 연극을 멈추고 은밀한 골방으로 들어가라고 말씀하셨다. 만약 골방에서보다 공적인 장소에서 기도를 더 잘한다면, 공적인 곳에서의 기도를 줄이고 골방에서의 기도를 늘리는 편이 지혜로울 것이다.

만약 기도하는 교회를 따뜻하게 타오르는 모닥불에 비유한다면, 우리는 먼저 그 모닥불을 소중히 여겨야 한다. 그리고 나서 불꽃을 피우고 유지하는 방법을 배워야 한다. 그런데 간혹가다 그 불이 감당할 수 없을 정도로 퍼져나가 숲 전체를 태우기도 한다. 그래서 가끔은 그 위에 물을 부어 열기를 낮춤으로써 그 불을 억제해야 할 때도 있다. 이 불 주위에 가림막을 쳐주는 것이 바로 겸손이다. 그리고 침묵은 열기를 낮춘다. 모닥불의 목적은 불을 거대하게 일으키는 것이 아니라 꺼지지 않고 타게 하는 것이다. 수백 번 이상 모닥불을 피워 보면서 한 가지 알게 된 사실은 좋은 모닥불은 주변의 모든 사람이 함께 신경을 쓴다는 점이다. 바로 이것을 4부에서 다루려고 한다.

우리 교회는
기도합니다

제 4 부

어떻게 함께 기도하는가?

A PRAYING CHURCH

17

낮은 곳에서부터 천천히

아마 우리 가운데 상당수가 비교적 기도하지 않는 교회를 다니고 있을 것이다. 그렇다면 우리의 교회가 함께하는 기도를 귀히 여기게 하려면 어디서부터 시작해야 좋을까? 우리 안에 새롭게 생겨난 기도에 대한 열망을 어떻게 하면 지속할 수 있을까?

대답은 간단하다. 바로 누가복음에 등장하는 안나가 했던 것처럼 기도를 시작하면 된다.

> 또 아셀 지파 바누엘의 딸 안나라 하는 선지자가 있어 나이가 매우 많았더라 그가 결혼한 후 일곱 해 동안 남편과 함께 살다가 과부가 되고 팔십사 세가 되었더라 이 사람이 성전을 떠나지 아니하고 주야로 금식하며 기도함으로 섬기더니 마침 이 때에 나아와서 하나님께 감사하고 예루살렘의 속량을 바라는 모든 사람에게 그에 대하여 말하니라(눅 2:36-38).

모든 악을 멸하고 새 하늘과 새 땅을 여신 예수님이라는 이 선물은 어디에서부터 시작되었는가? 물론 그리스도께서는 영원 전부터 계셨지만, 어떤 의미에서 안나의 기도는 파워트레인을 작동하기 위한 하나의 불꽃이었다. '안나의 기도'(눅 2:37) → '성령이 네게 임하시고'(눅 1:35) → '예수님의 탄생' → '능력.'

안나는 당시 상류층 사람들 눈에는 전혀 보이지 않는 청소부와 같았다. 마리아는 예수님이 태어나신 후에 안나를 만났기 때문에 그녀는 오직 돌이켜 생각할 때에만 이 파워트레인이 작동하는 것을 보았다. 안나와 같은 감춰진 용사들은 대부분 뒤를 돌아봐야만 비로소 발견할 수 있다. 불신 가정에서 자라 회심한 청년을 잘 살펴보면 그 뒤에 기도하는 할머니가 계신 경우가 드물지 않은데 이것도 같은 맥락이다.

천국의 위대한 움직임은 모든 낮은 곳에서부터 천천히, 그리고 늘 기도하는 자리에 모습을 드러내는 감춰진 기도자에게서부터 시작한다. 그들은 기분이 내키지 않을 때도 기도한다. 변화가 보이지 않을 때도 기도한다. 실의에 빠질 때도 기도한다. 그들은 **쉬지 않고 기도한다**. 그러다 보면 다른 기도자들이 서서히 그들과 함께하게 된다.

마레사와 메리는 이 점을 이해하고 있었다.

이 시대의 안나

마레사는 2011년부터 사우스캐롤라이나주 찰스턴 근처의 교회인 라이프파크(LifePark)에 출석하기 시작했다. 그때부터 마레사는 기도에 대한 열정과 교회가 기도하는 공동체가 되기를 바라는 마음을 갖게 되었다.

그녀는 이러한 마음을 담임 목사에게 털어놓았고, 목사는 그녀에게 메리를 소개해 주었다.

2011년에 마레사와 메리는 매주 월요일마다 함께 기도하기 시작했다. 조금씩 그들과 함께하는 이들이 생겨났고, 2013년에는 여섯 명 정도의 기도하는 안나들이 모이게 되었다. 그들은 모두 교회가 기도하는 교회가 되기를 바라는 동일한 마음의 짐을 안고 있었다. 그래서 그 기도 모임이 확대되어 남성들과 다른 민족 사람들도 함께하게 해달라고 기도하기 시작했다. 하나님은 다양한 사람들이 그 기도 모임에 참여하게 하셨지만, 여전히 획기적인 돌파구는 없었다.

그러다 2018년이 되었는데, 교회의 한 장로가 동료 장로와 목사들에게 기도할 때 단순히 듣기 좋은 말만 하지 말고 '기도하는 교회'가 되도록 노력해야 하지 않겠냐고 제안했다. 담임 목사인 채드는 이 도전적인 제안에 다소 발끈했지만, 이내 하나님이 그와 다른 이들의 마음에 역사하기 시작하셨다. 내쉬빌에서 열린 한 제자훈련 세미나에서 그는 어떤 발표자의 말을 듣고 마음의 가책을 느꼈다. 이 발표자는 자신이 전에는 '기도하는 사람'이었지만 지금은 '기도의 사람'이 되었다고 말했다. 즉 전에는 모임 전후에만 기도를 했지 그의 삶 전체가 기도로 가득 차 있지는 않았다는 뜻이다.

이 일이 있은 후 채드는 장로들에게 기도팀을 형성해서 어떻게 하면 기도하는 교회가 될 수 있을지 탐구해 보자고 요청했다. 그렇게 만들어진 기도팀은 뉴욕에 있는 브루클린태버내클(Brooklyn Tabernacle)을 방문했다. 그 교회 목사 한 분과 만남을 가지며 기도팀은 이런 질문을 했다. "기도하는 교회가 되기 위해 우리가 놓치지 말아야 할 한 가지는 무엇입니까?" 그 목사는 지체 없이 대답했다. "담임 목사가 기도에 대한 비전을 품어야 합니다."

채드와 마레사는 서로를 바라보았다. 성령님이 그들의 마음을 두드리셨다. 그날 저녁 기도회에서 채드는 앞으로 나가 사랑하는 이를 위해 기도를 요청했다. 그 순간 하나님의 임재가 그에게 큰 감동을 주었다. 하나님이 그를 찾아오신 것이다. 그는 이제 분명히 알게 되었고, 라이프파크가 기도하는 교회가 되기를 원하게 되었다.

이후 몇 년 동안 라이프파크는 목요일 저녁 기도회와 매주 정오 기도회, 그리고 기도팀 사역을 시작했다. 그리고 마레사는 현재 교회의 기도 책임자로 전임 사역을 하고 있다. 그녀는 기도하는 교회가 된다는 것의 의미를 계속해서 탐구하는 과정에서 주님이 더 많은 이들의 가슴에 기도의 열정을 불어넣으시는 것을 보며 기쁨을 감추지 못하고 있다.

마레사의 이야기에는 예수님의 죽으심과 부활의 패턴이 스며들어 있다. 그녀가 기도에 이끌리게 된 것은 그녀를 둘러싼 삶 속에 마음을 아프게 하는 일이 있었기 때문이다. 아픔은 전해진다. 다시 말해서, 만약 하나님이 우리의 삶에 가슴 아픈 일을 주시고, 그에 대해 우리가 할 수 있는 일이 오직 기도뿐이라면, 바로 그 연약함과 거기서 흘러나오는 기도가 삶의 모든 부분에까지 전해진다. 마찬가지로 메리 역시 개인적인 아픔 때문에 기도하게 되었고, 결국 자신의 교회를 새롭게 하는 데까지 이르렀다.

누가복음에 보면 안나의 기도를 이끌었던 것 역시 그녀의 개인적인 아픔이었다. 안나는 고작 7년간의 결혼 생활 후에(이전에는 젊고 활기찬 삶을 살았지만) 남편은 세상을 떠났고, 그때부터 평생을 아이도 낳지 못한 채 과부로 살았다(눅 2:36). 이보다 더 힘든 삶이 있을까? 한나가 그랬던 것처럼 안나도 기도의 집을 찾아가 그곳을 자신의 집으로 여기고 살았다. 그리고 그녀가 기도하는 동안 메시아께서 오셨다.

마레사와 메리는 이렇다 할 돌파구 없이 7년 동안 기도하면서 '죽음'을 경험했다. 마레사는 그들이 인내할 수 있었던 이유는 하나님이 그들의 작은 기도에 늘 응답하셨기 때문이라고 말했다. 예를 들어, 하나님이 함께 기도할 수 있는 남성들을 인도하셨고, 민족적인 다양성도 넓혀 주셨다. 그런 작은 응답들이 끊이지 않았기에 그들은 인내하며 아직 응답받지 못한 더 큰 기도를 할 수 있었다.

그 세월 동안 그들은 하나님을 의지하고 기다리는 법을 배웠다. 즉 무엇을 하든 그 열매를 거두는 일은 예수님의 주권에 있음을 배웠다. 또한 그들은 한번씩 기도에 응답받은 것을 축하하며 서로의 믿음을 격려하는 시간도 가졌다. 그렇게 함으로써 그들 모두가 성령님이 주시는 부활의 능력을 항상 새롭고 활력 있게 유지할 수 있었다.

마레사와 메리가 특별한 경우가 아니다. 보통 기도는 아래에서부터, 즉 안나와 같은 사람에게서부터 위로 확장된다. 다만 마레사는 교회의 성공이 그들에게 가장 큰 걸림돌이었다고 말했다. 왜냐하면 당시 교회가 급속도로 성장하고 있었기 때문이다. 하지만 그들의 기도에 대한 응답은 성령님의 역사가 대부분 그렇듯이 예상치 못한 곳에서 슬며시 일어났다. 생각해 보라. 교회의 장로 한 분이 동료 장로들에게 우리 교회가 기도에 약하다는 사실을 훈계하리라고 누가 상상이나 했겠는가? 남임 목사가 난데없이 '기도의 사람'이 되리라는 것을, 혹은 뉴욕에서 만난 목사가 이를 직접적으로 거론하리라는 것을, 아니면 채드가 단상 앞으로 나가 기도할 때 성령님이 그를 만나 주시리라는 것을 도대체 누가 상상이나 할 수 있었겠는가? 성령님이 역사하시는 근본적인 방식은 바로 "바람이 임의로 불매"라는 말씀에 있다.

나는 '청소부들'에게 그들의 일이 드러나지 않는 것 때문에 낙심하지 말라고 권면한다. '화장실'이 반짝반짝 빛나고 있다면 그 사실에 만족해도 된다. 오 할레스비(Ole Hallesby)는 자신의 대표작 『기도』(Prayer)에서 부흥의 역사를 광산의 채굴 작업에 비유했다. 광산의 갱도를 길게 파 들어가는 일은 일주일이 걸리기도 한다. 일단 드릴로 구멍을 낸 뒤에 거기에 다이너마이트를 가득 채우고 도화선을 연결한다. 그리고 폭약이 터지면 한순간에 엄청난 양의 바위가 산산조각이 난다. 모든 사람이 폭발하는 순간의 그 짜릿함에 집중하지만, 실제 채굴 작업은 따분하고 지루하기 그지없다. 부흥의 순간에 화약에 불을 붙이는 사람은 바로 청중을 열광시키고 많은 이들을 그리스도께 인도하는 설교자다. 하지만 바위에 구멍을 뚫어 그 모든 일이 가능하게 하는 사람은 기도하는 청소부이다.

예수님은 생의 대부분을 드러나지 않은 채 사셨고, 하나님은 이 땅의 교회가 그분의 아들을 닮아 가도록 설계하셨다. 따라서 교회에서 가장 중요한 사람은 안나와 같은 이들인데, 이들은 대개 눈에 띄지 않는다. 이것이 바로 그분의 방식이다.

마레사는 자신이 속한 교회의 연약함에 대해 비판적인 말을 하지 않았다. 비판적인 안나가 되려 하지 않았다. 바리새인은 기도를 많이 하는 만큼 비판의 강도에 있어서도 높은 순위를 차지했다. 만일 우리가 교회를 비평하는 사람이 된다면 더 이상 감춰진 성도가 아니라 '가시 돋친' 성도의 순위 상위권에 오르게 될 것이다.

나는 교회에 대해 지나치게 비판적인 그리스도인에게 다음과 같이 도전적인 말을 하곤 한다. "아무래도 당신은 예수님이 이 땅에 계실 때에도 그분을 별로 안 좋아했을 것 같네요." 그러면 사람들이 발끈하는데 나는 더 밀어붙인다. "생각해 보세요. 예수님은 그때 몸이 찢기셨는데, 그것은 지금도 마찬가지예요. 만약 당신이 지금 그분의 찢긴 몸을 좋아하지 않는다면, 그때도 그분의 찢긴 몸을 좋아하지 않았겠죠."

드러나지 않는 기도 사역에서 얻는 한 가지 기쁨은 우리가 우리의 공동체에 원하는 바로 그것, 곧 기도를 할 수 있다는 점이다. 기도로 기도에 가까이 가는 것이다. "두세 사람이 내 이름으로 모인 곳에는 나도 그들 중에 있느니라(마 18:20)"고 하신 예수님의 약속은 여전히 유효하다. 그러므로 마레사와 같은 기도의 동반자를 찾는 것이 이 사역의 훌륭한 첫걸음이다.

기대하는 연습

안나와 같은 사람들이 지속적으로 기도할 수 있는 동기는 무엇일까? 바로 하나님이 기도를 통해 무엇을 하실지에 대한 기대감이다. 내가 이끌었던 한 기도 모임에 참석한 목사 한 분이 6개월 후에 내게 다음과 같은 편지를 보냈다.

그 모임에 참석하던 시기에 혹은 그 모임을 통해 제 안의 어떤 변화가 일어났습니다. 기도와 함께 무언가 새로운 번쩍임이 일어난 거죠. 그 초점이 교회에 맞춰졌다는 것만 알 뿐, 어떻게 설명해야 좋을지 모를 어떤 일을 하나님이 제 안에 하셨습니다. 저는 기도를 들으시는 하나님, 그리고 그 기도의 이야기를 발전시켜 나가시는 하나님께 똑같은 제목을 놓고 계속해서 기도하는(별 볼 일 없어 보이는 농사일) 그 '지루함'에 가슴이 벅차오릅니다. **그분의 응답은 마치 성탄절 아침에 잊고 있던 선물을 풀어 보는 것과 같은 뜻밖의 기쁨을 안겨 줍니다!**

이 목사가 말한 '번쩍임'은 바로 '믿음'이다. 그는 인생의 원리를 알게 된 것이다. 거기서 '소망'의 불꽃이 일어났고, 그것은 다시 '사랑'의 일(기도)로 흘러들어 갔다. 믿음이 약하면 냉소와 무력감에 사로잡히는데, 이런 것들은 불신과 사촌지간이다. 당연한 말이지만 안나와 시므온(눅 2:25-35)은 둘 다 연로한 사람들이었다. 따라서 이들은 인생의 심오한 원리, 곧 살면서 얻게 되는 좋은 것들은 모두 선물이요, 하나님이 주시는 이 선물의 핵심에는 기도가 있다는 사실을 알았다.

메건 힐(Megan Hill)은 자신의 책 『함께 기도하기』(*Praying Together*)에서 이 믿음을 다음과 같이 묘사하고 있다.

이번 주 초에 내가 다니는 교회에서 연배가 높은 여성 두 분을 만났다. 우리는 아랍어권 밀레니얼 세대에게 복음을 전하는 팟캐스트 이야기나 전신이 마비된 어떤 그리스도인 자매, 그리고 우리 목사님의 노고 등 몇 가지 기도 제목을 나눈 뒤에 조용히 자리에 앉았다. 잠시 후 둘 중 한 분이 눈을 반짝이며 "자매님들, 준비되셨나요?" 하고 물었다. 그분의 열정이 내 마음을 휘저었다. 그러고는 마치 위대한 여행길에 발을 내딛듯 우리는 다 같이 미소를 머금고 어깨를 편 뒤 함께 기도하기 시작했다.[1]

잊고 있던 성탄절 선물을 받는 기쁨에 기도를 비유한 것은 또 다른 의미에서 적절하다고 할 수 있다. 왜냐하면 대림절의 의미에는 아기 그리스도를 기다리는 것이 포함되기 때문이다. 그것이 바로 기도의 느낌이다. 그것은 마치 아내가 내게 시킨 심부름을 깜빡하기를 바라는 소극적인 기다림이 아니다. 그것은 '기대하는 기다림'이다.

그런 기대감이 있었기에 바울과 실라는 감옥 안에서 기도하고 찬송을 부를 수 있었다. 성령님이 다시 한번 예수님의 부활을 재현하여 그들을 구원해 주시기를 기대했다. 성령님은 지진을 일으키셔서 바울과 실라가 말썽을 일으키는 자들이라는 거짓 이야기를 뒤집어엎으셨다. 이 두 사람의 기도팀은 먼저는 감옥을, 다음에는 간수를, 그리고 그 간수의 가족과 그들을 넘어서까지 많은 이들을 변화시켰다(행 16:12, 16-40). 능력이 없을 때도 그들은 간신히 연명한 것이 아니라 오히려 번성했다. 악에게 지지 않고 선으로 악을 이겼다.

목회자에게 전하는 말

우리 중에는 '성전의 안나'가 많다.

여러분은 교회가 기도하는 교회가 되기를 열망하지만, 저항에 부딪히거나 타성에 젖어 그렇게 하지 못한다. 그렇다면 교회 안에 또 다른 '안나들'을 찾아 여러분의 교회가 기도의 집이 되게 해달라고 기도를 요청하면 어떤가? 부유한 성도들의 말에 순순히 귀를 기울이듯이 교회 안의 안나들에게도 주의를 기울이기를 권한다. 성도들의 너그러움에 진심으로 감사하는 것은 지혜로울 뿐만 아니라 또한 선한 일이다. 이들의 큰 도움이 없었다면 여러 요금 고지서를 내지 못했을 것이다. 마찬가지로 큰 기도를 하는 이들에게도 귀를 기울이면 어떨까? 그들은 여러분의 교회 안에 감추인 보물이다.

하나님이 안나와 시므온의 이야기를 들려주심으로써 그들을 **높이셨다**. 우리는 너무 쉽게 많은 일을 기획력이나 재능의 공으로 돌리는데, 교회 안에 있는 '안나'와 '시므온'들이야말로 여러 가지 좋은 것들을 가능하게 하는 원자력 발전소와 같은 이들이다.

18

정기적으로 진지하게 집중하며

예수님의 대제사장적 기도의 초점은 우리와 삼위 하나님 사이에 거룩한 공동체를 형성하는 데 있다. 예수님은 "아버지께서 내 안에, 내가 아버지 안에 있는 것 같이 그들도 다 하나가 되어 우리 안에 있게 하사"(요 17:21)라고 기도하셨다. 그렇게 하나님과 하나가 되는 것이 바로 기도의 '최종 단계'이다. 이번 장에서는 어떻게 거기까지 갈 수 있는지 살펴보려고 한다.

집중적인 기도 시간을 정하는 것부터 시작하라

우리 씨지저스 사역의 중심에는 주 3회 기도 시간이 있다. 매주 월요일, 수요일, 그리고 목요일 아침 10시경에 약 30명의 직원들이 모여 대략 한 시간 정도 함께 기도한다. 여기에 더해 금요일에는 개인적인 기도에 두 시간 정도를 할애한다. 이렇게 해서 일주일에 약 네 시간에서 다섯 시간 정도, 즉 우리 시간의 십일조를 기도하는 데 들이는데, 절반은 공동 기도에, 나머지 절반은 사적 기도에 쓰고 있다.

현재 우리가 모이는 기도 시간은 1984년에 아버지가 거실에서 시작한 목요일 기도 모임의 '손주'라고 할 수 있다. 그 거실 모임이 결국 서지(Serge)로 계속해서 이어졌고, 1999년에는 씨지저스로 옮겨왔다. 그리고 나는 이 정기적인 기도 모임에 지금까지 거의 40년간 참여하고 있다.

처음부터 우리가 시간의 십일조를 드리려고 시작한 것은 아니지만, 하다 보니 결국에는 그렇게 자리 잡게 되었다. 우리가 실제로 돈의 십일조를 드리기 전에는 그 십일조의 비용이나 축복을 알지 못한다. 십일조는 그저 우리에게 있는 돈의 10퍼센트를 떼어 내는 것이 아니다. 그것은 나머지 90퍼센트를 사용하는 방식에 변화를 가져온다. 처음부터 사용할 수 있는 돈이 줄어들기 때문에 돈을 사용하는 데 있어서 더욱 신중해진다. 기도의 십일조도 동일한 역할을 한다. 왜냐하면 매주 네다섯 시간을 기도함으로써 처음부터 다른 일을 할 시간이 그만큼 줄어들기 때문이다. 우리는 기도**해야 한다**. 우리는 십일조와 마찬가지로 그 시간을 가장 먼저 내려놓아야 한다. 마지막까지 기다리다가는 아무것도 남지 않는다. 그 시간을 사수해야만 한다.

예수님의 공동체, 즉 교회나 선교 단체, 가정은 기도 시간을 정해 놓아야 한다. 우리가 기도 세미나를 열어 보면 적지 않은 사람들이 기도 시간을 정해 놓을 필요를 느끼지 못한다고 말한다. 왜냐하면 언제든지 '시간이 되면' 늘 기도하기 때문이다. 나는 그분들의 기도하고자 하는 정신은 존중한다. 하지만 그들이 진정으로 오 할레스비가 말하는 기도의 사역에 들어갔다고 할 수 있는지는 의문이다. 만약 이 문제를 기혼 남성들과 토

론한다면 나는 이렇게 물을 것이다. "자, 그럼 여러분은 낮이나 저녁 식사 시간에 아내와 함께 앉아 대화하는 시간을 갖나요, 아니면 그저 '시간이 되는 대로' 전화 통화만 하나요?"

여러 가지 일을 한꺼번에 하면서는 깊은 관계를 발전시킬 수 없다. 마음이 흐트러지지 않는, 집중할 수 있는 일정한 시간을 내야만 한다. 예수님이 그렇게 하셨다. 그리고 사역을 위한 회의는, 마치 바로의 꿈에 등장했던 파리한 암소처럼 기도라는 살진 암소를 먹어 치우는 경향이 있다. 그래서 나는 사람들에게 기도 모임과 회의를 함께하지 말라고 조언한다. 사도행전에 나오는 교회들은 자주 그리고 정기적으로 오직 기도만을 하기 위한 모임 시간을 가졌다.

그들이 사도의 가르침을 받아 … 오로지 '기도하기를' 힘쓰니라(행 2:42).

[베드로가] … 마리아의 집에 가니 여러 사람이 거기에 '모여 기도하고 있더라'(행 12:12).

위에 언급된 '기도'는 교회에 정해진 기도 시간이 있었다는 뜻이다. 예수님 시대에 유대인의 문화에서 그 시간은 아침, 정오, 저녁 하루 세 번의 기도 시간이 되었다. 바울이 자신과 교회의 기도 시간을 언급하는 구절에서 이와 동일한 패턴을 볼 수 있다.

항상 '내 기도'에 쉬지 않고 너희를 말하며…(롬 1:9-10).

'내가 기도할 때'에 기억하며 너희로 말미암아 감사하기를 그치지 아니하고(엡 1:16).

'우리가' 너희 모두로 말미암아 항상 하나님께 감사하며 '기도할 때'에 너희를 기억함은(살전 1:2).

'내가 밤낮 간구하는' 가운데 쉬지 않고 너를 생각하여(딤후 1:3).

바울의 동료들과 다른 교회들이 이 일에 함께 협력했다.

에바브라가 … 항상 너희를 위하여 애써 '기도하여'(골 4:12).

형제들아 내가 … 너희를 권하노니 '너희 기도'에 나와 힘을 같이하여(롬 15:30).

이것이 '너희의 간구' … 로 나를 구원에 이르게 할 줄 아는 고로(빌 1:19).

위의 본문들에서 볼 수 있는 "내 기도", "우리가 기도할 때", "[그가] 기도하여", 그리고 "너희 기도" 등의 문구는 그들이 특정한 시간을 정해서 기도 사역에 헌신했음을 보여 준다.

예수님의 공동체 안에서 시간을 정해 기도하는 방법은 한 가지만 있는 것이 아니다. 워싱턴 D.C.에 있는 인터내셔널저스티스미션(The International Justice Mission)은 매일 오전 9시에 개인 기도 시간을 30분씩 갖고, 11시부터는 공동 기도 시간을 30분씩 갖는다. 그리고 추가적으로 분기마다 한 번씩 수련회를 연다. 브루클린태버내클에서는 화요일 저녁에 짐 심발라(Jim Cymbala)가 이끄는 90분 기도회가 열린다.

이 두 교회 모두 기도에 '헌신'하는 예수님의 공동체이다. 그런데 기도가 일종의 내력벽(耐力壁) 역할을 하기까지는 상당한 시간이 소요된다. 기도는 단순히 창문에 커튼을 치거나 벽에 페인트를 칠하는 일이 아니라 무게를 견디는 일이기 때문이다. 그 공동체의 삶에서 핵심적인 역할을 하는 것이 바로 성령님의 파워트레인이다.

아마 우리 사역팀에 새로 합류하는 직원은 이렇게 많은 시간을 기도에 사용하는 것을 보고 충격을 받을 수도 있다. 전에 두 명의 목사가 우리 기도 공동체에 와서 보고 느꼈던 점을 다음과 같이 표현했다.

씨지저스에서 처음 6개월간 가졌던 기도 시간이 내가 목사로 사역했던 지난 20년 동안 가진 기도 시간보다 더 많았다. 목회를 할 때는 기도가 나의 최우선순위도 아니었고 그다지 열매가 있지도 않았다. 나와 함께 일했던 대다수의 직분자는 회의 전후에 기도를 하긴 했지만, 기도 자체에 들이는 시간은 굉장히 적었다. 주일이나 어떤 프로그램 안에서 뭔가를 생산해 내야 한다는 부담감 때문에 기도는 뒷전으로 밀려 났다. 그리고 그런 일들은 눈코 뜰 새 없이 밀려 왔다. 설사 어떤 기도 모임이 열려도 균형을 잃기 마련이었다. 20분 동안 서로 기도 제목을 나누고 정작 기도는 5분밖에 하지 않았으니 말이다. 침묵이 흐르면 다들 불편해했고, 따라서 그런 시간은 '허용'되지 않았다.

내가 처음 이 사역팀에 합류했을 때는 매주 세 번씩 기도회를 한다는 생각이 지나치게 과한 것 아닌가 싶었다. 내 생각에는 그렇게 하면 일할 시간을 빼앗길 것 같았다. 다른 말로 하면, 기도회를 하면서 잃어버린 시간을 메꾸기 위해 더 많은 스트레스를 받게 될 것 같았다. 내가 마음을 열고 조금씩 이 기도회를 받아들이는 데까지 최소 6개월이 걸렸다. 이 기도회에는 두 가지 차이점이 있었다. (1) 기도회 시간이 일정하게 정해져 있었고, 이는 협상 불가능했다. (2) 매 기도회가 다른 모습으로 진행되었다. 시간이 가면서 일주일에 세 시간은 큰 부담이 아니라는 것을 알게 되었다. 정말 별것 아닌 일에도 세 시간을 허비하는 일이 얼마든지 있지 않은가. 지금은 사적 기도와 공동 기도가 삶과 사역을 이끌어 가는 하나의 통합된 방식이 되었다. 기도를 통해 관리하고 꿈꾸고 계획하며 또 되새겨 보는 것이다. 지금까지 내가 이룬 가장 큰 가시적인 사역의 많은 부분이 기도를 통해 시작되고 완성되었으며 또 응답받았다.

기도를 진지하게 받아들이라

내가 기도 모임에 참석하는 것은 우리 공동체가 기도를 진지하게 받아들이도록 하는 데 있어서 굉장히 중요하다. 한번은 어떤 대형 사역 단체의 지도자가 우리 선교팀이 그 단체의 기도 사역을 이끌어 줄 수 있는지 물었다. 나는 그 요청을 정중히 거절한 다음 이렇게 생각했다. '친밀함을 대신해 줄 수 없듯이 기도 역시 대신해 줄 수 없다!' 어떤 남편이 굉장히 힘들어하는 아내에게 이렇게 말했다고 상상해 보라. "당신이 힘든 시간을 보내고 있다는 것 알아요. 그래서 내가 비서에게 시켜서 당신에게 점심도 사 주고 당신 마음속 이야기도 진심으로 들어 준 다음에 나한테 보고서를 제출하라고 했어요. 당신을 돌봐 주고 싶은데, 이렇게 할 수 있으니 얼마나 효율적이에요." 참 말도 안 되는 일이다.

브루클린태버내클의 설립자인 짐 심발라는 화요 기도회를 일주일 중 가장 중요한 시간으로 여긴다. 그는 화요일에는 기도 모임에 지장을 주지 않는 경우에만 설교나 강의 등을 수락하는데, 그 이유는 화요 기도회에 참석해 보면 알 수 있다. 짐은 그저 기도회를 인도하기 위해 참석하는 것이 아니라 그 자신이 기도하기 위해 온다. 그의 기도 생활이 교인들로 하여금 기도하게 하는 원동력이다.

우리는 씨지저스의 모든 직원에게 기도회에 참석하라고 요구한다. 가끔씩 새로 온 직원은 기도회 참석이 개인의 자유라고 생각하기도 한다. 그래 봤자 기도회일 뿐이라고 말이다. 그러다 보니 10시 2분에 "기도 시간입니다"라는 문자를 받는 직원도 있다. 또는 나중에 내가 "우리 기도 시간에는 약속 잡지 말아 주세요"라고 되새겨 주기도 한다. 지금은 그런 말을 할 필요가 거의 없다. 모두가 기도회에 참석하려고 하기 때문이다. 참으로 함께 기쁨을 누리는 시간이다.

사랑과 믿음의 공간을 만들라

우리는 월요일과 수요일의 기도 모임에는 약 25분 정도 '오픈 마이크' 시간을 먼저 갖고 시작한다. 이 시간은 참석자들이 자신의 이야기를 나누도록 성령님의 도우심을 구하는 시간이다. 또한 경리팀 직원이나 사역팀 책임자나 모두가 동등하고 충분한 기회를 보장받는 공평하고 열린 자리이다. 함께 웃고 서로의 이야기를 들으며 기도 제목을 나누고 또한 사역과 관련해 새로운 소식을 전한다. 한 직원은 우리의 기도 시간을 이렇게 표현했다. "그 시간에는 아무 조건 없이 서로를 사랑하는 가족 같아요. 함께 기도하는 일은 무엇으로도 뗄 수 없는 접착제죠. 하나님은 우리의 산성이시고, 우리의 기도는 사랑과 돌봄, 그리고 진실함으로 지어진 강력한 성벽입니다."

사랑과 기도가 얼마나 밀접하게 연결되어 있는지 주목해 보라. 서로에게 온전히 마음을 열게 됨으로써 그저 우리의 기도 대상만이 아니라, 우리와 함께 기도하는 그 사람들도 사랑하는 것이다.

함께 기도함으로써 사랑의 문이 열리고, 그러면 한 사람의 짐이 모두의 짐이 된다. 누군가 힘든 시간을 보내고 있을 때 우리는 함께 일을 멈추고 그 사람의 이야기에 귀를 기울인다. 또 일이 잘되는 사람이 있을 때 우리는 그와 함께 기뻐한다. 우리는 서로의 말에 귀를 기울인다. 우선은 대화를 통해, 그리고 나서는 기도를 통해. 우리는 공동체를 형성하기 위해 기도하는 것이 아니다. 함께하는 기도는 예수님의 임재를 가능케 하시는 성령님의 선물 그 자체이다. 누군가 우리의 기도회에 대해 이렇게 평가한 적이 있다. "기도회에 빠지는 것은, 믿음에 힘을 얻고 소망이 새로워지고 사랑이 깊어질 기회를 놓치는 것이다."

마음을 여는 분위기를 만들기 위해 나는 먼저 우리 중에 삶이나 사역에 기도 제목이 있는 분들을 호명하여 나눔을 부탁한다. 사람들이 일단 기도와 사랑이 연결된 것을 알고 나면 그때부터는 서로가 서로를 부른다. 누구의 이야기를 나눠 달라고 내게 문자는 보내는 경우도 있다. 그렇게 직원들이 서로를 불러내면서 이야기가 진전되기 시작하고, 사람들은 그다음 이야기를 궁금해한다. 누가복음에 나타난 예수님처럼 우리도 기도 가운데서 '바라보고, 공감하고, 행동한다.'

이 오픈 마이크 시간은 성령님이 사람들에게 지혜와 소망, 혹은 성경 말씀을 불어넣으셔서 그들을 통해 말씀하시도록 하는 시간이 된다. 주님은 그분의 지혜로 오랜 세월 나를 낮추셔서 나의 목소리를 내지 않게 하셨고, 이로써 나는 성령님이 낮은 곳에 거하신다는 사실을 알게 되었다(사 57:15).

사랑이 우리가 하는 기도의 경계선을 정한다. 어쩌다 한번씩 무릎 수술을 한 먼 사촌을 위해 기도할 수도 있다. 하지만 나는 보통 그런 상황을 피하려 한다. 왜냐하면 그들은 우리가 속한 공동체의 일부가 아니기 때문이다. 또한 여기저기에 뿌려진 기도 제목들도 나는 그다지 달가워하지 않는다. 거기에는 생명이 없고, 하나님이 엮어 가시는 이야기나 그 안의 등장인물과 우리가 단절되어 있기에 그렇다. 믿음이 약한 이들에게는 그러한 기도 제목들이 더욱 부담스럽게 다가오기도 한다. 기도 제목만 나열한 목록에는 도움이 필요한 사람이 누군지, 또는 그 사람과 관련된 이야기가 무엇인지 보거나 느낄 수 없다. 기도하는 공동체는 요청을 집어넣으면 응답이 튀어나오는 공장이 아니다. 나는 차라리 사람들이 같이 모여 함께 기도하는 편이 더 좋다고 생각한다. 그러한 모임 이후에 새로운 소식이 있으면 서로 나누는 편이 도움이 될 것이다. 우리는 이를 위해 '기도 채널'이란 단체 채팅방을 만들어 이용하고 있다. 그 밖에 이메일이나 문자를 이용하는 이들도 있다.

만약 성도 스스로가 천국의 최전선에 있는 존재임을 진정으로 자각한다면, 서로의 삶에 일어나는 다양한 이야기에 관심을 갖고 그것을 위해 기도할 때 기도 모임이 더욱 풍성해질 것이다. 누군가 내게 예수님의 공동체가 기도하기 시작할 때 일어나는 일을 한 단어로 요약해 보라고 한다면 나는 '놀라움'이라고 하겠다. 함께 기도할 때 예상하지 못한 일들이 일어난다. 이 놀라움, 곧 예상치 못한 성령님의 역사를 기쁨으로 맞이할 때 성령님이 모든 이의 믿음을 견고하게 하신다.

최근에 있었던 직원 기도회의 모습 하나를 간단히 나누고자 한다. 2021년 말 미군이 아프가니스탄에서 철수하기 6일 전, 많은 수의 미국인과 아프가니스탄 동료들의 발이 묶여 있었다. 우리 팀 교육위원 중 한 분의 친구가 지금은 탈레반 영토가 되어 버린 지역에서 여학교를 운영하고 있었는데, 두 사람의 연락이 끊긴 상태였다. 우리 팀의 또 다른 직원이 말해 주길 그 교육위원은 밤새 아프가니스탄의 상황을 위해 기도하고 있었다고 했다.

그래서 우리는 즉시 기도하기 시작했다. 직원 중에는 정치적 견해가 서로 다른 이들도 있었기에 이 기도 시간에는 오직 난민 위기에만 초점을 맞춰 기도하자고 기도의 '울타리'를 분명히 했다. 사람들의 두려움이 느껴졌다. 그래서 나는 무너져 가는 세상에서도 하나님의 도성에는 안전과 평안이 있음을 노래한 시편 46편으로 기도했다. 그런 뒤 우리는 요한계시록 8장의 첫 단락을 읽고 기도를 마쳤다. 이 말씀은 우리의 기도가 하늘로 올라갔다가 놀라운 능력과 함께 다시 땅으로 돌아온다고 알려 준다. 함께 기도한 결과, 우리는 선한 일을 할 수 있었다. 게다가 사람들의 믿음도 굳게 세워졌다. 우리는 악에게 지지 않고 선으로 악을 이겼다.

서로의 말에 귀를 기울이라

함께하는 기도에는 복잡한 특성이 있다. 혼자 기도할 때는 오직 하나님과 내 마음에만 귀를 기울이면 되지만, 공동체가 함께 기도할 때는 이런 삼각 구도를 형성한다. '하나님, 나 자신, 우리.' 다시 말해 나와 함께 기도하는 다른 사람들이 있다. 여기서 '우리'는 이 구도를 복잡하게 하는 요인이다. 우리가 기도할 때 서로의 말에 귀를 기울이려면 다소 노력이 필요하다. 예를 들어 필라델피아에서 치러지는 스포츠 경기들에 관한 대화를 듣고 있다고 상상해 보자.

- 잭: 슈퍼볼에서 이글스가 패트리어츠를 이길 때 닉 폴스가 얼마나 안정적이었는지 잊을 수 없어요.
- 맥스: 제 아들은 아이스하키를 하고 있어요.
- 레인: 필라델피아의 새로운 투수 로테이션을 보았나요?

위 대화의 문제점은 무엇일까? 모든 것이 문제다. 아무도 상대방의 말을 듣지 않고 있다. 첫 번째 사람은 미식축구에 대해, 두 번째 사람은 아이스하키에 대해, 그리고 세 번째 사람은 야구에 대해 말하고 있다. 대화를 잇는 주제가 없다. 서로가 다 다른 말만 하고 있다. 아래에서 따로 노는 대화를 하나 더 살펴보자.

- 엘러노어: 톰이 사고당했다는 말 들었어?
- 클레어: 어젯밤에 새로 개봉한 영화 보러 갔어.
- 마거릿: 도저히 더 이상은 아이들을 못 보겠어.

여기서도 똑같은 문제가 있다. 아무도 다른 사람의 말에 귀를 기울이지 않는다. 우리는 스포츠나 인생에 관해 이야기할 줄은 알지만, 함께 기도하는 법은 잘 모른다. 하지만 그 둘은 크게 다르지 않다. 서로의 말에 귀를 기울이고, 주제가 무엇인지 분별하고, 그런 다음에 다른 사람의 말을 듣고, 거기에 적절히 반응하는 것이다. 이를 배우는 데는 시간이 필요하다.

특히 처음에는 사람들이 자기 마음에 있는 것만 기도하고 다른 이들의 기도에 대해서는 완전히 무관심하다. 대화를 관통하는 주제를 놓쳐서 덜커덩거리는 기도회가 되는 것이다. 이렇게 기도 시간이 덜커덩거리면, 나는 다음 기도 시간이 왔을 때 사람들에게 서로에 대해서, 그리고 기도 주제에 대해서 조금 더 귀를 기울여 달라고 요청한다. 그렇게 해서 사람들이 귀를 기울이면 나는 기도 시간 중간에도 그들의 행동을 칭찬하고 그들이 서로의 말에 얼마나 귀를 잘 기울였는지 언급한다. 씨지저스의 모임도 기도 제목들이 뒤죽박죽되지 않고 마치 대화하듯 함께 기도하며 서로의 기도 위에 또 다른 기도를 쌓아 올리기까지 많은 시간이 들었다.

그런데 아무리 그렇게 해도 여전히 대화할 때처럼 주제를 놓치는 사람들이 있다. 우리는 그런 이들을 인정하고 받아들인다. 우리가 원하는 것은 완벽한 기도 모임이 아니라, 우리의 사랑이 완전해지는 것이기 때문이다.

이야기를 너무 많이 하는 것도 비슷한 문제가 된다. 적어도 초기에는 사람들이 기도하는 것보다 이야기하는 것을 더 선호한다. 그래서 우리가 모이는 기도회 중 두 곳에서는 30분의 오픈 마이크 시간이 끝나면 이야기를 '무조건' 멈춘다. 그리고 미처 끝내지 못한 이야기들은 '기도 제목으로 공지'한다. 전체적으로 기도 시간보다 이야기하는 시간이 길어지지 않는 편이 좋다.

　기도회를 인도하는 일은 축구팀 감독이나 오케스트라 지휘자가 되는 것과 같다. 잘 감당해 내기 어려운 엄청나게 복잡한 일이다. 축구팀 감독은 선수들 하나하나의 장단점은 물론, 팀의 전술과 포지션 배치, 경기력, 상대 팀의 전략 등 알아야 할 것이 많다. 오케스트라 지휘자는 각각의 악기와 연주자들 한 사람 한 사람, 그리고 악보의 모든 세밀한 부분까지 거의 다 외우고 있어야 한다. 마찬가지로 기도 인도자 역시 알아야 할 것이 많다. 기도 인도를 잘하려면 많은 훈련과 경험이 필요하다.

　나는 보다 공적인 형식의 기도회나 세밀하게 조직화된 기도 시간보다는 사적인 기도 모임을 훨씬 더 선호하는 편이다. 왜냐하면 그러한 기도 모임에는 기도와 공동체, 그리고 사랑이 한 데 엮여 있기 때문이다. 물론 효율적인 저녁 기도회를 늘리는 교회들이 많다. 이것은 기도하지 않는 교회에 비하면 비약적인 발전이 분명하다. 하지만 어떤 교회에서는 '기도하는 기계'를 만들어 내는 것 같다. 종이 한 장에 익명으로 기도 제목을 적어 내면 우리는 그 배경에 어떤 이야기와 인물이 있는지 알 수 없다. 그러나 성도의 이야기 속으로 깊이 들어가지 않으면 기도의 비밀 소스가 줄어들기 때문에 끈기 있게 기도할 힘이 약해진다.

거룩한 공동체 되기

　우리가 함께 모여 집중해서 기도하는 시간을 갖다 보면 결국 그 안에서 '거룩한 공동체'가 형성된다. 모임에 참여하는 사람들 모두가 성령님이 적극적으로 우리 삶에 생명을 불어넣으시고, 우리의 계획을 인도하시며, 우리를 이끌어 가신다는 사실을 알게 된다. 사람들은 우리의 기도 모임을 다음과 같이 평가했다.

> 기도 모임은 마치 주중의 작은 안식일과 같다. 잠시 일을 멈추고(이런 멈춤은 자연적으로 일어나지는 않는다), 아버지께 의지해야 함을 기억하며, 그분이 하시는 모든 일에 감사를 표하고, 그분의 임재를 누리며, 나아가 그분의 인도하심과 도우심을 구한다. 우리가 함께 모여서 이렇게 기도하면 하나님이 우리 단체를 통해 일하심에 대한 기쁨이 더욱 커지고, 또한 우리 사역의 원동력과 그 중심에 계신 분을 새롭게 바라보게 된다. 우리의 기도 시간을 통해 우리는 실제로 아버지 앞에 나아가야 한다는 사실을 되새긴다. 예를 들어, 오늘 아침에 나는 난방기가 고장 나자마자 기도해야겠다고 생각했다. 거기서 깊은 신학적 의미를 발견할 수도 있겠지만, 나는 그것이 신학처럼 느껴지지는 않았다. 오히려 하나님과의 살아 있는 연결 고리처럼 느껴졌다. 기도는 우리가 끊임없이 천국의 광활함을 맛보게 한다.

공동체 안에서 기도하는 일에는 일종의 걸림돌, 즉 하나님의 시험이 있다. 우리는 진심으로 타인에게 관심이 있는가? 우리는 참으로 사랑하는가? 우리가 정말로 원하는 일은 기도 그 자체가 아니다. 하나님이 중심에 계시는 기도 공동체를 만드는 것이다. 그것이 바로 성령님이 내게 주신 모든 힘을 다해 내가 기도하고 또 노력하는 일이다.

목회자에게 전하는 말: 기도회를 준비하는 데 필요한 조언

목사는 모두 설교 준비를 한다. 제대로 준비되지 않은 설교는 약한 설교다. 기도회라고 해서 어찌 다르겠는가? 이에 기도를 준비하기 위한 조언을 몇 가지 제시하려 한다.

- 기도회 준비는 설교 준비와 다르다. 방법을 다르게 하지 않으면 말을 너무 많이 하게 되어 기도회가 망할 것이다. 어떻게든 가르침은 3분 이내로 제한하라. 사람들에게 기도할 수 있는 여지를 주어야 한다. 잘하지 못해도 괜찮다. 성령님이 역사하실 수 있는 틈을 내드려야 한다.
- 기도회 준비는 '개인' 기도 생활을 풍성하고 종합적으로 발전시키는 데서 시작한다. 설교를 많이 할수록 설교가 좋아지듯이, 기도를 많이 할수록 기도회도 좋아진다. 쉽게 말해서, 여러분의 마음을 준비하는 일이 기도회를 준비하는 일에 앞서야 한다. 어쩌면 이 마음 준비는 식단 조절과 유사하다고 할 수 있다. 만약 의사가 체중 감량을 위해 식단을 조절하라고 했는데, 의사를 보러 가기 전날이 되어서야 식단 조절을 시작하는 사람은 없을 것이다. 식단 조절은 몇 개월에 걸쳐 생활 습관으로 자리 잡아야 한다.
- 기도 모임을 올바로 인도하려면, 여러분의 믿음이 자라나는 일이 가장 중요하다. 다른 사람의 믿음이 아니라, 바로 여러분 자신의 믿음 말이다. 여러분이 믿는다면 성도들도 때가 되었을 때 믿음을 가질 것이다. 그러나 '하나님이 나의 부르짖음을 들으신다'는 사실을 의심하며 고요한 냉소주의에 빠진다면, 성도들도 고요한 냉소주의자가 될 것이다. 여러분이 어린아이와 같은 확신을 가질 때 그들에게도 어린아이 같은 확

신에 들어가는 문이 열린다. 이 믿음은 결코 사람이 만들어 낼 수 없다.

- 그다음으로 가장 중요한 것은 사랑이다. 여러분이 기도 모임의 참석자들을 사랑하면, 그들을 위해 의례적이고 설교하듯 기도하기보다는 인간적이고 사려 깊은 기도를 하게 될 것이다. 또한 여러분이 하나님을 사랑한다면 하나님의 마음이 곧 자신의 마음이 될 것이다. 성도들이 씨름하는 모습을 볼 때 기뻐하겠지만, 시간이 감에 따라 서서히 그들의 씨름과 하나님의 마음이라는 더 큰 비전 사이의 연결 고리를 발견하게 될 것이다.

- 세 번째로 중요한 것은 여러분의 삶에 소망을 불어넣고 그것을 자라나게 하는 일이다. 다시 말해서 여러분과 참석자들의 삶을 부활이라는 렌즈로 바라보는 것이다. 부활을 위해 기도하고, 부활을 찾고, 그다음에 부활을 발견하면 즐거워한다. 즉 자신의 소망이 약한데, 가르침으로 소망이 있는 듯 속일 수 없다. 하지만 예수님의 고난에 참여하여 잘 죽는 법을 배우면, 성도들의 죽음에 귀를 기울이며 그들의 애통함을 이해하는 데 도움이 된다.

- 마지막으로, 기도회에서 믿음, 소망, 사랑을 '설교하지' 말라. 아주 잠깐이라도 설교하는 모습을 비치지 말아야 한다. 그보다는 몸소 믿음, 소망, 사랑이 **되라**. 즉, 성도들이 스스로 발견하게 하고, 그 일이 여러분의 마음에 아픔이 되게 하라. 그들은 여러분과 함께 기도하는 일만으로도 그것을 배우게 될 것이다.

19

주일 오전 기도를 회복하라

캘리포니아주 리폰에 있는 크리스천리폼드교회(Christian Reformed Church)에 다니던 시절(당시 나는 네 살이었다) 목사님이 10분 동안 목회 기도를 하셨던 일이 아직도 기억난다. 사실 주로 기억나는 것은 꼼지락거리는 어린 자녀 네 명과 함께 자리에 앉아 있던 어머니가 기도가 너무 길다고 불평하던 모습이었다! 하지만 그처럼 기도를 길게 하는 것은 기도가 주일 오전 예배의 '가장 중심적인 자리'를 차지했던 고대 교회의 전통을 잇는 일이었다.

지금도 여전히 깊이 있고 진정성 있는 목회 기도를 하는 교회들이 있다. 하지만 대체로 수요 기도회의 몰락과 함께 주일 오전 예배의 기도 역시 약해졌다. 기도하는 교회를 세우려면 주일 오전을 다시 기도를 위한 시간으로 되돌려 놓아야 한다.

역사상 초대 교회만큼 주일 오전 기도를 잘 행했던 때는 없었다. 비록 그들이 성경의 모든 요구를 다 감당할 수 있었던 것은 아니지만, 사도들의 열정과 관례만큼은 어느 정도 보존했는데, 특히 공동 기도를 가장 중시했다.

초대 교회: 예배의 중심에 있는 기도

공동 기도는 초대 교회 예배의 중심에 있었다. 사실 초대 교회 당시에는 '기도 모임'이라는 표현 자체가 없었다. 왜냐하면 기도 없는 모임 자체가 없었기 때문이다. 어떤 학자는 주일 오전 예배를 다음과 같이 묘사했다. "그리스도인은 이교도들 사이에서는 유례를 찾아볼 수 없는 방식으로 함께 기도했다. 그들의 예배 자리는 공동 기도의 자리였다. 많은 이들이 '하나님의 얼굴 앞에서' 서로 가까이 서서 기도했다."[1]

예배 의식은 성경을 읽는 것으로 시작해 15분 정도 설교한 뒤 그보다 긴 시간 동안 공동 기도를 했는데, 이 기도가 예배의 중심이었다. 그러고 난 뒤 평강의 입맞춤과 성찬으로 예배를 마쳤다.[2] 이 순서들 안에 담긴 아름다운 상호 관계가 얼마나 우리의 감성을 풍성하게 채우는지 보라. 먼저 정신(말씀과 설교)이 앞서고 그다음으로 가슴(기도와 경배)이 뒤따르며, 마지막으로 몸(평강의 입맞춤과 성찬)이 있다. 현대 교회에서는 감정(찬양)을 자극해 준비 작업을 한 뒤 본격적으로 설교를 가장 중심에 놓음으로써 그 순서를 거꾸로 뒤집었다. 하지만 초대 교회에서는 설교를 통해 하나님을 만나기 위한 길을 닦은 뒤 경배와 기도, 그리고 성찬으로 그분의 임재를 경험했다.

이처럼 공동 기도 시간을 중요하게 여겼다는 사실은 초대 교부들이 "설교보다는 기도에 훨씬 더 큰 관심을 기울였다"[3]고 쓴 글에서 알 수 있다. 교부들은 심지어 기도하는 방법에 관해서도 구체적인 지시사항을 제시했다. 예컨대, 손을 들고 서서 기도하라는 것 등이다.

초대 교회에서는 공동 기도를 통해 신성한 능력에 다다를 수 있다고 믿었다. 교부들은 불신자들이 능력의 원천을 어지럽히기를 원치 않았기 때문에 설교 후에 그들을 내보냈다. 또한 깨어진 관계로 인해 기도가 약해지는 것도 원치 않았는데, 화가 난 상태에서 기도하면 능력의 원천이 방해를 받기 때문이다. 그들은 형제와 불화하면 제물을 제단 앞에 내려놓으라고 하신 예수님의 권면(마 5:22-24)을 진지하게 받아들였다. 여기서 제단 앞에 내려놓는 제물이란 공동 기도를 뜻한다고 여겼다. 왜냐하면 그들에게는 기도가 "풍성하고 더 좋은 제물"[4]이었기 때문이다.

주일 오전 예배 때 기도하는 시간을 늘리면 기도 문화가 조성될 것이다. 아우구스티누스는 초대 교회 교인들이 헤어질 때 "저를 기억해 주세요"라고 말했다고 한다. 이는 "기도할 때 저를 기억해 주세요"라는 뜻이다.[5] 그들은 기도하는 그리스도인으로 이루어진 광범위한 공동체를 인식했는데, 여기서 사도신경의 "성도가 서로 교통하는 것 … 을 믿사옵나이다"라는 구절이 나왔다. '살아 있는 성도들'은 시대를 초월한 기도의 교제 안에서 '떠나간 성도들'과 하나 될 수 있었다. 그것이 바로 예수님과 성령님이 현재 행하시는 기도의 사역과 맥을 같이 하는 기도의 비전이다.[6]

주일 오전에 대해 다시 생각하기

어떻게 하면 교회에서 주일 오전에 공동 기도를 회복할 수 있을지 다섯 가지 제안을 하고자 한다. 이 내용은 비단 목사에게만 해당하는 것이 아니다. 만일 성도들이 예배와 설교, '그리고 기도 가운데서' 하나님을 만나고자 한다면, 결국에는 교회의 모든 지도자들이 여기에 해당할 것이다. 성도들이 말씀 선포를 위해 기도하는 일은 흔히 있다. 그렇다면 왜 기도를 위해서는 기도하지 않는가?

성도를 해방하라

기도하는 성도들을 위해 10분 정도 오픈 마이크 시간을 가지면 어떨까? 초대 교회의 열린 기도 시간은 사도행전의 내용과 특히 고린도전서 11장 4-5절을 반영하고 있다. 거기서 바울은 성도를 위한 열린 기도 시간이 있었다고 암시한다. 1982년 로잔위원회(the Lausanne Committee for World Evangelization)는 다음과 같은 호소문을 발표했다.

> 우리는 스스로 다짐하며, 또한 우리의 교회들에게 다음 사항들을 촉구한다. 공예배 시 기도 시간을 훨씬 더 진지하게 받아들이라. 이를 위해 5분보다는 10~15분 정도의 기도 시간을 염두에 두라. 평신도들이 기도를 인도할 수 있도록 요청하라. 이는 그들이 세상의 필요에 대해 깊은 통찰을 갖고 있을 때가 많기 때문이다. 세계의 복음화와 … 세상의 평화와 정의를 추구하는 일에 기도의 초점을 맞추라 … 우리는 모든 기독교 교회가 겸손하고 기대에 찬 믿음으로 주님의 주권 앞에 엎드리는 모습을 보게 되기를 바란다.[7]

성도들이 마음속에 품은 생각, 그리고 그들이 무엇에 감사하고 무엇을 걱정하는지를 듣는 것은 참으로 기쁜 일이다. 성도에게는 열망과 열정이 넘쳐난다. 그러므로 그들이 이를 표출할 수 있는 자리를 마련해 주어야 한다!

성도에게 자리를 열어 주는 것은 성령님께 공간을 내드리는 일이다. 예배 전체를 촘촘하게 조직해 놓으면 어떻게 성령님이 들어오시겠는가? 물론 목사에게 말씀을 설명하고 적용하게 하는 설교의 자리를 주는 것이 옳다. 목사는 특별히 '기름 부음' 받은 일을 한다. 즉, 성령님이 그들의 설교에 특별한 능력을 주신다. 그것은 참으로 선한 일이다. 그렇다면 성도들이 기도할 때도 그와 같은 일이 일어나지 않겠는가?

예수님은 자주 사람들에게 자리를 내주셨다. 침묵하거나 질문하심으로써, 혹은 그저 기다리시면서 그 자리를 내주셨다. 예를 들어, 예수님이 부활하신 후에 막달라 마리아를 만나셨을 때(요 20:11-18), 자신을 드러내시기보다는 그녀가 천사들에게 질문을 하는 동안 조용히 서 계셨다. 그러다 그녀가 돌아서서 예수님과 눈이 마주쳤을 때 비로소 말씀하셨다. 그때에도 예수님은 두 가지 질문을 하심으로써 그녀의 내면을 이끌어 내셨다. 예수님이 마련하신 그 자리에서 마리아의 본 모습이 드러났고, 그로써 우리는 그녀의 책임감 있는 성격과 열정적인 헌신을 볼 수 있게 되었다.

만약 어떤 사람이 그 시간을 엉망으로 만들어 버리면 어떻게 하는가? 그것은 그리스도의 몸이 담고 있는 아름다움의 한 부분이다. 우리는 주일에 열린 기도 시간을 가진 교회에 몇 년간 출석했다. 그런데 가시 돋친 성격의 한 성도가 다소 소란을 피우는 바람에 그 시간이 중단되었다. 교회의 지도자들은 그분을 만나 이야기를 나눠야 했다. 완전함은 잘 짜인 의식에 있지 않다. 오히려 그리스도의 몸인 교회가 그분의 완전한 중보를 통해 마음 깊은 곳에서부터 하나님께 기도할 때 거기에 있다. 삶이 늘 그렇듯 함께 기도하는 일도 헝클어질 수 있다.

킴은 기도를 위한 오픈 마이크를 발견하면 언제든지 달려들어 자신의 기도를 쏟아 낸다. 그렇게 끼어드는 이유는 우리가 집에서 기도할 때 그 아이가 '목소리'를 낼 수 있게끔 힘써 왔기 때문이다. 킴의 기도는 유쾌하다. 왜냐하면 그 아이가 무슨 말을 할지, 그리고 그 말이 상황에 잘 맞을지 알 수 없기 때문이다. 그 아이가 기도를 시작하면 아내는 바짝 긴장하고, 그밖에 다른 사람들은 모두 미소 짓기 시작한다! 킴의 기도는 마음속에서부터 우러나오는 진실한 기도이다. 또한 다른 사람은 할 수 없는 방식으로 어색한 분위기를 깰 때도 많다. 그래서 한번은 수백 명을 초대한 자신의 마흔 번째 생일잔치에서 케이크의 촛불을 끄고 난 뒤 갑자기 '끼어들어' 3년 전에 하늘나라로 간 사랑하는 자매 애슐리를 위해 기도했다. 그 순간 모두가 숨을 죽였다. 정말로 거룩한 순간이었다. 킴의 작은 애통으로 예수님이 그 아이의 생일잔치에 오신 것이다.

나는 특히 장애가 있는 성인과 함께 기도할 때 특별한 감동을 받는다. 그곳에는 아무런 가식이나 꾸밈이 없다. 그저 해방된 성도만 있을 뿐이다. 그런 자리는 언제나 내게 큰 복이 된다. 바울의 말처럼 "그뿐 아니라 더 약하게 보이는 몸의 지체가 도리어 요긴하다"(고전 12:22).

공적인 애통을 회복하라

고대 이스라엘 예배의 중심에 있었고, 시편의 약 3분의 1을 차지하는 것이 바로 공적인 애통이다. 초대 교회에서는 이와 같은 용기 있고 솔직한 히브리인들의 애통이 보존되었다. 테르툴리아누스(Tertullian, 주후 200년)

는 주일의 애통하는 기도가 어떤 모습을 했는지 다음과 같이 묘사한다. "우리는 하나의 집합체이자 회중으로 함께 만난다. 그리하여 우리는 마치 한데 힘을 모으듯 하나님께 기도를 올려 드림으로써 우리의 간구를 붙들고 그분과 씨름한다. 하나님은 이러한 격렬함을 기뻐하신다."[8]

초대 교회 기도자들의 이 열정과 솔직함에 주목하라. 이들의 기도는 히브리 애통의 패턴을 따라 하나님과 긴장 관계를 형성한다. 애통의 원동력은 하나님이 무언가 하시리라고 기대하는 굳건한 믿음에서 나온다. "우리는 … 우리의 간구를 붙들고 그분과 씨름하는 것이다." 바로 여기에 함께하는 기도의 흥미로운 점이 있다. 그것은 실전이다. 우리가 스포츠 경기를 관람할 때 느낄 법한 그 열정이 기도라고 해서 다르지 않다.[9]

오픈 마이크 시간에 부모들이 믿음을 떠난 장성한 자녀를 위해 애통할 수 있게 한다면 어떻겠는가? 목회 기도를 하면서 최근에 배우자에게서 버림 받은 사람을 위해 기도하는 것은 어떤가? 피곤에 지친 젊은 엄마들이나 재혼을 바라는 젊은 싱글맘들을 위해 기도하는 것은 어떻겠는가? 혹은 장애가 있는 자녀를 기르는 부모들을 위한 기도는 어떤가? 물론 이런 기도는 신중하게 해야 한다. 미리 당사자에게 허락을 구해야 하겠지만, 일반적으로 지금 교회들에서는 버림 받은 배우자나 피곤에 지친 부모들에게 애통할 자리를 주지 않는다. 공적인 애통은 그것을 통해 연약한 이들을 존귀하게 여길 뿐만 아니라, 그들의 고통을 공개적으로 인정함으로써 그 고통을 존엄히 하는 역할을 한다. 그렇게 함으로써 예컨대 버림 받은 배우자들이 느낄지 모를 수치심을 해소할 수 있다.

예를 들어, 1980년대 초반에 뉴라이프교회에서 장로 한 명이 다른 장로의 아내와 야반도주하는 일이 있었다. 교회의 장로들은 이 일을 쉬쉬

하기보다는 다음 주일에 이 사실을 공개적으로 알린 뒤에 그들을 위해 기도했다. 그날의 예배는 우리에게 있어 가장 능력이 넘치는 예배 중의 하나였다. 그렇게 함으로써 뒷말을 없애고, 버림 받은 두 명의 배우자를 위한 대화와 공감의 장을 열 수 있었다. 그것이 바로 기독교를 살아 있게 하는 핵심이며, 솔직히 말해서 참으로 흥미롭게 하는 대목이다.

기도와 설교를 뒤바꾸라

나는 초대 교회의 예배 순서에 큰 흥미를 느낀다. 왜냐하면 그때는 성경 읽기와 설교로 예배를 시작해서 찬양과 열린 기도를 포함하는 경배의 시간이 길게 이어지고, 마지막으로 성찬으로 마쳤기 때문이다. 경배와 기도는 설교를 위한 준비 단계가 아니라 예배의 절정이었다. 설교는 하나님**에 관한** 것이지만, 찬양과 기도는 하나님**께** 드리는 것이기 때문이다. 믿음을 '일으켜 세워' 그 믿음을 '표현하는' 방향으로 나아가는 것은 자연스러운 진행 방식이다.

이렇게 하면 예배 전체에 더 많은 참여를 이끌어 낼 수 있다. 오늘 어떤 분이 내게 "제 남편은 설교를 한 귀로 듣고 한 귀로 흘려버려요"라고 말했다. 실질적으로 어떤 모임이든지 후반부로 가면 힘이 빠지기 마련이다. 따라서 설교와 경배의 순서를 뒤바꾸면 주일 오전에 자연스럽게 힘이 빠지는 부분에 에너지를 불어넣고, 설교는 상대적으로 더 힘이 넘치는 순서에 배치할 수 있다. 이렇게 순서를 바꿈으로써 '앎'이란 단순히 정신의 일이 아닌 전 인격의 영역임을 드러낸다. 단순히 양분을 얻기 위해서만이 아니라 하나님을 만나길 고대하는 마음으로 예배의 자리에 나오는 성도들이 있음을 생각해 보라.

우리의 예배 순서 상당 부분이 기도라는 사실을 기억하라. 거의 모든 노래가 기도로 이루어져 있다. 찬송에서 기도로 옮겨갈 때 우리는 다른 형태의 기도를 계속 이어나가는 것이다.[10]

참다운 목회 기도를 하라

최근에 친구 하나가 내게 이런 편지를 썼다. "나는 한 사람이 혼자서 길게 하는 목회 기도를 듣고 앉아 있는 것이 '너무' 힘들다네. 집중이 안 되고 '얼마나 더 오래 하는 거야?' 하고 생각하게 되지. 나는 일주일에 두 번씩 다른 사람과 한 시간 동안 기도하는 것을 '정말 좋아하는' 사람인데도 이런 말을 하게 된다네." 이와 같은 문제를 해결하려면 실질적인 목회 기도를 하는 것이 큰 도움이 된다. 따라서 성도들이 직면한 실제적인 문제를 놓고 기도하라.

예를 들어, 보스턴에 사는 목사인 팀은 특정한 주일에는 경배와 죄의 고백으로 기도를 시작한다. 하지만 그저 일반적인 회개가 아니라 비통한 죄에 대해 긴 시간을 할애해 기도한다. (그리고 매주 다른 죄를 끄집어낸다.) 그러고 나서는 교인들의 필요를 위해 기도해 나가는데, 예컨대 사고를 당한 동료나 아내와 사별한 남편, 혹은 새로 태어난 아기나 사랑하는 가족을 떠나보낸 이들 등 당사자의 이름을 하나씩 호명하며 기도한다. 그다음에는 교회 밖으로 눈을 돌려 교인들이 후원하는 사역이나 단체를 위해 기도하는데, 현재는 고든칼리지(Gordon College)를 위해 기도하고 있다. 그런 다음에는 시장과 자신의 아내, 그리고 자녀들을 위해 기도한다. 그러고 나서 미국의 대통령을 위해 기도하고, 특별히 현재 우크라이나 사태를 위해 기도하며, 또한 중국과 거기서 열리는 올림픽(제24회 베이징 동계올림

픽을 말함.-역주)을 위해 기도한다. 마지막으로 그는 온 회중과 함께 주기도문으로 기도를 마친다. 팀은 각각의 제목을 여러 가지 다양한 각도에서 접근하며 기도한다. 사실 기도는 현실과 밀접하게 연결되어 있기에 굉장히 흥미로운 일인데, 특히 말의 유창함보다는 기도의 실제성에 있어 그렇다. 이 모든 내용을 기도할 때는 시간이 얼마나 걸리는지 인지하기 어렵다. 팀은 기도를 통해 자신의 회중과 공동체, 그리고 조국에 대한 사랑을 표현한다.[11]

브루클린태버내클의 짐 심발라가 화요일 저녁 기도회를 인도할 때 그는 단지 기도회를 인도할 뿐 아니라, 본인 스스로가 기도한다. 자신이 기도의 영에 사로잡혀 있다. 그는 기도회의 진행자가 되는 대신 앞으로 나가 조용히 기도한다. 하나님께 이야기하는 것이다. 그 순간 수천 명의 참석자가 동일한 기도의 영 안으로 초대된다.

하지만 공적인 기도를 통해 기도의 영을 만들어 낼 수는 없다. 목사가 기도의 영을 일구어 내는 유일한 길은 자신의 골방에 들어가 풍성한 기도 생활을 영위하는 것뿐이다.

축복으로 마무리하라

현존하는 성경 본문 중 가장 오래된 것은, 주전 7세기 무렵 예루살렘 근처 무덤에서 발견된 두 개의 은으로 된 부적(amulet)에서 나온 것이다. 학자들은 발굴해 낸 작은 두루마리를 조심스럽게 펼쳤는데, 그 안에서 민수기 6장 24-26절 말씀, "여호와는 네게 복을 주시고 너를 지키시기를 원하며"라고 시작하는 아론의 축복 기도와 매우 유사한 내용이 발견되었다.[12]

우리는 축복하고 또 축복받도록 만들어진 존재다. 우리 문화권에는 작별 인사를 하는 통일된 방법이 없지만, 우리는 작별 인사를 할 때 본능적으로 서로를 축복하려고 한다. "조심히 가세요"(Take care)나 "나중에 봐"(See you later)라는 말도 역시 축복이다. 나는 목회자들에게 회중을 축복하며 예배를 마치라고 권한다. 이는 교회의 영적인 지도자로서 성도에게 은혜가 내려지길 기도하는 것이다.

1990년대 중반 내 친구 한 명이 척 스윈돌(Chuck Swindol) 목사가 담임하던 캘리포니아주 풀러턴에 있는 제1복음주의자유교회(the First Evangelical Free Church)를 방문한 적이 있다. 3천 명 이상이 예배를 드리던 도중 여러 소그룹으로 나뉘어 기도했는데, 인도자가 온 회중이 들을 수 있도록 크게 소리 내서 기도하라고 독려했다. 사람들은 자리에서 일어나 큰 소리로 짧은 기도를 했고, 곧바로 다른 사람들이 그 뒤를 이었다. 전체 기도 시간이 물 흐르듯 자연스럽게 흘러갔던 것을 보니 그들이 꽤 오랜 시간 이렇게 해왔다는 것을 알 수 있었다. 내가 이 말을 하는 이유는 인내심을 가지라고 권하려는 것이다. 3천 명이 함께하는 기도는 것만큼 번거로운 일도 시간이 지나면 다 배울 수 있다.

목회자에게 전하는 말

위에서 제시한 소언늘이 마치 "자, 이렇게 하면 다 됩니다"와 같은 그저 바람이나 잡는 말처럼 들리지 않기를 바란다. "10분만 기도해 보세요"라고 말하기는 쉽다. 하지만 그 10분은 어디선가 나와야만 한다. 목사로서 교회 개척에 헌신했던 아버지는 주일 아침을 변화시키는 것이 거룩한 땅을 밟는 일이라고 이따끔씩 내게 말했다. 그러니 서서히 변화를 일으키라!

그런데 어디서부터 시작해야 할까? 기도에서부터 시작하라. 주일 아침에 어떤 변화를 일으키고자 하는지 기도 일지나 기도 카드에 적어 놓고, 매일 그것을 위해 기도하라. 나는 무언가 새로운 일을 제안하기 전에 6개월에서 1년 정도 기도하기도 한다. 내 경험상 성도들은 성령님의 역사에 동참하여 그 일부가 되기를 열망한다. 그러므로 우선 성숙한 그리스도인 몇 명에게 자발적인 기도를 부탁하고, 그다음에는 점진적으로 이 기도를 모든 사람에게 열어 가라.

주일 기도와 관련해 몇 가지 주의할 점이 있다. 첫째, 나는 목사들에게 목회 기도를 작성해서 읽지 말라고 권한다. 그렇게 하면 시간이 많이 들 뿐만 아니라, 지나치게 무거운 느낌이 든다. J-곡선의 죽음 부분에만 갇혀서 부활 부분에서는 아무 소리도 들리지 않게 된다.

둘째, 과도하게 기교를 부리지 않도록 주의하라. 성도들이 그런 기도를 들으면 괜히 오르기 힘든 장벽 같은 느낌을 받아서 기도하고자 하는 욕구가 꺾인다. 가뜩이나 대중 앞에서 말하기를 두려워하는 성도는 이처럼 지나치게 정교한 기도를 들으면 마음이 닫힐 수밖에 없다. 때때로 세련된 기도는 영지주의적 경향을 보인다. 영지주의는 '영적인' 계급을 만든 헬라의 이단 사상으로, 이 계급에서 위로 올라갈수록 더 '영적인' 사람이 되며, 따라서 육체적인 세상과는 더욱 단절되어 간다고 믿었다. 그러므로 실제적인 기도를 하는 것이 필수적이다.[13]

여기서 분명히 할 것이 있는데, 나는 신학적 진리가 풍성한 기도를 문제 삼는 것이 아니다. '목사는 기도를 더 잘해야 한다'는 기대감이 종종 기도를 복잡하게 만든다. 나의 제안은 이렇다. 먼저 여러분의 '골방'으로 들어가 바울과 같은 유창한 기도를 하고, 그러한 기도가 삶이 되게 하라. 그런 다음 '대중 앞에' 선다면 그러한 기도가 이미 여러분의 삶에서 작용하고 있을 것이다. 그것이 기도를 실제적으로 만드는 방법이다.

셋째, 어떤 기도는 단순히 기도가 아니라 한 편의 짧은 설교일 때가 있다. 예컨대, 마무리 기도를 할 때 설교를 요약하는 경우가 그렇다. 그런가 하면 찬양팀이 준비하는 동안 시간을 잠시 때우는 '때움 기도'도 있다. 한 1분 정도 시간을 벌어 주는 것이다. 내 생각에 그것은 기도라고 할 수 없다. 왜냐하면 목사가 설교하는 동안 찬양팀이 준비하는 모습은 본 적이 없기 때문이다. 과연 우리는 설교를 존중하는 만큼 기도를 존중하고 있는가?

20

부활의 렌즈로 바라보라

기도는 문제를 다루는 일이다. 예를 들어, 시편 대부분이 '간구'의 기도인데, 곧 하나님 앞에 문제를 가져다 놓는 일이다. 또 하나님이 문제를 해결해 주셨을 때는 '감사'의 기도를, 문제를 해결해 주지 않으셨을 때는 '애통'의 기도를 한다. 기도의 흐름은 요청에서 애통과 경배로, 그리고 다시 처음으로 돌아가 진행되기도 한다. 시편 기자는 다음과 같이 썼다.

내가 환난 중에 여호와께 부르짖었더니
내게 응답하셨도다(시 120:1).

기도는 대개 문제에서부터 시작한다. 결혼 생활의 어려움이나 엇나간 자녀들, 혹은 직장에서의 고충 등이 있을 수 있다. 사실 그동안 내가 만났던 기도하는 분들은 모두 하나님이 주신 감당할 수 없는 문제들로 인해 기도를 배우게 되었다.

따라서 기도회에는 온갖 문제들이 가득하기 쉽다. 해결될 기미가 보이지 않는 수많은 요청들이 난무하는 것도 전혀 놀랄 일이 아니다. 믿음이 자라기보다는 오히려 믿음이 약해진다. 하나님의 역사가 보이지 않고, 진전되는 이야기도 없다. 결과적으로 우리는 J-곡선의 밑바닥에 있는 죽음에 갇혀 버릴 수 있다. 생명과 믿음의 원천이 되어야 할 장소(기도회)에서 도리어 불신의 씨앗이 싹튼다. 함께하는 기도에 대해 고요한 냉소주의자가 되고 마는 것이다.

세상 사람들은 TV 뉴스를 너무 많이 본다. 우리는 악의 세상에서 살도록 지음 받은 존재가 아니기 때문에 그런 것들이 우리의 사고를 잠식하면 쉽게 낙심하게 된다. 톨킨의 『반지의 제왕』을 보면, 악은 단순히 악을 바라보게 하는 것만으로도 세 명의 선한 지도자를 사로잡았다. 사루만은 수정구를 너무 오래 들여다보았고, 세오덴은 뱀혓바닥 그리마의 말을 들었으며, 암흑 군주 사우론과의 전투에서 지친 데네소르는 절망에 빠지고 말았다. 세 경우 모두 악에 집중하다 보니 선이 압도당하고 말았다. 이런 일이 발생하면 우리는 소망을 잃게 된다.

그렇다면 함께 기도할 때 문제에 갇혀 버리는 이 현상을 우리는 어떻게 타파할 수 있을까?

부활을 발견하도록 서로 격려하라

그리스도인들에게 "사도 바울의 삶은 어떤 모습이었을까요?"라고 물으면, 주로 수많은 고난과 역경, 고통 등의 부정적인 대답을 한다. 어두운 렌즈를 통해 바울의 삶을 보는 것이다. 바울의 죽음에만 갇혀서 그가 경험한 여러 차례의 부활을 놓치고 만다. 그래서 내가 바울은 그 생각에 동의하지 않을 거라고 말하면 다들 놀란다. 그러면 나는 마치 바울 스스로가 자신에 대해 이야기하는 것처럼 에베소서 3장 20절 말씀을 약간 바꾸어 기도하는 공동체에 어떤 일이 일어나는지 들려준다.

> 하나님은 내가 구하거나 상상하는 것보다 훨씬 더 넘치도록 해주십니다. 내가 하는 모든 일에 성령님의 능력이 스며들어 있기 때문입니다. 물론 나는 예수님의 죽으심에 참여할 때가 자주 있습니다. 하지만 그러한 고난을 통해 나는 곧바로 부활의 문으로 들어갑니다. 나는 나 자신은 물론 나와 함께하는 이들 속에서 성령님의 능력을 지속적으로 경험합니다. 하나님의 은혜로 우리는 헬라 세계에 예수님의 공동체 수백 개를 세웠고, 그곳에는 예수님을 통해 변화된 사람들로 가득합니다. 이보다 더 기쁘고 생산적인 삶은 상상할 수도 없습니다!

바울은 부활의 렌즈를 통해 삶을 바라본다.[1] 우리는 그가 자신의 투옥 생활을 묘사한 내용(빌 1:12-18)을 다음과 같이 바꿔볼 수 있다.

> 여러분은 내가 갇혀 있는 것을 걱정하지만, 그간 여기서 어떤 일이 일어났는지 결코 믿지 못할 것입니다. 나의 매임 '때문에' 로마에 있는 '모든 시위대'가 복음을 듣게 되었습니다. 6천 명이 넘는 상류층 군인들이 말입니다! 이것을 본 교회는 더욱 담대히 증언하게 되었습니다. 물론 어떤 이들은 과격하게 복음을 전해서 나를 곤경에 빠뜨리려고 하지만, 뭐 어떻습니까? 더 많은 사람들이 예수님에 대해 듣게 되는데요! 결국 겉으로는 끔

찍한 불의처럼 보이는 일들이 오히려 놀라운 기회가 되고 있습니다! 나는 말 그대로 기쁨이 넘칩니다!

사도 바울은 우리가 기도에 헌신할수록 성령님이 우리 삶 가운데 끊임없이 부활의 생명을 불어넣어 주실 거라고 기대한다. 그래서 그는 성령님의 역사에 주의를 기울였으며, 그것이 곧 그가 삶을 바라보는 렌즈의 색깔이 되었다. 바울은 빌립보 교회에게도 부활을 발견하라고 권한다. "끝으로 형제들아 무엇에든지 참되며 무엇에든지 경건하며 무엇에든지 옳으며 무엇에든지 정결하며 무엇에든지 사랑 받을 만하며 무엇에든지 칭찬 받을 만하며 무슨 덕이 있든지 무슨 기림이 있든지 이것들을 생각하라"(빌 4:8).

이것은 사탕발림 같은 낙관주의가 아니다. 우리 주 예수님을 빛나는 영광의 보좌에 올려 드린 자의 삶이 어떤 모습인지 보여 주는 것이다. 결과적으로 나는 기도회에 참석할 때마다 부활의 생명을 기대하며 발견하려고 노력한다.

이 일은 기도회 바깥에서 시작된다. 이번 주에 밥 로커가 스페인어로 진행되는 온라인 훈련 프로그램에서 찍은 사진 한 장을 내게 보여 주었다. 훈련생 중 한 명은 칠레의 저명한 목사였고 다른 한 명은 과테말라에 사는 여성이었는데(사진에서 양철로 된 그녀의 집 지붕과 벽을 볼 수 있었다), 그 사진에는 예수님의 몸에 담긴 아름다움이 포착되어 있었다. 곧 부유한 자와 가난한 자가 동등한 위치에서 함께 배우는 모습이었다. 사실은 과테말라의 여성이 칠레의 목사를 훈련시키고 있었다. 나는 밥에게 다음 번 우리 직원 기도회에서 이 사진을 보여 달라고 부탁했다. 우리는 함께 기도하며 그리스도의 몸에 담긴 이 아름다움을 기뻐하며 누릴 수 있었다. 참으로 부활을 목격한 것이다!

최근에 나는 올해로 97세이신 어머니가 부활의 렌즈로 지난 한 주간을 볼 수 있게 도와드렸다. 가족 중의 한 명이 꾸준히 성경을 읽기 시작했고, 큰 상실감에 빠졌던 한 인도 여성이 그리스도 안에서 성숙하게 되었으며, 스페인이 여행 제한을 완화하여 어머니가 떠날 수 있게 되었다. 그래서 어머니와 나는 기도하며 하나님께 감사를 드렸다. 우리는 성령님이 지금 역사하시는 일, 곧 부활의 역사를 보지 못하게 했던 안대를 벗어 버렸다.

어렸을 때 우리 가족은 아름다움에 관심이 많았다. 매년 6월이 되면 우리는 샌프란시스코에서부터 퍼시픽 코스트 하이웨이(Pacific Coast Highway)를 타고 내달렸다. 굽이굽이마다 새롭고 숨 막히는 풍광이 펼쳐졌다. 그 아름다움에 경외감까지 들 정도였다. 한번은 전망대에 차를 세웠는데, 저 멀리서 고래가 뛰어노는 모습을 보았다. 우리가 택한 길은 북쪽으로 올라가는 데 한두 시간이 더 걸리는 길이었지만, 그 모든 순간을 즐길 수 있었다. 우리는 이와 동일한 경험을 우리 직원과 함께하는 기도회에서도 누린다. 잠시 숨을 고르며 아름다움을 감상하는 것이다.

다른 사람들에게 이 아름다움을 보여 주는 한 가지 방법은 "일터에서 하나님의 역사를 어떻게 보았나요? 그분이 어떤 일을 하고 계시나요?"와 같은 질문을 하며 기도 모임을 여는 것이다. 그러면 이 질문에서부터 이야기가 솟아나고, 우리는 짧게나마 그것을 위해 기도할 수 있다. 이렇게 할 때 우리는 바울이 골로새 교인들에게 명한 일을 실천하는 것이다. "기도를 계속하고 기도에 감사함으로 깨어 있으라"(골 4:2).

우리가 부활의 렌즈로 삶을 보면 그것이 주변으로 전파된다. 다른 사람도 곧 부활을 찾아 나서게 되는 것이다. 밥 로커는 라틴 아메리카에 있는 자그마한 예수님의 공동체에서 그 아름다움을 발견했다. 나의 어머니는 10년 전에 한 인도 여성에게 일어났던 변화를 보여 주었다.

최근에 우리 직원의 기도 모임에서 아랍권 동료 직원인 마프디가 새로 신자가 된 아랍인 한 명이 기도하는 영상을 우리에게 보여 주었다. 우리는 참으로 솔직하고 믿음이 넘치는 그 남성의 기도에 모두 감동했다. 나는 아랍권 세계를 위해 만들었던 나의 오래된 기도 카드(그림 20.1) 한 장을 보여 주며 함께 나눴다.

꿈의 카드-2007

"항해하는 자들과 바다 가운데의 만물과 섬들과 거기에 사는 사람들아 여호와께 새 노래로 노래하며 땅 끝에서부터 찬송하라 광야와 거기에 있는 성읍들과 게달 사람이 사는 마을들은 소리를 높이라 셀라의 주민들은 노래하며 산 꼭대기에서 즐거이 부르라 여호와께 영광을 돌리며 섬들 중에서 그의 찬송을 전할지어다"(사 42:10-12).

그림 20.1. 아랍 세계를 위한 기도 카드

이 기도를 할 때 나는 마치 나 자신이 이사야 선지자와 함께 예루살렘에 서 있는 것 같은 상상을 한다. 먼저 그는 서쪽의 그리스를 바라보며 "항해하는 자들과 바다 가운데의 만물과 섬들"을 부르고 나서 그들에게 "여호와께 새 노래로 노래하라"(사 42:10)고 명한다. 다음으로 동쪽의 아랍 세계, 곧 "게달 사람이 사는 마을들"을 바라보며 그들에게 이 세상 만물과 한목소리로 "산 꼭대기에서 즐거이 부르라"고 말하고, 또 서쪽의 "섬들 중에서 그의 찬송을 전할지어다"라고 말한다(11-12절). 이사야의 기도는 온 세상으로 뻗어 나가 다시 제자리로 돌아온다.

나는 우리 모임에서 이 기도 카드를 공유하면서 마프디를 통해 우리가 보고 있는 부활의 크기를 더욱 크게 부각시키려고 했다. 내가 2007년에 처음으로 이 기도 카드를 가지고 기도를 시작했을 때는 아랍권에 아는 그리스도인이 한 사람도 없었다. 그저 꿈을 품고 기도했을 뿐이다. 그런데 지금은 하나님이 우리에게 복을 주셔서 아랍권 구도자들에게 복음을 전하는 전임 사역자까지 주셨다.

우리가 다른 이들이 눈을 열도록 도우면 그들의 믿음도 힘을 얻는다. 누구에게나 교착 상태에 빠진 오래된 기도 제목이 있기 마련이다. 그런 상황에서 하나님이 15년 된 오랜 기도에 '응답하셨다'는 소식을 들으면 사람들의 믿음이 힘을 얻고, 그러면 그들은 기도의 숨겨진 역사를 신뢰하며 인내하는 데 도움을 얻는다.

하지만 하나님이 문제를 통해 어떻게 일하시는지 보는 것과 별개로, 문제는 여전히 문제이다. 게다가 어떤 문제는 지긋지긋한 골칫거리처럼 보이기도 한다. 그런 문제를 위해서 우리는 어떻게 기도해야 할까?

문제를 위해 기도하는 방법

기도와 관련한 어떤 습관들은 부활을 발견하려는 우리의 의욕을 빼앗기도 한다. 에드나가 허리 관절염을 위해 매주 기도 요청을 하는 것이 그런 경우라고 할 수 있다. 내 생각에는 그녀의 허리 문제 때문에 와해된 기도 모임의 수가 삼손이 나귀 턱뼈로 죽인 블레셋 사람의 수보다 많을 것이다. 에드나의 허리 문제는 어떻게 기도회를 죽였는가? 우선, 그것은 쉽게 나아지는 문제가 아니다. 그리고 에드나의 허리만 문제인 것도 아니다. 그 이야기를 들으면 에디의 발목 부상과 윌마의 어깨 통증도 생각이 난다. 이렇게 별로 심각하지 않은 수준의 만성 질환을 구구절절이 쏟아내면 사실상 하나님이 기도에 응답하실 능력이 있으신지 의심만 쌓이기 마련이다. (그렇지만 나도 나이가 들고 보니 에드나의 요청이 이전보다는 어느 정도 더 흥미롭게 다가온다는 점을 인정해야 하겠다. 물론 그렇다고 내가 이를 문제로 보지 않는다는 것은 아니다. 킴과 아침에 함께 기도할 때 우리는 아내와 나의 아픈 부위 한 곳 정도만을 위해서 기도하는 것으로 제한하고 있다. 그래서 만약 내 발목을 위해 기도했다면 그다음에는 아내의 허리를 위해 기도하는 것이다!)

어떤 목사 한 분이 이 문제에 대해 다음과 같이 자신의 생각을 나눈 적이 있다. "저는 교회에서 기도 요청을 하는 시간이 너무 진절머리가 나서 그 시간을 (저 혼자에게만) '할머니의 발가락 곰팡이 시간'이라고 부르기 시작했습니다. 제가 참석했던 교회의 기도 모임 거의 대부분이 육체적 필요를 중심으로만 돌아갔지, 그 이상 나아간 적이 없습니다."

자, 그렇다면 이런 경우에 대해 우리는 어떻게 반응해야 할까?

첫째, 에드나를 위해 마음을 넓히라. 그녀는 아픔을 겪고 있는 성도다. 따라서 그저 참아 주는 것이 아니라 공감하라. 에드나의 허리 통증에 귀를 기울이면서 우리는 예수님이 하신 보고, 공감하고, 행동하는 패턴을 따르는 것이다.[2] 이렇게 겉으로는 그리 크지 않아 보이는 필요에도 귀를 기울이는 행동은 공동체를 하나로 묶어 주는 아름다운 길이다. 그리하여 시간이 지나면 기도 모임의 다른 사람들이 그녀의 짐을 나누어 질 것이다. 이처럼 기도를 통해 표현된 사랑은 예수님의 공동체를 하나로 묶어 준다.

그럼에도 나는 우리가 속한 기도 공동체 밖에서 들어오는 건강이나 취업에 관한 기도 요청을 무작정 허용하지는 않는다. 우리는 기도하는 기계가 아니라 기도하는 예수님의 몸이기 때문이다. 그래서 우리는 "기도가 필요하시면 오셔서 우리 모임에 참여하세요"라고 말한다.

둘째, '에드나의 모든 것'을 위해 기도하여 그녀의 마음을 넓히라. 요즘 어떻게 지내는지, 집에서 누가 그녀를 돕고 있는지, 마음이 좀 어떤지 등을 물어보라. 그녀의 온 삶을 위해, 그녀의 영혼과 인내를 위해 기도하라. 그녀의 삶 속에서 천국을 이루어 가는 것들은 무엇인지, 혹은 그것을 막고 있는 것은 무엇인지 찾아서 당장 눈앞의 걱정거리를 초월하는 기도를 하는 것이다.

셋째, 에드나의 비전을 넓혀 고난 중에 있는 다른 이들을 보게 하라. 기도 모임에 참석하는 에드나와 다른 이들이 자기 자신을 넘어 '눈을 들어 추수할 것'을 보게끔 도우라. 중국의 위구르족이나 믿음 때문에 박해를 받아 중국에서 감옥에 갇힌 친구의 친구를 위해, 혹은 성 정체성의 혼란을 겪는 미국의 자녀들을 위해 기도할 수도 있다. 이로써 모든 이의 지평이 넓어진다. 내가 먼저 첫걸음을 내딛어 에드나를 향한 나의 사랑이 넓어지면, 나의 그다음 발걸음은 세상을 향한 에드나의 사랑을 넓히게 될 것이다.

가끔씩 킴이 자기 자신만 생각하며 기도할 때 나는 킴에게 이와 비슷한 일을 하려고 한다. 더 넓은 세상을 보게 해서 사랑할 수 있도록 가르친다. 킴과 함께하면서 나 역시 내 중심적인 기도에 맞서 싸울 수 있었다. 그저 우리의 사역과 우리의 필요만을 위해 기도하다 보면 예수님이 하시는 더 넓은 일들을 놓치기 쉽다.

자기중심에서 부활 중심으로 옮겨 가기

문제가 중심이 되는 기도 모임의 실질적인 문제는 그저 부활의 초점을 놓치는 데 있지 않고, 그 초점이 자기중심으로 치우친다는 데 있다. 바울이 보여 준 타인 중심성을 생각해 보라. 바울이 파선하여 멜리데섬에 있을 때 그 섬의 원주민들이 생존자들을 위해 모닥불을 피워 주었다. 그런데 그때 비가 내리기 시작하자, 바울이 땔감을 더 주워 모았다.

> 바울이 나무 한 묶음을 거두어 불에 넣으니 뜨거움으로 말미암아 독사가 나와 그 손을 물고 있는지라 원주민들이 이 짐승이 그 손에 매달려 있음을 보고 서로 말하되 진실로 이 사람은 살인한 자로다 바다에서는 구조를 받았으나 공의가 그를 살지 못하게 함이로다 하더니 바울이 그 짐승을 불에 떨어 버리매 조금도 상함이 없더라(행 28:3-5).

여기서 바울이 자기중심적으로 행동하지 않은 세 가지를 주목해 보라. 첫째, 그는 건강에 집착하지 않았다. 손을 물고 있는 뱀을 떨어 버리는 것은 정상적인 행동이다. 그러나 그 상황에서 계속 일을 하는 것은 정상적인 행동이 아니다. 바울의 이런 행동은 "나의 생명조차 조금도 귀한 것으로 여기지 아니하노라"(행 20:24)라는 자기 인식에서 나온다. 바울은 그리스도 안에서 새로운 부활의 삶을 얻었기에 그렇게 말할 수 있었다.

둘째, 그는 명예에 집착하지 않았다. 바울 한 사람으로 인해 배에 탄 모든 사람이 구원을 얻었다. 그렇다면 바울의 용기와 지혜에 감사를 표하기 위해서라도 다른 사람들이 벌떡 일어나 대신 나뭇가지를 거둬야 했을 것이다. 하지만 그는 자신이 그런 취급받는 것을 전혀 신경 쓰지 않았다. 그러니 스스로 앞장서 종의 역할을 감당할 수 있었다.

셋째, 그는 편안함에 집착하지 않았다. 바울과 그의 일행은 물에 빠져 흠뻑 젖었으며, 춥고 지쳐 있었다. 하지만 바울은 따뜻한 불 곁에 머물러 있지 않고 다른 곳으로 가서 불 피울 나뭇가지를 모았다. 자신의 주님이시자 구원자이신 분처럼 바울도 사람들의 발을 씻긴 것이다.

나는 바울의 이러한 타인 중심적이고 자기를 잊는 모습에 숨죽이게 된다. 예수님께 집착하는 이 사람은 밤낮없는 사랑의 삶을 살았다. 그의 사랑에는 쉬는 시간도 없었다. 그야말로 억척스러운 사랑 그 자체였다.

함께 기도할 때 우리는 모두 서로를 돌보고, 그들의 염려를 진지하게 받아들이며, 동시에 그들이 부활의 렌즈를 통해 볼 수 있게 돕고, 그들이 사랑의 일로 나가도록 하는 섬세한 과제를 떠안게 된다. 부활의 렌즈를 통해 문제를 바라봄으로써 우리는 죽음에 갇혀 있지 않고 우리의 기도 시간에 소망을 불어넣을 수 있다.

목회자에게 전하는 말

최근에 어떤 목사 한 분이 내게 와서 기도에 지친 자신의 모습을 나누었다. 나는 그분에게 "예수님께 이 문제를 도와달라고 구해 보신 적이 있습니까?"라고 물었다. 그는 웃기 시작하더니 이렇게 답했다. "아니요."

예수님께 말하라. 흥미를 잃었다고, 더 이상 기도하지 못하겠다고, 더 이상 믿을 수가 없다고 말이다. 그런 뒤에 그것을 크게 기도하라. 함께 기도하는 동료에게 여러분의 마음속 투쟁을 털어 놓으라. 연약함을 감추지 말고 드러내 보이라. 인내하며 기도하면 그분의 패턴이 보이기 시작할 것이다. 한마디로 말해서 다른 사람과 함께 기도하는 일에는 건너뛰거나 피할 수 없는, 오직 인내로 견뎌 내야만 하는 죽음의 측면이 있다.

21

현실을 담아 기도하라

20장에서는 우리가 함께 기도할 때 문제에만 집착해서는 안 된다고 강조했다면, 이번 장에서는 그러한 문제, 특별히 우리를 낙심케 하는 커다란 문제를 잘 나누는 방법에 초점을 맞추고자 한다.

나는 어머니가 기도 모임을 변화시키는 모습을 본 적이 있다. 어머니는 삶에 지치고, 마음이 침체되며, 하나님에게서 멀어진 느낌을 받을 때가 있다. 하지만 그것을 본인 안에 담아 두지 않고 오히려 이렇게 나눈다. "삶의 무게가 너무 버겁네. 기도해야겠어." 그러고는 어떻게 그리고 왜 삶이 버거운지 자세히 표현한다. 어떤 기도 모임에서는 자신에게 "그리스도를 향하는 진실함과 깨끗함"(고후 11:3)이 부족하다고 했다. 어머니의 솔직한 고백에 그곳의 분위기가 순식간에 바뀌었다. 그러면 사람들은 자신의 고충을 있는 모습 그대로 털어놓아도 괜찮겠다는 느낌을 받는다. 어머니의 연약함이 도리어 기도회에 힘을 불어넣을 뿐 아니라, 실제적인 문제에 대해 실제적인 기도를 할 수 있는 장을 펼쳐 주는 것이다.

어머니의 그 솔직함이 다소 비관적인 느낌을 주입하거나 부활의 렌즈를 희미하게 하는 듯 보일 수 있다. 하지만 그것은 부활의 렌즈가 단순히 낙관주의일 때 이야기다. 부활의 렌즈는 낙관주의가 아닌 현실주의다. 그것은 삶의 위대한 현실을 보게 한다. 그 현실은 바로 예수님이 부활하신 것이며, 지금도 예수님의 몸인 교회 안에서 그분의 죽으심과 부활이 일어나고 있음을 성령님이 계속해서 말씀해 주신다는 사실이다. 이러한 현실 속에서 비로소 우리는 사람들의 죽음에 동참할 수 있으며, 함께 부활을 위해 기도하고 또 그것을 기대할 수 있다.

우리가 현실 앞에 주저하는 이유

우리가 제작한 "예수님의 인격"이라는 교재로 청소년 사역자를 훈련하는 로버트가 어느 날 조용히 찾아와 자신이 겪는 여러 가지 심각한 건강 문제들(심장, 신장, 위장)을 털어놓았다. 이후 6주 동안 계속해서 그 소식을 들으며 그를 위해 기도하다가 문득 나는 그가 우리 직원 기도회에서 이 이야기를 한 번도 나눈 적이 없다는 사실에 당혹스러웠다. 그에게 이유를 묻자 그는 이렇게 답했다.

목사인 제가 지난 몇 년간 들은 기도 요청의 95퍼센트는 육체적 필요에 관한 것이었습니다. 저는 사람들이 다른 종류의 걱정거리도 나누기를 바랍니다. 예를 들면, 정서적인 고충이나 믿음의 싸움, 부부관계의 어려움이나 자녀 양육의 고충, 혹은 경제적인 문제 같은 것들 말이죠. 결국 저는 육체적인 필요를 나누는 일을 회의적으로 보게 되었습니다.

저는 지금 결혼 관계가 파경으로 치달은 친구와 제 아이들의 영적인 상태, 그리고 저의 집에 생긴 문제 등 수없이 많은 어려움에 직면해 있습니다. 그런데 기도 시간에 온통 건강 문제만 말하고 싶지는 않습니다.

마지막으로, 저는 항상 제 얘기만 하게 되는 것을 원치 않습니다. 제 성향상 속에 있는 이야기를 다 꺼내는 편인데, 가끔씩 사람들이 그 때문에 피곤해하는 것 같습니다. 한 3개월 전부터 저는 야고보서 1장 19절 말씀을 바탕으로 기도 카드를 만들어 "말하기 전에 생각하자"라고 기도하기 시작했습니다. 어쩌면 성령님이 제 안에 거룩한 멈춤을 만들어 가시는 것 같습니다.

로버트는 기도의 폭이 그리 넓지 않은 교회 문화에 적절히 반응하고 있다. 부담스러운 탄수화물 메뉴만 너무 많아서 손님이 떠나는 식당처럼 기도 모임도 부담이 가중될 수 있다. 그뿐 아니라 그는 자기 자신의 문제에만 지나치게 치우치는 본인의 심성을 올바로 파악하고 언어의 다이어트를 하는 중이다!

그럼에도 나는 로버트에게 이렇게 권면했다. "이 문제에 너무 매여 있지는 마십시오. 아무리 심각한 문제를 겪고 있어도 하나님은 우리를 도우실 수 있습니다. 하지만 우리가 그것을 나누지 않으면 그런 일은 일어나지 않습니다. 여기는 기도하는 친구들의 모임입니다. 그리고 이런 문제들은 자칫 심각해질 수도 있습니다." 에드나의 허리 문제의 핵심은 허리 그 자체가 아니라 기도 모임이 그와 유사한 문제로만 가득 차고 더 이상 깊어지거나 넓어지지 않는 것이다. 하지만 로버트의 문제는 분명 그와는 다른 것이었다.

다른 이들이 마음을 열도록 돕기

그 주간 목요일 기도 시간에 나는 로버트가 자신의 건강 문제를 솔직하게 털어놓을 수 있도록 도왔다. "우리가 힘들어하는 문제, 그것이 사역이든 아니면 개인적인 삶이든, 그것을 함께 나누는 것은 중요합니다. 우리는 서로의 이야기를 들어주어야 합니다. 만약 우리가 마음의 고통을 나누지 않으면 몸이 제대로 반응할 수 없습니다. 우리가 서로의 이야기를 듣지 않으면 그것은 고통을 느끼지 못하는 신경계와 같습니다. 그건 바로 나병에 걸렸을 때 일어나는 현상입니다."

로버트는 미소를 지으며 "지금 내 얘기를 하는 거예요"라고 말했다. 그러고는 자신의 심장 문제와 관련한 가족력에 대해, 그리고 지금 먹고 있는 심장약 때문에 생긴 신장의 문제에 대해 털어놓았다.

먼저 리처드가 로버트의 무병장수를 위해 기도했다. 리처드는 큰 기도를 한 것이다. 그의 기도는 로버트가 두려워하던 것의 핵심을 파고들었다. 그러고 나서 로버트에 대해 하나님께 감사를 드린 뒤 그의 사역에 복 주시기를 간구했다.

펠리시아는 전략의 단계로 내려가 그의 전반적인 건강을 위해 기도했다. 그러고는 곧바로 전술 단계로 나아가 그가 의료계의 다양한 소식들을 분별할 수 있는 지혜를 얻게 해달라고 기도했다.

그다음으로 도나는 로버트가 자신의 몸이 보내는 신호를 무시하지 않고 거기에 귀를 기울이게 하신 것에 하나님께 감사드렸다. 심각한 건강상의 문제가 얼마나 무서울 수 있는지 인정한 것이다. 그리고 나서 주제를 그의 몸에서 그의 정신으로 옮기어 빌립보서 4장의 말씀을 바탕으로 그가 건강 문제에 매이지 않고 "올바르고 참된 것"에 집중하게 해달라고 기도했다. 그리고 계속해서 전술 단계로 나아가 그가 영양사의 조언에도 귀를 기울이게 해달라고 기도했다.

다음으로 우리 사무실에서 사무보조원으로 일하는 분은 로버트의 심장 문제를 다양한 각도에서 접근했다. 그래서 그가 평안히 거하며 소망이 넘치기를, 그리고 그의 믿음이 굳건해지기를 기도했다. 그녀는 계속해서 믿음과 소망으로 되돌아왔고, 로마서 8장의 말씀을 따라 이 모든 일이 합력하여 "선을" 이루는 것을 보게 해달라고 기도했다.

그리고 존은 늙어 가는 몸을 붙들고 씨름하는 일이 얼마나 경종을 울리는 일인지 자신의 생각을 나눴다. 그는 로버트에게 지혜와 확신이 더욱 깊어지게 해달라고 기도했는데, 비단 건강 관리나 생활 양식의 변화뿐만 아니라 여생을 위한 지혜도 구했다.

나는 학생들에게 예수님의 아름다움을 전하는 로버트의 사역이 얼마나 중요한지 함께 나누며 마무리 기도를 했다. 특히 에베소서 6장 말씀을 가지고서 그를 낙심케 하며 어긋난 길로 가게 하고 궁극적으로 그를 파괴하고자 하는 악한 자의 공격으로부터 그를 보호해 주시기를 기도했다. 하나님이 구원의 노래로 그를 두르시기를 기도했다. 또한 그에게 은혜를 베푸사 그가 채식 위주의 새로운 식단에 잘 적응하여 '예수님을 위해 먹는' 삶을 살게 해달라고 기도했다.

로버트가 자신의 이야기를 나누게 함으로써 나는 그가 사도 바울과 같이 "약함"의 자리에 내려가도록 격려했다. 그런 그에게 우리는 "설득력 있는 지혜의 말"을 전하기보다 하나님께 나아가 기도함으로써 때가 되었을 때 "성령의 나타나심과 능력"이 드러나도록 했다. 결국 우리의 믿음은 "사람의 지혜에 있지 아니하고 다만 하나님의 능력에"(고전 2:3-5) 있다.

우리는 로버트의 말을 듣고 그와 함께함으로써 그를 향한 우리의 사랑을 표현했다. 여러 가지 다양한 측면에서 그의 심장을 위해 기도하며 그의 믿음이 굳건히 서도록 도왔다. 그 결과 로버트는 큰 용기를 얻고 돌아갔다. 그는 혼자가 아님을 알게 되었고, 하나님의 역사를 체험했다. 그로써 그의 소망도 더욱 자라나게 되었다.

물론 이 모든 일에는 신중함이 필요하다. 가끔씩 자신의 결혼 생활에 관한 이야기를 나눌 때 굉장히 위험한 방식으로 말하는 이들을 보게 된다. 왜냐하면 듣는 사람들은 복잡한 상황에 대해 한쪽 편의 이야기만 듣다 보니 그 말을 하는 사람의 편을 들게 되기 때문이다. 그런 경우에는 인도자가 당사자를 잠시 따로 데리고 나가 신중하게 이야기하도록 조언하는 일이 꼭 필요하다.

성도가 자신의 마음을 여는 일은 기도 모임 전체에 큰 축복이 된다. 그런데 공동체가 고난 중에 있을 때 구성원 전체의 마음을 열려면 어떻게 해야 할까?

공동체의 약함에 대해 마음 열기

2005년에 우리 선교 단체에 위기가 닥쳐 전임 직원을 두 명으로 줄여야만 했다. 사역에 대한 홍보가 제대로 이루어지지 않았고, 교회들은 우리 사역에 별 관심을 보이지 않았으며, 몇몇 사업에서 적자도 있었다. 나는 예수님이 마태복음 13장에서 말씀하신 천국 비유를 한마디로 요약해 내 컴퓨터 모니터에 붙여 놓았다. "천국은 낮은 곳에서부터 천천히, 그리고 보이지 않게 이루어진다. 인내하라." 이것이 우리의 이야기였다.

우리가 일종의 죽음을 지나고 있다는 사실을 알게 되니 우리는 더욱 효과적으로 기도하게 되었다. 부활을 위해 기도했지만, 또한 하나님이 허락하신 죽음 가운데서 살았다. 우리가 아닌 다른 모습을 만들어 내기 위해 노력하지 않았다. 후에 우리의 사역이 다시 성장하기 시작하면서 나는 기도 모임 때나 혹은 직원들이 용기를 잃을 때마다 "천국은 낮은 곳에서부터, 천천히, 그리고 보이지 않게 이루어진다는 것을 기억하세요"라고 말하며 직원들을 격려했다.

이제는 거의 모든 직원이 주문 같은 이 짧은 문구를 외울 수 있다. 나는 그들이 우리가 처한 죽음을 직시하고 거기서 도망치기보다는 거기에 참여하기를 바랐다. 함께라면 약해지고 잊혀지는 것도 괜찮은 일이다. 나는 우리 직원들이 우리가 함께 예수님의 이야기를 살아가고 있음을 깨닫기 원했다. 그것이 우리가 "우리 주 예수 그리스도의 십자가"(갈 6:14) 안에 있음을 자랑하는 길이 될 것이다. 이렇게 우리는 우리의 이야기를 뒤집어 버렸다.

그때 이후로 하나님은 우리의 일에 놀라울 정도로 큰 복을 주셨지만, 여전히 우리는 재정과 인력이 부족한 반면 할 일은 산적해 있다. 그러나 우리의 약함을 자랑할 때 우리는 웃으며 자신을 바라볼 수 있다. 실은 우리 지도부의 절반이 병원 치료를 받고 있다! 그리고 어제는 우리가 계획한 예산에서 7천만 원의 실수가 있음을 발견했다. 그 말은 우리가 지금 사무실로 임대해서 사용하는 공간에서 이사하는 일이 미뤄질 수밖에 없다는 뜻이다.

바울은 고린도 교인들이 유명인이 되고자 하는 세상의 문화를 좇아 자신의 약함을 감추는 모습에 실망한 기색을 드러낸다. 사도는 그들에게 십자가의 약함(고전 1:18-25)과 그들 자신의 약함(26-31절), 그리고 바울 역시 그들과 함께 있을 때 얼마나 연약했는지(고전 2:1-5)를 말한다. 그들의 약함은 부활의 능력으로 가는 문을 열어 준다. 바울 자신의 약함도 "성령의 나타나심과 능력"(4절)으로 이어진다. 마찬가지로 우리의 약함 역시 성령님이 경이로운 일을 행하실 수 있는 자리를 마련해 드리는 것이다.

우리는 "낮은 곳에서, 천천히, 그리고 보이지 않게"라는 슬로건을 통해 우리 공동체가 하나님의 이야기 속에서 어떤 자리에 있는지 알게 되고, 그로써 하나님이 하시는 일을 바라보는 데 도움을 얻었다. 우리는 우리가 아닌 다른 모습을 만들어 내기 위해 노력하지 않았고, 동시에 절망에 굴복하지도 않았다. 지도자들은 재정이나 인력의 손실, 혹은 영향력 약화 등 껄끄러운 이야기를 꺼내고 싶어 하지 않는다. 하지만 우리의 사역이 쇠락했음을 공개적으로 이야기하자 죽음이 일상이 되었다. 우리는 모든 일이 잘되고 있는 것처럼 가장하지 않았다.

한번은 여러 지교회를 둔 대형교회(팬데믹 이후 교회 출석률은 50퍼센트 하락했다) 목사에게 그들이 처한 죽음을 받아들임으로써 그 이야기를 뒤집으라고 권면한 적이 있다. 교인들에게 자신과 동료 목사들이 실의에 빠져 있음을 말하라고 권한 것이다. 반면에 어떤 대형교회들은 교회의 비전을 위해 열정을 불태워서 그들이 처한 죽음에서 달아나려고 애쓰고 있다는 이야기도 해주었다. 참으로 보기 안타까운 일이다. 물론 그곳의 목사들이 힘을 잃었다는 것을 잘 안다. 그렇다면 왜 우리에게 이야기하지 않는가? 우리와 함께 애통해할 수 있지 않은가? 우리의 약함을 공개적으로 인정하고 예수님을 따라 이 고난의 길을 가는 것이 훨씬 더 큰 결실이 아니겠는가?

내 친구 목사 한 명이 내게 이런 말을 했다. "우리 교회의 교세가 절반으로 줄었다네. 이제 교회의 예산이며 건물 유지에 들어가는 비용을 어떻게 하면 좋을지 모르겠네." 내 대답은 이랬다. "자네는 죽음에 처해 있으니, 죽는 것처럼 살게나. 고난 중에 계신 예수님처럼 사람들과 예산에 귀 기울이고, 최대한 은혜롭게 감원을 시행하게. 예수님은 고난 중에서도 발을 씻기셨고, 제자들을 다독이셨으며, 그들을 위해 기도하셨고, 겟세마네에서 그들을 보호하셨네. 또한 자신을 잡으러 온 종의 귀를 치료하셨고, 베드로를 꾸짖으셨으며, 자신을 내주셨지. 나아가 대제사장을 꾸짖으셨고, 빌라도에게 마음을 쓰셨으며, 자신을 매질한 군인들을 용서하셨다네. 그분은 완전히 살아 계셨고, 적극적으로 사랑하셨으며, 자신의 것을 빼앗기실 때조차 작은 것들에 귀를 기울이셨지." 그래서 예수님의 고난은 참으로 놀라운 것이다.

이야기꾼은 세심하게 **관찰한다**. 관찰하지 않으면 이야기가 나오지 않기 때문이다. 유대인은 관찰하는 데 탁월한 재능이 있었다. 왜냐하면 그들은 기도하고 기다리면 결국에는 하나님이 나타나심을 알았기 때문이다. 그들의 위대한 이야기 속에는 모두 관찰이 담겨 있다. 에스더와 룻, 그리고 요셉에 이르기까지 그들은 모두 죽음의 자리로 내려갔다가 때가 되었을 때 놀라운 부활로 되살아나는 영웅의 삶을 보여 준다.

어떤 면에서 보면 이야기가 펼쳐지는 모습을 관찰하는 것은 기도의 기술 중에서도 가장 높은 단계라고 할 수 있다. 그렇게 하려면 오랜 세월에 걸쳐 어떠한 패턴이 나타나는지 자세히 들여다보아야 하기 때문이다. 지도자들은 일어나는 일을 '지켜보고' 자신의 공동체가 그것을 '관찰하도록' 이끌어야만 한다. 그리고 혹여 우리 가운데 어떤 식으로든 고난 받는 이가 있다면, 서로 관찰하고 또 관찰받는 일, 기도하고 또 기도를 받는 이 모든 일은 너무도 커다란 기쁨이 될 것이다. 우리는 더 이상 혼자가 아니기 때문이다!

22

하나님과의 대화를 위한 기도 메뉴

친한 친구들과 나누는 대화에는 인생의 희로애락이 어우러져 있다. 이런 대화는 살면서 느낄 수 있는 가장 큰 기쁨 중 하나다. 놀랍게도 우리는 두 살배기 아이나 여든두 살의 노인과도 그런 대화를 나눌 수 있다. 그런데 하나님이 이 대화에 참여하시면(기도), 모든 것이 경직된다. 마치 친구들과 파티를 하고 있는데 엄마가 불쑥 문을 열고 들어오는 것 같다. 깔깔거리던 웃음이 일시에 멈추고 정적이 흐른다. 왜 우리는 함께 기도하기 시작하면 우리의 마음을 닫는 것일까?

이와 같은 '기도의 적막감'은 함께하는 기도의 주제가 명확하지 않거나, 기도 요청이 난무하고 내용이 중구난방으로 오락가락할수록 더욱 심해진다.

그렇다면 우리는 어떻게 친한 친구와 대화하듯 하늘에 계신 아버지께 이야기할 수 있을까? 간단히 말해 '모임이' 인격적인 자리가 된다는 것은 무슨 의미일까?

뒷장에 나오는 표 22.1의 "기도 메뉴"를 통해 함께 기도하는 능력을 더욱 증진시킬 수 있다. 이 메뉴는 예수님이 사용하신 세 가지 관계 패턴을 모델로 삼아 풍성한 인간관계를 맺는 방법을 보여 준다. 이 메뉴를 잘 활용하면 우리의 기도 역시 천편일률적인 틀에서 벗어나 더욱 풍성해질 것이다.

나는 매주 킴을 위한 '대화 메뉴'를 만든다. 킴은 자폐증 때문에 다양한 대화를 하기 어려운데, 내가 대화를 시작할 수 있는 주제 일곱 개를 그 아이의 음성지원 컴퓨터에 써 주는 것이다. 나는 킴의 '목소리'와 관심사를 포착하려고 노력한다. 지금까지 우리는 그것을 많이 저장해 두었고, 킴은 대화 메뉴를 자주 돌려보며 리허설을 한다. 물론 킴은 온전한 인간인데, 사람들은 그 아이의 마음을 듣게 될 때까지 그것을 잘 인지하지 못한다. 다음 장의 기도 메뉴를 마치 기도의 자폐증 성향이 있는 우리를 위해 마련된 일련의 대화 주제라고 한번 생각해 보라. 이 기도 메뉴에는 다소 복잡한 것도 있으니 부연한 내용을 참고하라. 그러면 우리의 기도 생활이 더욱 풍성해질 것이다. 첫 번째는 개요이다.

기도 메뉴의 개요

표의 가장 왼쪽에는 예수님의 인격 중 세 가지 측면, 곧 그분의 공감(사람에 대한 관심), 그분의 정직(진리에 대한 관심), 그리고 그분의 의존(아버지에 대한 관심)을 볼 수 있다.[1] 우리는 예수님에게서 볼 수 있는 이 인격적 풍요로움을 통해 경직된 기도에서 벗어나는 길을 발견한다. 다시 인간적인 모습을 되찾는 것이다.

기도 메뉴			
초점 목표	나의 마음(안쪽) 내 마음으로 들어가기	나의 세상(바깥쪽) 다른 이들의 삶으로 들어가기	나의 하나님(위쪽) 하나님의 마음으로 들어가기
공감 사람에 대한 관심	1. 느낌? 나의 느낌: 나는 어디에 있는가? 나는 어떤 느낌인가? 긴장되는가? 불안한가?	2. 공감? 다른 이들에 대한 나의 느낌: 내 주변 사람들은 어떻게 지내는가? 그들은 어떻게 느끼는가? 나는 어떻게 이들의 삶으로 들어가 공감할 수 있는가? 저들의 세상은 어떤 모습인가?	3. 즐거움? 하나님에 대한 나의 느낌: 나는 오늘 어떻게 하나님께 감사드리고, 그분을 경배하며, 즐거워할 수 있는가? 나는 어떻게 내가 처한 상황 속에서, 그리고 나를 둘러싼 세상 속에서 그분의 일하심을 보았는가?
정직 진리에 대한 관심	4. 회개? 나를 위한 진리: 나는 회개하는가? 내게 감춰둔 죄가 있는가? 하나님의 말씀은 내게 무어라 말씀하시는가?	5. 정직? 다른 이들을 위한 진리: 나는 누구에게 정직의 은사를 주어야 하는가? 그 사람이나 모임에 대해 나는 어떤 염려가 있는가?	6. 애통? 하나님 앞의 진리: 나는 하나님께 내 상한 마음을 보여 드렸는가? "하나님, 어디 계시나이까? 여호와여, 언제까지니이까?"
의존 하나님의 뜻에 대한 관심	7. 열망? 나 자신을 위한 나의 열망: 나는 무엇을 원하는가? 그것은 하나님이 원하시는 것과 일치하는가? 나는 기다릴 의향이 있는가? 내 뜻을 헛되이 고집하고 있지 않은가?	8. 필요? 다른 이들을 위한 나의 열망: 나는 어떻게 기도로 내 주변 사람들을 사랑하는가? 그들은 무엇을 원하는가? 내가 그들을 위해 원하는 것은 무엇인가? 나는 그들과 그들의 상황을 위해 어떤 선을 베풀 수 있는가?	9. 관찰? 하나님의 열망: 하나님이 어떤 일을 하고 계시는가? 그분은 어떤 이야기를 쓰고 계시는가? 나는 나와 내 공동체를 위한 하나님의 이야기에 복종해 왔는가?

Copyright © seeJesus 2020, a global discipling mission

표 22.1. 예수님의 세 가지 대화 패턴에 따라 기도하기

표의 맨 위쪽 줄에서는 나의 마음, 나의 세상, 나의 하나님이라는 세 가지 관점을 볼 수 있다. 즉, 내 안에서 어떤 일이 일어나고 있는지, 내가 사는 세상에서는 어떤 일이 일어나는지, 그리고 하나님의 마음속에서는 어떤 일이 일어나고 있는지에 관한 내용이다. 이렇게 전부 아홉 개의 상자 혹은 칸이 생겨나는데, 각각의 칸은 인격적인 기도를 할 수 있는 방법을 보여 준다. 그 각각의 칸에는 새로운 기도를 하기 위해 우리 자신에게 물어야 할 질문들이 담겨 있다.

첫째 줄: 공감

첫째 줄은 사람에 대한 관심을 설명하고 있다.

1. 느낌? 이 칸에서는 우리 자신에게 '나는 어떻게 지내고 있는가? 혹은 우리는 어떻게 지내고 있는가?'라는 질문을 하게 한다. 독실한 그리스도인은 이런 질문을 하기를 꺼릴 수 있다. 왜냐하면 그들이 살아가는 문화 속에서 공감이란, 자신의 안쪽으로만 향하는 자기 집착의 한 모습이라고 생각하기 때문이다. 그러나 우리 자신에 대해 느끼는 일을 차단해 버리면, 우리의 느낌은 어떻게 해서든 밖으로 흘러나가거나, 아니면 우리가 위축되고 말 것이다. 시편 기자는 자신에게 다음과 같이 묻는다.

내 영혼아 네가 어찌하여 낙심하며
어찌하여 내 속에서 불안해 하는가(시 42:5).

우리가 아버지 앞에 나아갈 때는 우리의 느낌을 포함하는 온전한 모습으로 가야 한다. 기도 모임에서는 이렇게 하기가 쉽지 않다. 하지만 우리의 상한 마음을 나눔으로써 함께하는 기도가 더 큰 힘을 얻게 된다. 우리의 진실한 모습으로 진실한 그리스도의 몸을 만나야 하는 것이다.

2. 공감? 공감은 복음서에서 가장 자주 언급되는 예수님의 감정이다. 이것은 다른 사람의 입장이 되어 보는 것을 뜻한다. 하지만 우리는 온통 이런저런 필요만을 좇다가 정작 그러한 필요가 있는 사람을 위해 기도하는 일을 잊고 만다. 이에 대한 해결책 역시 하나님께 그들의 두려움과 불안을 해결해 달라고 간구하는 것이다. 하던 일을 늦추고 사람의 상황을 천천히 들여다보면 기도는 기도하는 이들 사이에서 대화가 된다.

3. 즐거움? 이제 우리의 시선을 들어 아버지께로 향하게 하자. 이 항목을 '즐거움'이라고 부른 이유는 만약 우리가 베푸시는 분을 즐거워하지 않으면 감사가 그저 의무로 전락해 버리기 때문이다. 나는 어려서부터 웨스트민스터 소요리문답을 통해 우리의 첫째 되는 목적은 하나님께 영광을 돌리며 그분에게서 '즐거움'을 누리는 것이라고 배웠다. 그래서 한번은 마프디가 제자훈련을 했던 유럽의 한 아랍 청년이 세례를 받자 우리는 기도 모임 중에 그것에 대해 함께 즐거워했다. 또한 시리아 사태가 발생했을 때 독일의 앙겔라 메르켈(Angela Merkel) 총리가 아랍 난민을 받아들인 일에 대해서도 우리는 하나님의 역사하심을 보며 즐거워했다. 메르켈 총리의 결정은 자신의 믿음과 루터교 목사였던 아버지의 모범에 뿌리를 두고 있었다.

우리의 요구가 앞날을 향하고 있다면, 우리의 즐거움은 과거와 맞닿는다. 하나님이 언제나처럼 우리의 공동체를 도우실 때, 우리는 기도 가운데 그 일을 가능케 했던 사람들을 기억할 수 있다. 오늘 아침에 우리는 씨지저스 역사상 가장 큰 워크숍을 열었고, 나는 우리 교육 담당자들의 노고를 되돌아보았다. 나는 먼저 사람들의 노력을 치하하며 시작했다. 이렇게 기도를 하면 기도가 재미있어지고, 우리가 중심에서 물러나게 되며, 나아가 다른 사람들을 높이게 된다. 그것이 바로 성령님께 자리를 내드리는 일이다!

둘째 줄: 정직

둘째 줄은 우리가 진리에 관심을 갖도록 돕는데, 공동체 기도의 다른 두 부분보다 약하다.

4. **회개?** 이 칸에서는 진리로 우리 자신을 비추어 본다. 예를 들면, 오늘 아침에 나는 우리 직원에게 내가 이메일을 관리하는 습관에 대해 기도해 달라고 부탁했다. 나는 수백 통의 이메일에 빨리빨리 답장을 하면서 의사소통에서 뒤처지지 않으려고 항상 노력한다. 하지만 아무리 좋은 일이라도 늘 그렇듯 어느덧 이메일을 확인하는 일에 중독이 되어 버렸다. 그리고 지난주에는 아내와 함께하는 아침 기도 시간에 그 전날 내가 얼마나 교묘히 자랑을 늘어놓았는지 슬퍼했다. (적어도 나는 그것이 교묘했다고 생각했다!) 바울은 "이것이 너희의 간구와 예수 그리스도의 성령의 도우심으로 나를 구원에 이르게 할 줄 아는 고로"(빌 1:19)라고 말했는데, 내게도 아내의 도움이 필요했다.

우리는 이런 도움을 간과할 때가 많다. 두루뭉술 그저 '죄인'이라는 말에 편안함을 느낄 뿐 구체적으로 파고들려 하지 않는다. 수치심이 가슴을 찌르기 때문이다. 하지만 끊이지 않는 죄 앞에 정직해지면 기도 모임이 힘을 얻는다. 누구도 그 문제에서 예외인 자가 없기 때문이다. 그것이 진정한 삶이다.

5. 정직? 이 칸에서는 진리를 밖으로 향하게 한다. 우리가 정의를 위해 기도하도록 돕는 것이다. 나는 특별히 정치적인 문제와 관련해, 감추어진 것이 드러나게 되리라고 하신 예수님의 약속을 두고 자주 기도한다. 내가 그런 기도를 하는 이유는 만일 우리가 진리를 알지 못하면 정의가 가려지기 때문이다. 정의와 진리를 위해 기도한다는 것은 동시에 우리 자신이 정의를 이루려는 시도를 포기한다는 뜻이다. 우리에게 죄지은 사람을 용서함으로써 우리는 그것을 받아들이고 정의에 대한 우리의 요구를 내려놓는다. 우리 자신이 용서받아야 할 자들임을 깨달아야만 정의에 대한 우리의 주장을 누그러뜨릴 수 있다. 그 결과는 인내로 돌아온다.

6. 애통? 이것은 우리의 정직을 하나님께로 향하게 한다. 19장에서 언급했듯이 영지주의적 사고의 영향으로 기도회에서 공적인 애통을 찾아보기가 지극히 힘들어졌다. 하지만 시편에는 애통이 넘친다. 시편 기자들이 하나님의 얼굴 앞에 서 있기 때문이다. 예를 들어,

> 여호와여 어느 때까지니이까 나를 영원히 잊으시나이까
> 주의 얼굴을 나에게서 어느 때까지 숨기시겠나이까(시 13:1).

예수님도 십자가 위에서 "나의 하나님, 나의 하나님, 어찌하여 나를 버리셨나이까"(마 27:46)라고 부르짖으며 애통해하셨다. 애통은 우리의 마음을 찢는 것이다. 애통해하는 것은 하나님을 존중하지 않는 거라고 느낄 수 있지만 사실 애통 안에는 믿음이 가득하다. 왜냐하면 애통은 하나님께 진지하게 다가가는 일이기 때문이다.

셋째 줄: 의존

셋째 줄은 하나님의 뜻과 우리의 뜻 사이의 관계에 관한 것이다.

7. 열망? 좋은 기도 모임은 대부분 본질적으로 사람들이 열망을 드러낼 수 있는 자리이다. 우리는 그 열망을 일상적으로 기도 요청이라고 부른다. 예수님은 겟세마네에서 "아빠 아버지여 아버지께서는 모든 것이 가능하오니 이 잔을 내게서 옮기시옵소서"(막 14:36)라고 기도하셨다. 우리가 기도 모임을 할 때 나는 사람들의 열망을 간과하지 않으려고 애쓴다. 대개 우리의 열망은 너무나 작다. 반면에 예수님은 요한복음 14-16장에서 너무도 분명하게 무엇이든 구하라고 거듭해서 명하셨다. 그런 이유로 큰 기도는 우리의 열망을 실현하는 데 도움을 준다.

8. 필요? 이 칸에서는 우리가 우리의 한계를 넘어 "나라가 임하시오며 뜻이 … 이루어지이다"(마 6:10)라고 더욱 확장된 기도를 하게 한다. 뜻을 하나로 합하여 기도할 때 거기에 놀라운 능력이 임하리라는 예수님의 약속은 우리 믿음의 원동력이자 또한 우리가 담대히 기도하게 하는 힘이다. "진실로 다시 너희에게 이르노니 너희 중의 두 사람이 땅에서 합심하여 무엇이든지 구하면 하늘에 계신 내 아버지께서 그들을 위하여 이루게 하시리라"(마 18:19). 예수님의 말씀에 대해 불필요하게 많은 생각을 하지 않는 것이 중요하다. 그저 구하라.

9. 관찰? 이제 우리는 이렇게 묻는다. 하나님이 어떤 일을 하시는가? 그분의 이야기는 무엇인가? 여기서는 아홉 개의 칸 전부를 하나의 일관된 전체로 통합한다. 여기서 우리는 잠시 숨을 고르며 하나님이 일하시는 패턴을 살펴보고 전체 이야기의 흐름을 연결하는 것이다. 하나님은 하나의 이야기를 엮어 가신다. 따라서 우리의 기도를 그분의 뜻에 일치

시키는 것이 반드시 필요하다. 바로 이 시점에서 우리는 "그러나 나의 원대로 마시옵고 아버지의 원대로 하옵소서"(막 14:36)라고 하신 예수님의 겟세마네 기도 후반부를 하는 것이다. 하나님께 의존할 때 우리의 뜻이 하나가 된다. 그러나 우선은 우리가 무엇을 원하는지에 대한 단순한 질문부터 시작해야 한다. 그러면 때가 되었을 때 비로소 그 질문이 하나님은 무엇을 원하시는지에 대한 성숙한 질문으로 변화될 것이다.

기도의 교향곡

아래에 우리 직원 기도회의 한 토막을 가져왔다. 각각의 기도 제목 뒤에 기도 메뉴에서 해당하는 칸의 제목을 가져와 덧붙여서 이를 통해 기도가 어떻게 진행되는지 볼 수 있게 했다. (인용된 기도들은 미리 적어서 읽은 것이 아니다.) 먼저 마프디가 기도회 자리에서 자신의 온라인 코스인 "예수님의 인격" 과정에 참여하는 한 아랍 청년에 관해 이야기해 주었다. 그 젊은 구도자는 복음에 열려 있었지만, 많은 어려움을 겪고 있었다. 다이앤이 먼저 기도한다.

주님, 마프디가 상처 받는 이들과 주님을 찾는 이들을 위해 일하게 하시고, 그에게 다양한 차원의 수많은 기회들을 열어 주심을 감사드립니다(즐거움). 주님이 마프디를 지으시되 그에게 공감하는 마음을 주셔서 "예수님의 인격" 과정을 활용해 공부하게 하심을 감사드립니다(공감). 저는 자신의 어머니로부터 자신이 보기 흉하게 생겼다는 말을 들은 이 젊은이를 위해 기도합니다. 이는 참으로 가슴 아픈 일입니다. 따라서 때가 되면 주님이 그의 마음을 움직이셔서 그가 주님 앞에 얼마나 소중한 존재인지, 그리고 자신의 모습이 그야말로 주님이 원하신 바로 그 모습이라는 것을, 따라서 그의 외모가 결코 보기 흉한 것이 아님을 알게 하여 주옵소서(느낌). 주님, 주님이 이 청년을 창조하셨으므로 그가 자신이 아름다운 존재임을 알게 하옵소서(공감). 그리하여 이번 일이 이 청년의 삶과 마프디가 섬기는 모든 이들에게 특별한 시간이 되게 하여 주시기를 구합니다(필요). 수없이 많은 기회를 허락하심에 감사드리며, 마프디와 그의 가족을 돌보아 주옵소서.

다이앤은 마음속에서부터 우러나오는 기도, 곧 대체로 첫째 줄에 해당하는 기도를 한다. 먼저 하나님과 마프디에 초점을 맞추고(즐거움), 그다음에 자신의 어머니에게서 보기 흉하게 생겼다는 말을 들은 이 젊은이를 위해 기도하며 둘째 줄의 '공감'으로 옮겨 간다. 여기서 다이앤이 자신의 감정을 이입하는 모습(느낌)을 볼 수 있다.

다음은 로버트의 기도인데, 먼저 맥락을 좀 알 필요가 있다. 팬데믹으로 인해 우리의 온라인 공부 과정에 많은 기회가 찾아왔다. 2019년 6월에 마프디는 페이스북에 예수님에 관한 1분짜리 아랍어 영상을 공개했다. 2주 만에 이 영상의 조회수가 9천 회에 달했다. 40명의 사람들이 예수님에 관한 아랍어 과정에 등록했지만 실제로 출석한 사람은 아무도 없었다! 예수님을 알고자 하는 관심과 함께 두려움도 드러났던 것이다. 그래서 우리는 하나님이 이 두려움의 장벽을 부숴 주시기를 기도했다. 우리는 '큰 기도'를 했으며, 그로써 이 세상을 붙들고 있는 그 두려움에 대해 애통할 수 있었다. 애통은 실패를 직시하고 낙관주의로 위장하지 않을 때 가장 잘 드러난다. 2019년 가을, 하나님이 여러 가지 문을 여시기 시작했다. 아래 기도에는 하나님이 엮어 가시는 이야기에 대한 로버트의 생각이 담겨 있다.

주님, 무슬림 세계를 장악하는 그 두려움의 장벽을 무너뜨려 주신 것(필요)을 감사드립니다(즐거움). 두 달 전인가, 마프디가 이 광고를 올리자 많은 사람들이 오겠다고 했지만 결국 아무도 참석하지 않았습니다(관찰). 이에 우리는 이 두려움을 거두어 달라고 기도했고, 그러자 사람들이 비로소 자유를 느끼고 어둠의 그림자에서 벗어나 두려움 없이 살아가기 시작했습니다. 이에 마프디를 통해 그 두려움의 장벽을 무너뜨려 주신 것을 주 예수님께 감사드립니다(즐거움). 어둠 가운데 빛이 비치게 하심에 감사드립니다. 주님이 하신 일이 참으로 아름답습니다(관찰). 우리가 이 일에 증인이 되게 하여 주시니 감사드립니다.

다음은 존 호리의 기도이다.

아버지, 감사합니다(즐거움). 비열한 사람에게 진절머리를 내는 것이 자연스러운 일이듯, 이제 가장 정직한 사람들인 아랍 세계가 그들이 직면한 악에 진절머리를 내는 것처럼 보입니다(관찰). 그러니 이런 일들이 가속화되어 그들에게 더욱 큰 자유와 담대함이 생겨나 주님을 갈급해할 뿐 아니라 주님을 찾아 나서게 하시고, 또한 마프디에게 평화와 진리, 그리고 공감의 사람이 될 수 있는 더 큰 기회들을 허락해 주십시오(필요). 그가 자연스럽게 성장해 가는 이 공동체에 관해 이야기하고 또 주님이 그 공동체를 세워가실 때, 저는 주님이 그들을 구유 곁으로 모으셨음을 봅니다. 주님이 그들을 부르셨습니다(공감). 그러므로 주님의 인격 안에서뿐만 아니라 마프디를 통해(공감) 소망을 주시니 감사드립니다(즐거움). 이제 이 일을 크고 강력하게 성장시켜 주시기를 기도합니다.

존의 기도는 마프디의 온라인 과정에 참석한 아랍권 구도자 공동체에 기반을 두고 있다. 우리는 그들 중 여러 사람의 이름과 이야기를 알게 되었고, 또한 10여 명이 온라인으로 세례 받는 모습을 보았다. 따라서 존의 기도는 예수님의 구유 곁에 모인 사람들을 떠올리게 한다. 즉 존은 예수님의 이야기를 본 것이다.

다이앤과 로버트, 그리고 존의 기도에는 그들의 모습이 잘 드러난다. 다이앤은 느낌을 중심으로, 로버트와 존은 생각을 중심으로 기도를 이끌어 간다. 이는 아내와 내가 함께 기도할 때의 모습과 거의 흡사하다. 다이앤은 지역적인 관점으로(그곳의 청년에 초점을 맞춰), 로버트와 존은 우리의 큰 기도를 기억하며 세계적인 관점으로 기도한다. 이로써 우리가 다시 인격적인 기도의 교향곡을 연주하는 것이다.

기도할 때 마음을 합하는 것의 문제

만약 함께 기도하기 위해 모인 사람들의 마음이 서로 나뉘면, 특히 문화와 정치적인 이슈에 대해 생각을 달리하면 어떻겠는가? 성경의 말씀은 분명하다. 만약 우리가 한마음이 되지 못한다면 잠잠해야 한다. 바울은 고린도 교인에게 보내는 편지에서, 우상에게 제물로 바쳤던 고기를 먹어서는 안 된다고 믿는 연약한 형제자매에게 이 문제의 진리를 알려주는 것보다는 그들을 배려하는 마음이 더 중요하다고 말한다(고전 8장). 결과적으로 바울은 고린도 교회의 기도 모임에서 사람들이 우상에게 바친 고기를 먹는 것에 대한 두려움에서 해방되게 해달라고 기도하지는 않았을 것이다. 물론 보다 소규모의 모임이나 바울 혼자서는 그런 기도를 했을 수 있다.

이러한 배려는 기도 메뉴의 모든 칸에 다 적용되지만, 그중에서도 특히 진리와 정의를 위해 기도하는 '정직함' 칸에 잘 적용된다. 나는 직원들에게 서로 생각이 일치하지 않을 수 있는 정치적 이슈에 대해 기도할 때는 조심해 달라고 당부한다. 2020년 여름에 일어난 폭동(2020년 5월 25일, 미국 미네소타주 미니애폴리스에서 백인 경찰이 무장하지 않은 흑인을 제압하는 과정에서 결국 그를 질식사에 이르게 한 일을 말한다.-역주) 때 나는 기도회에 앞서 이런 말을 했다. "우리는 다양한 정치적 견해를 가지고 있습니다. 그러니 현시대의 문화적 상황을 놓고 기도할 때는 좀 더 신중하게 우리가 마음을 하나로 합할 수 있는 분야에 대해서만 기도해 줄 것을 권면합니다. 예를 들면 '샬롬', 곧 평화를 위한 기도는 언제든지 가능합니다." 그렇게 하지 않으면 우리의 기도회가 약화될 뿐 아니라, 실상은 사랑이 약화될 것이다.

이와 관련해 매우 어려운 질문이 뒤따른다. 우상에게 바친 음식처럼 '견해'에 불과한 것은 무엇이고(고전 8장), 의붓어머니와 저지르는 근친상간과 같이 악행인 것은 무엇인가(고전 5장)? 옳지 않은 의견은 존중하며 다뤄야 하고, 악행은 공개적으로 반대해야 한다. 무엇이 의견이고 무엇이 악행인지, 무엇에는 침묵하고 무엇에는 공개적으로 반대하는 기도를 해야 하는지 알려면 철저히 성경을 바탕으로 한 성령님의 인도가 필요하다.

지난주에 우리 교육위원 한 명이 성전환을 한 상사에 대해 이야기한 후 우리는 우리 문화 속에 있는 성 정체성 혼란의 문제를 놓고 15분간 기도했다.

우리는 이 기도 메뉴를 어떻게 사용할 수 있는가? 만약 우리가 가족이나 친구와, 혹은 교회에서 기도 모임을 한다면 기도하기 전이나 중간, 혹은 그 후의 어느 때라도 이 기도 메뉴를 참고할 수 있다. 기도 전에 살펴본다면, 소홀히 할 수 있는 분야를 보다 적극적으로 채워 넣을 수 있을 것이다. 기도 중간에 보면 기도하고 있는 주제를 더욱 분명히 인식하고 그에 합당한 방향으로 이끌 수 있다. 기도 후에 보면 진단된 마음의 상태를 점검하여 그것을 기도 일지에 기록할 수 있다.

목회자에게 전하는 말

그동안 교회에서는 문화적 이슈들에 대해 기도하는 것을 조심해 왔다. 왜냐하면 우리가 기도 제목으로 제시하는 거의 모든 것들이 다른 사람을 불쾌하게 할 수 있다는 이유 때문이다. 침묵하는 것은 지혜로울 수 있으나 그로 인해 공백이 생기게 된다. 우리가 겪고 있는 엄청난 규모의 문화적 변동에 관해 공적으로 기도하는 일은 거의 듣기 힘들다. 하지만 과거에도 늘 그랬던 것은 아니다.

1775년 폴 리비어(Paul Revere)가 말을 타고 달려와 영국군의 습격 계획을 알리자, 민병대는 지휘관을 뽑아 무장한 채 마을 광장에 모였다. 그들이 가장 먼저 한 일이 무엇이었는지 아는가? 목사에게 조언을 구했다.[2] 민병대는 '우리가 영국의 정규군과 맞서 싸워야 할지, 아니면 물러나야 할지' 궁금했다. 그들은 당장에 직면한 문화적 문제를 이해하기 위해 목사에게 도움을 청했다. 오늘날로 치자면 사람들이 목사에게 이런 질문을 한 것이다. "그리스도인은 페이스북에 무엇을 올려야 하나요? 우리가 너무 조심스러운가요? 아니면 공적인 광장에서 떠나야 하나요?"

목사들이 기도할 때, 적어도 여기 미국의 북동부 지역에서는, 최신 뉴스를 바탕으로 기도하는 경향이 있었다. 하지만 그것은 "비판하지 말라"(마 7:1)는 예수님의 명령이나 혹은 "주께서 오시기까지 아무 것도 판단하지 말라"(고전 4:5)고 한 바울의 선언을 쉽게 간과한 결과이다. 그렇다면, 이제 어디서부터 시작해야 하는가? 나라면 무엇을 기도해야 하는지, 그리고 그것을 어떻게 기도해야 하는지부터 기도할 것이다. 장로들과 함께 성령님으로부터 지혜의 선물을 구하는 기도를 할 것이다.

우리 교회는
기도합니다

제 5 부

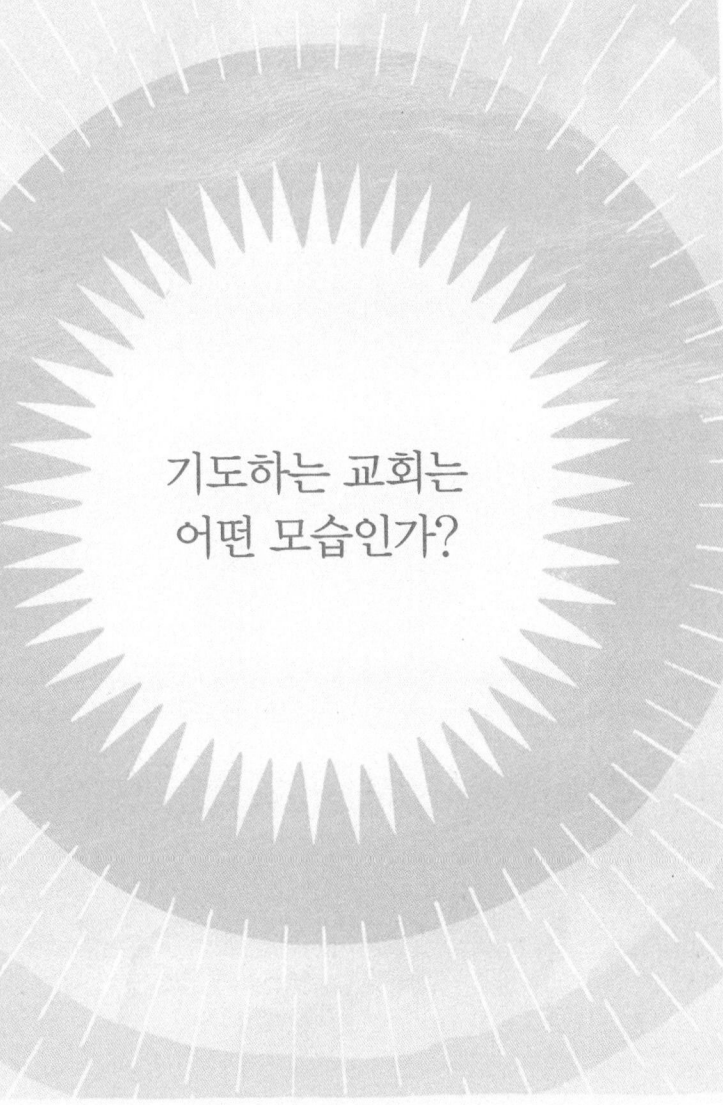

기도하는 교회는
어떤 모습인가?

A PRAYING CHURCH

23

쉬지 않고 기도한다는 것

지금까지 우리는 기도할 때 지켜야 할 몇 가지 내적인 균형에 대해 살펴보았다. 이제는 우리 주변의 다양한 공동체 안에서 쉬지 않고 기도하는 일로 관심을 돌려보고자 한다. 내 경우에는 아침 식사 시간에 손주들과 기도하기, 친구와 기도하기, 아내와 기도하기, 그리고 어머니와 기도하기, 이 모두가 쉬지 않고 하는 기도 모임이다.

얼마 전 아내와 나는 아들 앤드루의 식구들과 함께 식당에서 아침 식사를 했다. 식사를 마치자 고맙게도 종업원이 우리 손주들에게 장난감이 든 상자를 줬다. 세 아이 모두 플라스틱 용수철을 골랐는데, 그중 네 살배기 세스의 용수철은 1분도 채 안 돼 완전히 엉켜 버렸다. 나는 50년이 넘도록 엉킨 장난감 용수철 푸는 일에 한 번도 성공한 적이 없다. 그러나 소망은 영원히 마르지 않는 법. 나는 다시 한번 시도했다. 결과는 또 실패였다. 나는 그 엉킨 용수철을 아이 아빠인 앤드루에게 주었다. 앤드루는 기술자였지만, 그래도 역시 실패했다.

나는 세스에게 말했다. "같이 기도하자구나." 우리는 엉킨 용수철을 풀게 해달라고 기도했다. 그러자 문득 이런 생각이 떠올랐다. '용수철에서 엉키지 않은 곳을 찾아서 그 부분을 잡고 천천히 돌리다 보면 저절로 풀리지 않을까.' 다시 시도하는데, 이번에도 풀리지 않으면 어떡하나 긴장이 되어서 용수철을 쳐다보지도 못했다. 그런데 성공한 것이다! 환한 미소를 짓는 세스에게 용수철을 건네주면서 말했다. "보렴, 하나님이 우리 기도를 들어주셨잖니!"

세스와 나는 쉬지 않고 기도했다. 우리 앞에 엉킨 용수철이 놓인 순간부터 자연스럽게 기도가 흘러나왔다. 하나님은 우리를 도우셨을 뿐만 아니라 세스의 믿음도 굳세게 하셨다. 한 가지 후회되는 점은 내가 기도할 것이 아니라 세스에게 기도해 보라고 하지 못한 것이다. 그렇게 했더라면 그 아이의 기도 주체성이 더 커졌을 것이고, 아이의 믿음도 더 깊어졌을 것이다.

우리는 쉬지 않고 기도하는 것을 흔히 혼자서 조용히 온종일 기도하는 것으로 생각하곤 한다. 물론 그것도 좋지만, 거기에는 다른 사람들과 주저 없이 기도한다는 더 넓은 의미도 포함되어 있다. 이 시대의 개인주의적인 문화 때문에 바울이 가르쳐 준 쉼 없는 기도가 개인적으로 내면화된 것이다. 하지만 집단 중심의 문화에서는(신약 시대와 같은), 신자들이 다른 이들과 함께 기도하자고 하는 것이 자연스러운 일이었다. 왜냐하면 기도는 '내가' 하는 일이 아니라 '우리가' 하는 일이기 때문이다.[1]

이 글을 쓰고 있는 중에 아들 존에게서 전화가 왔다. 몹시 들뜬 목소리로 그는 친하게 지내는 가족의 십 대 딸이 바로 어제 그리스도에 대한 신앙을 고백했다는 소식을 전했다. 존은 이 여자아이를 집으로 초대해 다시 한번 복음에 관해 설명해 준 뒤 기도해 보기를 권했다. 그러자 아이는 "저는 기도하는 법을 몰라요"라며 주저했다. 그리스도인에게 기도는 호흡인 것을 알았던 존은 이렇게 말했다. "쉬워. 그냥 하나님께 네 마음속에 있는 것을 말하면 돼." 마음속에서 우러나온 그 아이의 기도는 아름다웠다.

다음으로 존은 기독교 지도자와의 힘든 관계에 대해 내게 조언을 구했다. 그 이야기를 듣고 나는 "존, 네 말을 들으니 네게 잠시 기도할 시간이 필요할 것 같구나"라고 말했다. 일전에도 이와 비슷하게 내가 어떤 기독교 지도자를 위해 기도할 시간을 가졌던 일을 들려주었다. 존은 내 생각에 동의했고, 이로써 우리는 쉬지 않고 기도하게 되었다.

다음으로 아내에게서 전화가 왔다. 아내는 요즘 관계 문제를 겪고 있다고 털어놓았다. 이야기를 다 듣고 나는 물었다. "그 사람과 함께 기도하고 있나요?" 아내가 답했다. "그럼요. 일주일에 몇 번씩 해요." 나는 다시 이렇게 말했다. "좋아요. 그렇다면 성령님이 마법을 행하실 문이 열려 있다는 뜻이네요." 대화를 나누던 중 주님이 내게 한 가지 생각을 떠올려 주셨고, 나는 이 관계에 도움을 줄 만한 간단한 일 한 가지를 제안했다. 우리는 그 자리에서 기도하지는 않았지만, 이러한 상황을 놓고 매일 함께 기도했다. 우리는 쉬지 않고 기도한 것이다.

이처럼 쉬지 않고 기도하는 일은 여러 가지 다른 모양으로 나타날 수 있다. 고장 난 장난감을 놓고 세스와 내가 함께 기도한 일, 아들 존이 십대 청소년에게 기도하라고 권한 일, 내가 존에게 관계에서 한발 물러나 기도하라고 권한 일, 마지막으로 아내의 친구에 관해 계속해서 기도하며 관심을 가진 일 등이 그것이다. 쉬지 않고 기도하면 하나님을 의식하게 된다. 우리가 우리 아버지와 꾸준히 대화하며 살아갈 때 예수님의 생명이 그분의 교회를 통해 고동친다.

많은 그리스도인이 쉬지 말고 기도하라는 바울의 권면을 서양의 개인주의적 관점으로 바라보고 그 요구가 개개인 각자에게 적용되는 것이라고 생각한다. 물론 그 권면은 나 자신에게 적용된다. 그러나 바울은 "기도에 항상 힘쓰며"(롬 12:12)라는 말에서 복수형 동사(프로스카르테룬테스, προσκαρτεροῦντες)를 사용하고 있다. 또 '쉬지 말고' 혹은 '끊임없이'라는 의미의 헬라어 단어 '아디알레이프토스'(ἀδιαλείπτως)를 총 네 번 사용하는데, 그중에 세 번은 기도하거나 하나님께 감사하는 것과 관련하여 복수형 동사를 사용한다(살전 1:2; 2:13; 5:17). 그 말은 곧 '너희 모두가, 다 함께, 너희의 공동체 안에서, 쉬지 말고 기도하라'는 의미이다.

기도하는 공동체가 살아 숨 쉬게 되면, 곳곳에서 자발적인 기도 모임이 생겨난다. 일정을 정해 기도회를 열면 그 공동체는 쉼 없는 기도에 닻을 내리게 되고, 그로써 앞서 내가 묘사했던 것과 같은 자발적인 기도의 문도 열린다. 쉬지 않는 기도는 마치 물 댄 동산처럼 예수님의 공동체에 자양분을 공급하는 것이다. 이제 친구 관계나 가족, 결혼 관계와 같이 그리스도의 몸을 이루는 작은 공동체 안에서 어떻게 이런 일이 일어나는지 좀 더 자세히 살펴보도록 하자.

배우자와 함께 기도하기

배우자와 함께 기도하는 일은 유달리 더 어려울 수 있다. 앞에서도 어떤 목사가 아내와 함께 기도하지 않는다고 했던 것을 언급한 바 있다. 그분이 실제로 했던 말을 들으면 아마도 많은 분이 공감할 것이다. "아내와 저는 함께 기도하는 일이 별로 없습니다. 아내와의 사이에 뭔가 묘한 장벽이 있습니다. 저희의 결혼 생활 자체는 정말 좋은데, 솔직히 말해서 규칙적으로 함께 기도하거나 경건의 시간을 갖는 일은 전혀 없습니다."

배우자와 함께하는 기도는 굉장히 친밀한 일이다. 오늘 아침에 내가 택시를 기다리는 동안 아내와 나는 5분 정도 같이 기도할 시간이 있었다. 한 4분 즈음 되었을 때 나는 혹시 택시 기사를 기다리게 하지는 않을까 초조해지기 시작했다. 그래서 살짝 눈을 떠 휴대 전화를 내려다봤다. 그러자 아내는 이를 눈치채고(이런 걸 놓치는 법이 없다!) 이렇게 말했다. "당신이 전화를 확인하고 있으면 기도를 할 수 없어요." 그렇게 우리의 기도는 끝났다.

택시 사건은 논외로 하고, 나는 배우자와 함께하는 기도의 비밀을 발견했다고 생각한다. 그것을 한마디로 하면 '동질화'(incarnate)이다. 다시 말해 전적으로 배우자의 입장에 서는 것이다. 즉, 당신의 아내가 기도회를 이끌고자 한다면 그렇게 하게 두라. 당신의 남편이 10분간 기도하기를 원한다면 10분 동안 기도하게 하라. 당신의 아내가 기도하는 동안 당신의 잘못을 고쳐 주려 한다면 고쳐 주게 하라. 혹 기도하다 나중에 쓰레기를 버려 달라는 부탁을 한다면 그렇게 하게 두라. 함께 기도하는 일은 훼손되기가 너무 쉬워서 그것을 성공적으로 해내려면 자신의 의지를 완전히 내려놓는 것 외에는 방법이 없다. 아내가 기도하고 있을 때 휴대 전화를 확인하지 않는 일도 그러한 일 중 하나다!

그렇다면 이제 어떻게 시작해야 하는가? 아마 짐작하겠지만, 기도를 위해 먼저 기도하는 것이다! 약 5년 전에 나는 기도 카드 한구석에 "함께 기도할 수 있도록 도와주시옵소서"라고 써놓으면서 이 일을 시작했다. 당시에는 그것을 어떻게 이룰 수 있을지 확신이 없었다. 하지만 얼마 지나지 않아 나는 아내의 성경 읽기 계획표를 따라가면 되겠다는 생각이 들었다. 그래서 아내와 같은 본문의 성경을 읽기 시작했다. 그러다 보니 거기서 접점이 생겼다. 나는 아내와 함께 같은 방에서 경건의 시간을 가져도 되는지 물었다. 아내는 혼자 있을 때는 큰 소리로 기도하는 것을 좋아해서 약간의 조절이 필요했지만, 그래도 괜찮다고 했다. 그러고 난 뒤 나는 짧게나마 같이 기도하는 시간을 갖자고 제안했다. 아내는 좋다고 했고, 그렇게 해서 지금 우리는 매일 약 10분 정도 함께 기도한다.

부부가 함께 기도하면 어떤 유익이 있는가? 첫째, 앞서 언급했던 것처럼 아내는 나보다 기도를 더 잘한다. 그녀에게는 마음속 깊은 곳까지 하나님을 모셔 들이는 끈기가 있다. 또한 쉽게 감정이 격해져 애통해하기도 한다. 가끔씩은 그런 열정에 내가 의기소침해질 때도 있지만, 아내 덕분에 내 기도가 더 좋아지도록 도움을 얻고 있다. 사실 우리는 서로의 기도에 도움을 주고 있다. 나는 질서와 믿음을, 아내는 열정과 정직을 불어넣는다.

둘째, 우리에게는 하나님이 하시지 않으면 제대로 해낼 수 없는 일들이 셀 수 없이 많다. 그중에서도 가장 큰 것은 우리 손주들의 마음속으로 들어가는 일이다. 현재 우리는 너무도 사랑하는 열네 명의 손주들이 있다. 뻔한 말 같지만, 우리가 기도할 때 하나님이 일하신다. 규칙적으로 기도하면 관계 속에서 '목표 정하기'를 더 잘할 수 있다. 즉 우리 손주들에게 어떤 필요가 있는지를 알게 되고, 그로써 그 아이들을 사랑하는 새로운 방법을 깨닫게 된다.

셋째, 아내와 함께 기도하는 것은 그녀의 영혼을 돌보는 일인데, 이는 말만 해서는 절대 불가능한 일이다. 우리의 영혼은 함께 기도하고, 그리스도를 먹고 자라나며, 우리의 마음과 열망을 억누르기보다는 함께 쏟아 내도록 지음 받았다.

마지막으로 가까운 관계에서, 특히 나 자신과 상대방의 죄로 복잡하게 뒤얽힌 인간관계 가운데, 우리가 사랑을 지속해 갈 수 있는 유일한 길은 그 관계를 기도로 가득 채우는 것뿐이다. 쉼 없는 사랑에는 쉼 없는 기도가 필요하다.

친구와 함께 기도하기

데이비드 폴리슨과 나는 오랫동안 좋은 친구 관계를 맺고 있다. 우리는 서로를 위해 꼬박꼬박 기도해 왔지만, 함께 기도한 적은 없었다. 우리가 친구로 지낸 지 15년이 되던 해에 데이비드는 점심 식사 후에 내게 한 가지 제안을 했다. 내 차나 혹은 자신의 차 안에서 함께 기도하자는 것이다. 마치 첫 데이트라도 하듯 묘한 느낌이 들었다. 물론 그런 감정은 당연히 아니었다. 두 사람의 그리스도인이 잠시 시간을 내어 함께 기도하는 것처럼 자연스러운 일은 없다. 그럼에도 처음에 어색함을 느낀 이유는 우리가 사는 이 시대의 정신이 기도를 '경건한' 자들만의 전유물처럼 여기기 때문이다. 하지만 우리는 범접할 수 없는 영적인 사람처럼 보이고 싶은 것은 결코 아니었다.

한번은 데이비드가 심장 수술을 받은 후에 병원에서 내게 전화를 걸었다. 목소리에 힘이 전혀 없었다. 그 친구에게서 그렇게 기력 없는 소리를 들어본 적이 없었다. 그는 어지러운 자신의 감정을 털어놓았다. 자신이 살아 있는지조차 느끼지 못하겠다고 했다. 후에 데이비드는 우리가 나눴던 통화에 대해 이렇게 표현했다.

> 나는 믿을 수 있는 친구에게 전화를 걸어 어떤 일이 있었는지 털어놓았다. 지금까지도 그 친구는 자신이 그때 왜 그런 행동을 했는지 설명하지 못하고 있다. 그는 내게 생리학적인 정보를 알려 주지 않았다. 그는 "걱정하지 말게"라고 말하지도 않았다. 내게 어떤 질문을 하지도 않았고, 내게 어떤 조언을 하지도 않았다. 또한 나를 위해 기도하지도 않았다. 대신 그는 성전에 오르는 시편을 하나씩 하나씩, 총 열다섯 편을 쉬지 않고, 아무런 설명도 없이, 시편 120편에서 134편까지 전부 다 읽어 주었다. 그는 나를 매우 어려운 상황에 처한 한 인간으로서 돌봐 주었던 것이다.[2]

그때 나는 무슨 생각을 했던 것일까? 데이비드가 말했듯이 나는 소리 없이 기도하고 있었다. 그의 고통이 너무도 깊어 보여서 내가 무슨 말을 하든 그저 얄팍한 싸구려 위로처럼 느껴질 것 같았다. 하물며 조언은 생각조차 하지 않았다. 수화기 너머로 기도하는 것조차 그가 겪는 고통의 깊이에 비하면 너무도 미약할 것 같았다. 야고보는 우리에게 싸구려 기도에 대해 꾸짖는다. 극심한 고난의 길을 지나는 사람에게 "평안히 가라, 덥게 하라, 배부르게 하라"(약 2:16)라고 기도해서는 안 된다.

그러자 문득 내 마음속에 떠오른 생각은 데이비드가 시편을 좋아한다는 것이었다. 그래서 그를 위해 기도하기보다는 한발 물러나 성령님이 기도의 책을 통해 직접 그를 살펴주시도록 했다. 이렇게 성령님이 말씀을 통해 다시금 그의 생각을 이어 주시자 그는 몰라보게 평안을 되찾을 수 있었다.

성령님의 역사에 나타나는 전형적인 그 특징, 곧 '놀라움'을 주목해 보라. 데이비드와 나, 우리 두 사람 모두 성령님의 인도하심에 놀라지 않을 수 없었다. 성령님은 나를 기도의 길로 인도하지 않으셨다. 적어도 내가 일상적으로 하던 방식은 아니었다.

또한 여기서 나타나는 J−곡선의 패턴, 즉 그리스도와 함께 '죽음'으로 내려가는 그 패턴도 주목하라. 내가 아내에게 동질화하는 것은 일종의 그러한 죽음이다. 마찬가지로 데이비드를 위해 나의 말로 기도하지 않는 것은 얼른 문제를 해결하려고 하는 나의 성향을 멈추게 하는 일이었다. 사랑으로 인해 나의 기도가 새로운 모습을 띠게 되었다.

그뿐 아니라 우리는 기도 제목을 나누면서 서로의 성장을 도왔다. 한번은 데이비드가 나를 위해 어떻게 기도해 주면 좋겠는지 물었다. 나는 이렇게 답했다. "하나님이 내게 '어린아이와 같은 믿음'을 주시고, 나의 행동과 말이 '다른 이들에게 도움이 되게' 해달라고 기도해 주게." 훗날 데이비드는 나의 이런 기도 제목에 대해 글을 쓰기도 했다.[3] 그리고 시간이 흘러 내가 『일상 기도』의 원고를 쓰고 있는데, 동료인 밥 알럼스가 내게 사람들에게 도움이 되는 책을 쓰라고 권면했다. 밥의 권유에 나는 약간 움찔했다. 그때 나는 사람들의 '삶을 변화시키는' 책을 쓰고 싶었는데, 성령님은 그저 '도움이 되는' 책을 원하셨다. 그래서 나는 집필하는 가운데 그 책이 사람들에게 도움이 될 수 있게 해달라고 기도했다.

어머니와 함께 기도하기

나의 어머니 로즈 마리 밀러 여사는 런던에서 내 누이인 케런과 함께 지내면서 남아시아인을 섬기는 선교사로 일한다. 어머니는 노인을 공경하는 아시아 여성들을 제자화하는 일에 적극적이다.

매주 일요일 이른 아침에 우리는 약 40분간 이야기를 나누고 10분 정도 함께 기도한다. 나는 어머니의 이야기를 듣는 것이 즐겁다. 어머니는 매번 다른 인도 여성과 친구가 되었다는 이야기를 들려준다. 그 모든 친구 관계에는 오랜 시간 발전해 온 이야기가 담겨 있다. 또 어머니는 일이 잘 안 풀릴 때 내게 편안한 마음으로 슬픔을 털어놓는다. 그러면서도 노쇠해 가는 육체에 대해서는 불평하는 적이 거의 없다. 내 목표는 어머니께 믿음의 권면을 해드리는 것인데, 그 방법은 사랑이다.

우리의 기도는 그저 '마무리 순서'가 아니다. 우리는 함께 기도할 것을 알기에 대화도 그에 따라 달라진다. 우리가 처음 함께 기도하기 시작한 것은 약 12년 전에 내가 어머니의 손주들 스물네 명 중 예수님을 따르지 않는 아이들을 위해 기도하자고 제안하면서부터다. 또 한번씩은 어머니의 증손주들 쉰네 명을 위해서도 기도한다. 우리는 하나님이 그 아이들 중 몇몇을 그리스도께로 이끌어 주시는 모습을 보았다. 이제는 우리의 기도를 어머니의 선교팀을 위해 확장했다. 이 기도에 대한 놀라운 응답도 경험했지만, 특별히 더욱 기쁜 일은 어머니의 믿음이 굳건해지는 모습을 볼 때다.

시간을 정해서 하던 기도가 작은 공동체(예컨대 나의 어머니와 함께하는 기도)로 확장될 때 그것이 교회의 문화를 빚는다. 예수님의 공동체가 하나님을 아는 예수님처럼 변해간다. 그것이 바로 '기도하는 교회'이다.

24

한 형제가 된다는 것

　수년 전에 아들 존과 그의 친한 친구 팀이 나를 찾아왔다. 둘은 내게 성적인 미혹에 대해 멘토가 되어 달라고 부탁했는데, 나는 이 말을 듣고 전율을 느꼈다. 젊은 그들은 예수님을 향한 열정에 가득 차 있었으나 동시에 사적으로는 성적인 죄에 사로잡혀 있었다. 그들은 스스로 변할 수 없음을 깨닫고 도움을 청하러 온 것이다. 최근에 존과 팀은 그때 일을 돌아보며 내게 이런 말을 했다. "친구들과는 성적인 미혹에 넘어갔던 일을 터놓고 이야기했지만, 사람들 앞이나 성숙한 그리스도인 앞에서는 그것을 숨겼습니다. 우리가 서로에게 자신의 죄를 고백하는 것은 어렵지 않았지만, 그것은 맹인이 맹인을 인도하는 것에 불과했습니다. 우리 둘 다 상대방에게 변화를 권하는 말을 하지 않았습니다. 도움이 없었다면 앞으로 20년이 지나도 똑같은 삶을 살았을 것입니다."

　성에 관한 범죄는 남성에게 있어 한 가지 의미심장한 장점을 가진다. 그러한 죄는 너무도 강력하고 그 유혹을 뿌리치기란 너무도 어려워서,

오직 그리스도를 깊이 아는 지식이 아니고서는 결코 그 권세를 깨뜨릴 수 없다. 바로 그 점 때문에 내가 전율을 느꼈던 것이다. 소망의 빛이 떠오르고 있었다.

기도를 배움: 제자 됨의 핵심

우리가 함께 만나기 시작했을 때 한 가지 문제가 발생했다. 나는 그들의 상태를 매우 심각하게 보았으나, 정작 그들은 그렇게 보지 않았다. 그들이 원했던 것은 특정한 메뉴얼이나 조언, 그리고 의무사항 같은 것이었다. 나는 그러한 것으로는 피상적인 변화밖에 만들 수 없다고 알려 주고 싶었다.

그들은 상황이 나아지길 바랐지만, 나는 그들이 예수님의 죽음으로 들어가기를 원했다. 그들이 절망하기를 바랐고, 스스로 변화할 수 없음을 깨닫길 바랐다. 그래서 마치 우리에게 공기가 필요하듯이 그들이 성령님을 갈구하기를 원했다. 그로부터 5년 동안 나는 매일같이 그들을 위해 다음의 말씀으로 기도했다. "오직 너 하나님의 사람아 이것들을 피하고 의와 경건과 믿음과 사랑과 인내와 온유를 따르며"(딤전 6:11).

내 기도의 넓이에 주목해 보라. 존과 팀은 단순히 성적인 범죄에만 초점을 맞추었다. 하지만 그것은 흡사 헬스클럽에 가서 오른쪽 팔만 운동하는 것과 같다. 성적인 범죄는 방종한 삶에서 비롯되는 빙산의 일각에 불과하다. 나는 삶의 방향이 바뀌어야만 한다는 것을 알았다. 그래서 그들에게 이렇게 말했다. "너희는 지금 에베레스트산에 오르고 싶다고 말하는데, 실상은 에베레스트산과 동네 뒷산을 헷갈리고 있어. 그뿐 아니라 너희는 배도 너무 나왔고, 살도 너무 쪘고, 게다가 지나치게 자만하고 있다."

나는 미봉책으로 얼른 문제를 해결하려 하기보다는 그들에게 긴 싸움을 대비하게 했다. 만약 그들이 이 일이 불가능하다는 것을 깨닫고 아울러 자신의 연약함을 보게 된다면 그들은 기도할 것이다. 그리고 무엇보다 그들은 예수님이 철저히 아버지를 의존하셨던 것처럼 '아무것도 스스로 할 수 없다'는 사실을 배워야만 했다.

그래서 나는 가장 먼저 그들이 잘못을 저지른 '후에' 기도하라고 가르쳤다. 그것은 자신의 죄를 인정하고, 그다음에는 예수님의 용서하심을 의지하여 자신이 하나님의 아들이자 그리스도의 형제가 되었음을 기억함으로써 그 죄를 끊어 버리는 간단한 고백의 기도이다. 나는 간단명료하게 고백하고, 그 뒤에 간결하게 그리스도께 돌이키기를 원했다. 그리고 그러한 고백은 우리 셋이 모인 공동체 안에서 직접 대면한 상태로 하거나 아니면 문자로라도 하게 했다.

나는 그들이 자신의 죄에 대해 "어젯밤에 망쳐 버렸어. 왜 계속 이런 짓을 하는지 모르겠어. 난 정말 엉망진창이야"라며 침울해하기를 바라지 않았다. 죄를 부끄러워하는 것은 좋지만, 그 죄에 갇혀 허덕이길 원하는 것은 아니다. 나는 그러한 부끄러움이 분명한 고백으로 이어지기를 바랐다. 하나님께 나아와 그리스도 안에서 안식을 얻지 못하는 부끄러움은 그저 죗값을 치르기 위해 자기 자신을 두들겨 패는 고행에 불과하다. 그보다는 이렇게 하는 편이 더 좋다. "아버지여, 지난밤에 ○○을(를) 하여 아버지께 죄를 지었습니다. 그리스도의 피로 저의 죄를 덮어 주셔서 감사합니다. 저 스스로는 변할 수 없습니다. 제가 죄를 미워할 수 있도록 도와주십시오!" 죄인에게 은혜가 내려진다는 것을 잘 알면서도, 침울해하며 후회만 하고 있으면 십자가를 향해 절반밖에 가지 못하는 것이다.

일단 이렇게 그들이 죄를 지은 '후에' 꼬박꼬박 그 죄를 고백하기 시작하자, 다음에는 죄를 짓는 '중에' 기도하라고 권면했다. 이 말에 그들은 매우 놀랐지만, 나는 그들의 모든 삶이 온전히 예수님의 다스림 안에 있기를 원했다. 일반적으로 어떤 죄를 짓던 우리는 철저히 하나님의 얼굴을 피하려고 한다. 그러나 죄의 능력이 가장 강력하게 나타날 때 기도로 그 죄를 가로막으면, 사탄의 힘이 약해지고 성령님이 일하실 공간이 생겨난다. 후에 팀이 이런 말을 했다. "폴 아저씨가 처음에 이렇게 하라고 했을 때 정신 나간 일처럼 보였어요. '멈추고 그 순간에 예수님을 모셔 들이라고?' 전 나중에 하나님께 이야기하려고 했죠. 하지만 죄를 짓고 있는 바로 그 순간에 주님을 모셔 들이면 그분께 모든 것을 말씀드려야 하잖아요. 그것이 죄의 권세를 약화시켰어요."

그러나 그들 안에 성숙함이 자라기 시작한 것은 그들이 유혹에 넘어지기 '전에' 먼저 기도하거나 기도를 요청했을 때부터다. 성적 유혹에 대한 취약성은 경고등이 먼저 들어오지 않는다. 대개 그런 사람은 자기 자신에만 몰두하다가 낙담하고 우울해하거나, 아니면 그저 얼른 문제를 덮어 버리려고 애쓴다. 후다닥 죄를 짓고 아무 일도 없었다는 듯 자신에게 "통과!"라고 외치는 것이다. 그래서 이런 싸움에는 '문자로 기도하기'가 필수적이다. 아래는 몇 년 전에 이들이 보내 왔던 문자 메시지들이다.

여러분, 저를 위해 기도해 주세요! 오늘 밤 저는 너무도 힘이 빠지고 자기 연민에 사로잡혀 있답니다. 상태가 좋지 않아요!

우편함에 성인물 광고지가 들어 있었어요. 보자마자 내버렸지만, 표지 사진만으로도 힘들어 죽을 것 같아요. 전에는 이런 게 온 적이 없는데, 오늘은 무슨 일인지 모르겠어요.

다음은 문자로 기도하며 나눈 대화이다.

팀: 오늘 아침은 잘 지내고 있어요. 계속해서 싸우고 있죠. 기도해 주셔서 감사해요.
나: 문자 고맙다. "아버지여, 팀에게 아버지의 영을 부어 주시옵소서."
존: 정말 잘됐다! 문자 고마워! 예수님, 오늘도 우리가 모두 주님을 바라볼 수 있도록 도와주세요.

다음 날,

팀: 예수님, 오늘도 주님과 함께 이 하루를 시작하니, 주님의 영께서 이 싸움 가운데 계속해서 저를 인도해 주세요.
존: 아멘. 예수님, 오늘도 팀이 주님의 기쁨과 승리를 맛보도록 도와주십시오.

이러한 '문자 기도회'는 진부해 보일 수 있지만, 사실 부끄러움에 대한 확실한 승리와 성경적인 남성상을 보여 준다. 그리스도 안에 있는 진정한 남성은 '거듭거듭' 자신의 연약함을 고백하고 도움을 구한다. 예수님이 우리 죄를 용서해 주신다는 사실을 믿는 것과, 우리가 그 죄를 백번이나 짓고 난 뒤에도 그것을 믿는 것은 전혀 별개의 문제다. 어느 시점에 가면 우리는 예수님이나 혹은 우리의 친구들이 용서의 한계에 도달했을 거라고 생각한다. 베드로는 그 한계점이 일곱 번이라고 생각했다. 하지만 예수님은 그의 생각을 고쳐시면서 일곱 번을 일흔 번까지라도 용서하라고 말씀하신다(마 18:21-22).

반복해서 죄를 고백하면 부끄러움의 초점이 자기 혐오에서 죄 혐오로 움직여 부끄러움의 권세를 깨뜨리게 된다. 죄 고백은 부끄러움을 죄의식으로 바꾸는데, 이 죄의식은 예수님의 피로 쉽게 무너뜨릴 수 있다. 후에 존은 각기 다른 시점의 기도가 갖는 가치를 다음과 같이 건강에 비유해서 표현했다.

- 유혹 후에 기도하기: 119에 전화하거나 응급실로 뛰어가기
- 유혹 중에 기도하기: 의사를 만나 건강검진 받기
- 유혹 전에 기도하기: 건강한 식습관 배우기, 규칙적으로 운동하기

성적인 유혹에 넘어지는 거의 모든 경우는 설사 그것이 자신의 욕망을 억제하는 일에 불과할지라도, 자기 연민이나 고통을 회피하려는 측면이 강하게 나타난다. 그래서 나는 고난을 받음으로써 어떻게 내가 '예수님의 고난에 참여하게' 되었는지, 그리고 그것이 어떻게 유혹의 권세를 약화시킬 수 있었는지 존과 팀에게 자주 되새겨 주었다. 그렇게 아주 서서히 작은 기도 공동체가 형성되면서 우리는 한 형제가 되었다.

냉소주의의 장벽 극복하기

우리가 제자훈련을 진행하던 몇 년 동안 나는 존과 팀에게 '지속적인' 기도의 패턴이 없는 것을 발견했다. 우리의 작은 공동체 외에 그들의 개인적인 기도 생활은 거의 존재하지 않았다. 에베레스트산의 첫 번째 베이스캠프에는 도달했지만, 더 높은 곳의 캠프와 궁극적으로 정상까지 올라갈 영적인 힘과 체력이 없었던 것이다.

왜 기도하지 않는지 묻자 그들은 농담 반 진담 반으로 이렇게 답했다. "아저씨가 저희를 위해 기도해 주시는데 저희가 왜 기도해야 하죠?" 나는 이렇게 대답했다. "아침에 딱 5분만 해보렴." 그들은 실패했다. 그래서 이번에는 시간을 1분으로 줄였지만, 역시 실패했다. 그때서야 비로소 기도를 가로막는 그 고질적인 문제점을 찾아냈다. 그들은 하나님이 기도를 듣고 행하시리라는 것에 대해 냉소적이었던 것이다.

냉소주의는 좋은 것을 보고도 거기서 어두운 면을 찾아낸다. 모든 밝은 희망을 먹구름이 싸고 있다. 이것은 하늘 아버지께 나아와 "도와주세요. 저 혼자서는 할 수 없습니다"라고 말하는 어린아이와 같은 단순성을 잃어버리게 한다. 심지어 기도 응답을 받더라도 존과 팀은 '어차피 그렇게 됐을 거야'라고 생각했을 것이다. 아니면 그저 '좋아, 됐어' 하고 말았을 것이다.

내가 그들의 냉소주의를 포착할 수 있었던 것은 나 역시 살면서 냉소주의와 맞서 싸웠기 때문이다. 냉소주의는 보통 위선의 탈을 쓴다. 왜냐하면 대개 냉소적인 생각은 속으로 숨긴 채 겉으로는 기도의 소중함에 대해 "아멘"을 외치기 때문이다. 그 둘은 이런 말을 했다. "저희는 너무나 많은 실패를 겪어서 저희가 변화할 수 있을지 확신이 들지 않았어요.

기도에 대해 냉소적이었죠. 하나님이 움직이시리라 기대하지 않았어요. 작은 일은 하실 수 있겠지만, 큰일은 안 하실 거라고 생각했어요. 이런 말을 공개적으로 한 적은 한 번도 없었지만 저희 마음은 그랬어요. 마음 속 깊은 곳에서는 하나님이 저희를 변화시켜 주실지 의심했어요."

나는 그들이 기도의 세계로 들어서도록 강하게 밀어붙였다. 단 1분만이라도 그들이 하늘에 계신 우리 아버지와 대화를 하게 된다면, 하나님을 만나기 시작할 것이고, 또한 그분이 그들의 삶을 세밀하게 돌보심을 발견하게 될 것이다. 나는 그들이 우리의 세계, 곧 우리 아버지의 세계가 놀라운 힘으로 가득 찬 것을 발견하기를 원했다.

결국 그들의 냉소주의는 정결함을 향한 우리의 기도에 하나님이 놀라운 응답을 주심으로써 깨어지고 말았다. 내가 그들과 함께 많은 노력을 기울인 뒤에도 우리는 여전히 베이스캠프를 크게 벗어나지는 못했다. 그러자 그들은 스스로 서로 친분이 있는 친구를 한 명 찾아갔다. 그 친구는 성적인 미혹을 전문으로 하는 재능 있는 상담가였다. 그들이 그 친구와 가까이 지내며 노력한 결과 그들의 삶에 극적인 돌파구가 생겨났다. 지혜로운 이 그리스도인 친구는 내가 하지 못했던 방식으로 그들이 자신의 습관을 깊이 들여다보도록 도왔다. 그 둘에게 일어난 변화는 참으로 놀라웠다.

여기에는 우리 아버지께서 역사하실 때 나타나는 모든 특징이 다 담겨 있다. (1) 하나님이 우리의 기도를 들으셨다. 팀과 존은 둘 다 극적으로 변화되었다. 자신을 괴롭히던 죄에 대해 본질적이고 지속적인 승리를 거두었다. 그들은 에베레스트를 정복했고, 그것은 내게 마르지 않는 기쁨이 되었다! (2) 성령님이 주시는 그 특유의 놀라움, 곧 상자 밖에서 오는 놀라움이 있었다. 그들에게 일어난 대부분의 변화는 기도하는 사람이 만들어 낸 것이 아니다. 하나님은 여러 성도를 통해 그분의 영광을 나타내심으로써 우리가 교만의 덫에 빠지지 않도록 지키신다.

존과 팀은 완전히 변화되어 지금은 성적인 미혹으로 고통 받는 젊은 남성들을 제자화 하는 사역을 하고 있다. 그리고 그 사역의 가장 중심에는 바로 기도가 있다. 이는 내가 감히 상상조차 하지 못했던 일이다! 그 둘은 이제 기도하는 남성이 되어 언제라도 나와 함께 기도하곤 한다. 존은 자신이 훈련하는 남성들에게 함께 기도하는 것이 얼마나 중요한지 다음과 같은 말을 남겼다.

제가 훈련생들과 함께하는 일 중에 큰 부분을 차지하는 것은 '문자 기도'입니다. 처음에는 다들 이것을 싫어합니다. 하지만 유혹에 맞서 싸우는 일은 함께해야만 한다는 것을 배워야 합니다. 우리는 함께 기도하는 것을 배우는 모임입니다. 여러분은 이 여정에 홀로 있지 않습니다. 혼자서는 이 여정을 끝낼 수도 없습니다. 사실 여기서는 그저 혼자서 하는 기도가 허락되지 않습니다. 여러분은 기도 문자를 보내야 합니다. 서로에게 문자로 보낸 고백을 읽음으로써 우리는 서로가 무엇을 위해 기도하고 있는지 알 수 있습니다. 여러분의 동료가 하나님 앞에 엎드리고 있습니까? 자기 연민은 아닙니까? 부활 없는 죽음을 보고 있지는 않습니까? 그들은 예수님 안에서 그분의 은혜와 평안을 누리기 위해 나아옵니까?

우리가 다른 사람들을 기도하는 공동체 안으로 인도할 때, 하나님의 영께서는 어떤 신비하고 알 수 없는 방식으로 그 상황에 생명을 불어넣으신다. 나는 삶과 사역에서 실패하는 그리스도인들을 보았다. 그들은 항상 자신이 실패한 이유를 다른 곳에서 찾으려 한다. 하지만 그들은 자신이 기도하지 않았다는 것, 즉 성령님께 귀를 기울이지 않았다는 것을 까맣게 모르고 있다.

기도에 대한 남성들의 알레르기

일반적으로 남성들은 함께 기도하는 일을 힘들어한다. 팀과 존은 내게 이런 말을 했다. "남자들은 기도를 정말 힘들어해요. 너무 정적이기 때문에 여자들이 하는 일처럼 느껴지거든요." 그렇지만 기도는 이미 두 사람의 인생 가운데 스며들어 있었다. 그 둘은 계속해서 이렇게 말했다.

일단 변화가 시작되니까 저희는 기도 없이는 변하는 것이 불가능할 뿐만 아니라 기도로 인해 그 변화가 새롭게 된다는 것을 깨달았어요. 그동안 우리가 배웠던 모든 제자훈련의 도구들이 기도를 통해 생명을 얻게 되었죠. 이 모든 것이 기도 없이는 지속될 수 없어요. 우리가 하나님의 사람으로 살아가는 유일한 길은 신뢰할 수 있는 사람들과 함께 기도하는 것뿐입니다.

문화적 상류층으로부터 남성성이 공격받는 지금 시대의 현실 속에서 남성들은 더욱 노골적인 형태의 남자다움에 집착하고 있다. 예를 들어, 내가 아는 대부분의 젊은 목사들은 규칙적으로 운동을 한다. 다들 몸짱이다. 하지만 그들의 기도 생활을 파고들면 영 그렇지 못하다.

남자들이 기도에 다가가지 못하게 하는 또 다른 장벽은 남자식 유머이다. 남자들은 서로 놀리기를 좋아한다. 놀리기는 오만한 사람을 낮추는 아주 좋은 역할을 하지만, 그것이 습관이 되면 거짓된 친밀감으로 이어진다. 가까워진 것 같은 느낌이 들지만, 그저 허울뿐이다. 상상 속의 친근함은 껍데기에 불과하다. 나는 어려운 일이 닥칠 때 이런 남자들의 문화가 산산조각 나는 모습을 여러 번 보았다.

우리가 이 에베레스트산을 오르는 방법을 배움으로써 연약한 남성들이 기도를 통해 자신의 연약함을 우리 주 예수님께 내려놓을 줄 아는 용사로 변화되기를 소망한다.

목회자에게 전하는 말

젊은 목사에게 그들의 기도 생활에 대한 멘토링을 할 때 나는 그들이 얼마나 강한 성적 미혹을 받고 있는지 물어보는데, 대부분 그 미혹이 대단히 크다. 그리고 나서는 내가 싸우고 있는 성적 미혹은 어떤 것인지, 그것을 위해 어떻게 기도하는지, 그리고 하나님이 어떻게 나를 도우셨는지 공유한다. 내가 "여러분은 자신에게 닥쳐오는 성적 미혹에 대해 어떻게 기도하십니까?"라고 물으면, 대부분 침묵만이 흐른다.

목사라는 직분은 그 정체성으로 인해, 또 그 정체성을 지키려는 노력 가운데 성적 미혹과의 싸움이 더욱 격렬할 수 있다. 혹시라도 수치를 당할까 하는 두려움이 너무 크기 때문이다. 게다가 우리는 죄에 사로잡힌 것 같은 목사를 교회가 어떻게 대해야 하는지 잘 모른다는 사실을 본능적으로 알고 있다.

또한 나는 목사들에게 교회 안에서 의지가 강한 형제자매들과의 관계가 어떤지도 물어본다. 많은 경우에 이들은 교회 내의 의지가 강한 사람들, 그래서 실제적인 경험이 풍부한 사람들과 관계가 좋지 않을 때가 많다. 실무 경험이 적은 목사는 이런 사람들의 지혜와 관대함이 필요한 경우가 자주 있다. 그런데 이런 사람들은 때때로 비판적이거나 주도권을 쥐려 하기도 한다. 그래서 나는 목사들에게 이렇게 묻는다. "여러분은 교회에서 성격이 센 남녀 성도들을 위해 꾸준히 기도하고 계십니까?" 그러면 또 침묵이 흐른다.

결국 사역 현장에서 가장 힘든 두 가지 영역, 곧 성과 권력 문제에 있어서 많은 목사가 거룩한 공동체에 참여하고 있지 않다. 나는 그들에게 매일같이, 구체적으로, 그리고 우리의 도움이 필요한 일이나 사람을 위해 할 수만 있다면 한 형제들과 함께 기도하라고 권면한다.

25

금식하며 기도한다는 것

    기도의 형식과 관련해 거의 사라진 것 중 하나가 바로 금식이다. 내가 금식 기도를 처음 접한 것은 30년 전이다. 젊은 부부 한 쌍이 와서 그들이 아내의 아버지에게 결혼 허락을 받으러 찾아갔을 때 이야기를 들려주었다. 그 아버지는 3일 동안 금식 기도를 했다고 한다. 너무도 중요한 일을 놓고 지혜를 얻기 위해 그 아버지는 금식에 들어갔고, 결국 그 결혼에 대해 평안한 마음을 얻어 금식을 멈췄다. 그 당시에는 이 아버지가 왜 금식을 했는지 잘 몰랐지만, 성경에 금식에 관한 언급이 있다는 사실과 무언가 돌파구가 필요할 때 우리가 금식을 거의 당연한 일로 전제한다는 사실은 알고 있었다.

    이번 장에서는 내가 경험한 금식 이야기를 나누고자 한다. 하지만 자랑하기 위함은 아니며(마 6:16-18), 단지 길을 안내하려는 목적에서다. 왜냐하면 오늘날에는 금식하는 일이 비교적 보기 드물기 때문이다.

돌파구를 찾기 위한 금식

돌파구를 찾기 위한 금식이라는 주제는 성경 곳곳에 나타나 있다. 에스더서를 보면 아하수에로왕이 모든 유다인을 죽이라는 조서를 내린다. 그러자 유다인 공동체 전체가 금식하며 애통해한다(에 4:3). 이에 에스더는 왕을 찾아가기로 결심한 뒤 유다인 동족에게 자신과 함께 사흘간 금식하기를 요청한다(16절). 그 결과는 어떻게 되었는가? 왕이 에스더의 요구를 들어주어 유다 백성을 구할 수 있었다.

느헤미야 역시 예루살렘 성벽이 무너졌다는 소식을 듣고 그 즉시 금식하며 기도하기 시작했다(느 1:4). 우리는 나중에야 그가 금식하며 기도하는 동안 마음속에 한 가지 계획이 떠올랐다는 사실을 알게 된다. 아마도 우리는 그 순서가 거꾸로 되었다고 느낄 것이다. 우리는 먼저 계획을 세운 다음, 하나님께 우리의 계획에 복을 내려 달라고 부탁하지 않는가? 그러나 순서가 바뀐 것은 바로 '우리'다.

기도와 금식은 성령님이 새롭게 움직이실 수 있는 기반을 마련한다. 누가는 특히 이 주제에 민감하다.

- 마리아와 요셉이 아기 예수님을 데리고 성전에 갔을 때, '주야로' 금식하며 기도하던 안나는 그 즉시 그분을 알아보았다(눅 2:36-38).
- 예수님은 공생애를 시작하실 때 40일 동안 금식하셨다. 그분은 성령님께 '이끌려' 금식하셨고, 금식을 마치신 후에는 성령님의 '능력'으로 광야를 떠나셨다(눅 4:1-2, 14).
- 바울이 다메섹 도상에서 그리스도를 뵈었을 때 그는 사흘 동안 금식했다(행 9:9).

- 바울과 바나바를 보내는 결정은 기도와 금식을 통해 이루어졌다(행 13:2-3).

그렇다면, 이처럼 금식에 특별한 효과가 있는 이유는 무엇인가?

금식은 왜 효과적인가

30년 전 내가 매주 금요일마다 24시간 금식을 시작했을 때, 금식이 왜 그렇게 효과적인지 나는 곧 알게 되었다.

금식은 우리의 가장 기본적인 욕구인 식욕을 억제함으로써 우리와 하늘 사이에 놓인 가림막을 얇게 만든다. 금식을 하면 우리 영혼에 어떤 일이 일어나게 되는데, 그로써 우리는 영적인 세계를 더 잘 알게 된다. 곧 하나님과 그분의 방식에 우리 자신을 더욱 일치시키게 되는 것이다. 금식은 음식에 대한 욕구를 죽이고, 기도는 시간에 대한 욕구를 죽인다. 금식은 우리의 육체적 욕망을 죽이는 것이고, 기도는 우리의 정신적 욕망을 죽이는 것이다. 사실 나는 그 당시 내가 겪던 힘든 일 때문에 매주 금식을 시작했는데, 그 역경의 시간으로 인해 이미 그 전부터 가림막이 얇아지던 중이었다.

금식이 효과를 내는 이유는 그로써 우리가 그리스도의 죽음에 잠시나마 참여하기 때문이다. 우리의 가장 기본적인 필요(음식) 중 하나를 죽임으로써 우리는 바울이 말한 그리스도의 고난에 참여한다(빌 3:10). 이는 인위적으로 우리의 자아를 죽음으로 몰아넣는 것이다. 우리의 육체에 꼭 필요한 무언가를 일시적으로 죽이면 성령님이 그 자리를 채우신다. 그러므로 금식을 하면 놀라움, 새로운 능력, 새로운 지혜 등 성령님이 역사하시는 다양한 증거들이 나타난다.

음식 때문에 우리가 살아가는 세상이 어지러워졌다. 물론 진짜 문제는 음식 자체가 아니다. 아담과 하와가 반역하여 금지된 과일을 '보고', '따서', '먹었기' 때문에 일어난 일이다(창 3:6). 금식은 바로 그 욕망을 거부함으로써 어그러진 질서를 되돌린다. 예수님이 5천 명을 먹이신 다음 날 아침, 군중의 마음속에는 떡에 대한 욕망이 가시지 않았다. 그들은 또 한 번의 무료 식사를 바라며 가버나움 해변에서 예수님을 대면했다. 사람들은 예수님이 모세처럼 광야에서 만나를 내려 주신 것을 깨달았지만, 예수님은 여전히 그들의 요구를 거절하고 오히려 그들에게 영원한 떡을 바라보라고 말씀하셨다(요 6:22-35). 금식을 통해 우리의 시각이 육체적 떡에서 성령님의 떡으로 옮겨진다. 아담이 보고, 따서, 먹었던 일이 멈추고 예수님이 마지막 성찬 자리에서 떡을 취하여, 찢고, 나누어 주심으로 생긴 생명의 교제로 들어가는 문이 열린다. 우리의 가장 기본적인 욕구를 억제함으로써 우리의 참된 욕구를 보게 되는 것이다.

또한 오래 금식하면 할수록 우리의 육체는 더 약해진다. 금식이 길어질 때 나타나는 결과에 대해 다윗은 다음과 같이 표현했다.

> 금식하므로 내 무릎이 흔들리고
> 내 육체는 수척하오며(시 109:24).

이렇게 육체의 연약함 가운데 있을 때 우리 영혼의 상태를 들여다보게 되고, 이로써 기도가 수월해진다. 빈곤은 그 종류를 막론하고(재정, 관계, 금전 등) 하나님 앞에 우리의 마음을 열어 주기 때문이다. 빈곤은 우리를 약하게 하고, 더 이상 가진 것이 없는 우리는 은혜를 갈구할 수밖에 없다. 예수님은 바울에게 말씀하시기를 "내 능력이 약한 데서 온전하여짐이라"(고후 12:9)라고 하셨다.

식사를 준비하고 먹는 시간을 아끼면 기도할 시간이 더 많아지기도 하겠지만, 이는 부차적일 뿐이다. 금식은 하늘을 향해 창문을 여는 일이며, 또한 예수님이 하신 기도에 대한 응답이다.

뜻이 하늘에서 이루어진 것 같이
땅에서도 이루어지이다(마 6:10).

보이지 않는 세상에서 우리가 유리한 자리를 차지하게 하는 것이 바로 금식이다.

공동의 회개를 위한 금식

교회가 J-곡선에서 소홀히 하는 한 가지는 회개를 통한 죽음이다. 바울은 골로새서 3장과 로마서 8장에서 공동의 회개와 그리스도의 죽으심을 분명히 연결 짓고 있다. 또한 구약은 거듭해서 기도와 금식을 회개와 결부시킨다.

- 요엘 선지자는 이스라엘 백성에게 금식하며 회개하라고 간청한다. "여호와의 말씀에 / 너희는 '이제라도 금식하고 울며 애통하고 마음을 다

하여 내게로 돌아오라 하셨나니 / 너희는 옷을 찢지 말고 마음을 찢고 너희 하나님 여호와께로 돌아올지어다'"(욜 2:12-13).
- 다니엘이 이스라엘을 대표해 그들의 죄를 회개할 때 그는 "금식하며 … 주 하나님께 기도하며 간구하기를" 결심했다(단 9:3).
- 느헤미야도 다니엘과 같이 금식하는 가운데 이스라엘이 저지른 공동의 죄를 회개했다(느 1:4-11).

금식을 통해 마음속에서 원하는 것을 들여다봄으로써 우리는 겸손해지고 미약해진다. 다윗은 대적들이 자신의 금식을 곡해하는 것을 애통해하며 금식과 겸손을 연결 지었다.

내가 곡하고 금식하였더니
그것이 도리어 나의 욕이 되었으며(시 69:10).

교회에서 더 이상 금식과 회개를 연결 짓지 못하게 된 한 가지 이유는 우리가 죄를 공동의 문제가 아닌 개인적인 것으로 생각하기 때문이다. 게다가 공동의 죄, 예를 들어 물질주의 같은 죄는 발견하기가 굉장히 어렵다. 공동의 죄는 모든 사람이 가담하고 있기 때문에 공동체 안에서 그 죄에 대한 압박이 거의 없다. 모두가 하고 있으니 정상적인 것처럼 느껴진다.

미국 초기의 청교도들은 금식과 기도의 날을 자주 선포했다. 농사가 잘 안되거나 교회에 문제가 생기면 그들은 '치욕의 날'을 선포하곤 했다. 그날에는 해가 뜰 때부터 질 때까지 금식하고 교회에 모여 그 문제에 대한 설교를 들었다. 그러고 나서 하나님이 도우시면 다시 감사의 날을 가졌다. 아래는 기도와 금식의 날에 관해 한 청교도 목사가 자신의 일기장에 기록한 내용 중 몇 가지를 가져온 것이다.[1]

- 1645년 1월 2일: '계절적인 곤경'과 교회와 마을의 염려로 인해 엄숙한 치욕의 날을 지킴.
- 1647년 1월 1일: '이 마을의 몇몇 사람이 질병과 죽음으로 인해 고통' 당해 하나님이 '이날 이후로' 그 손을 거두어 주시기를 바라며 금식함.
- 1648년 4월 15일: 교회의 권징에 저항한 어떤 교인을 위한 치욕의 날.
- 1661년 2월 28일: 교회 안의 모든 사람과 화목을 이루기 위해 '말씀 앞에서 치욕의 날'을 가짐.

히브리 선지자처럼 청교도들 역시 일어난 일을 절대로 추상적으로 보지 않았고, 오히려 그로 인해 자신의 마음 상태를 들여다보았다. 이런 청교도의 전통을 따라 링컨 대통령은 남북 전쟁 중에 서로 다른 사안에 대해 전국적인 금식과 기도의 날을 세 번 선포했다.

모두가 알듯이 성적인 죄, 특히 남성의 이 죄가 우리의 교회를 휘감고 있다. 캠퍼스 사역의 지도자 한 분이 내게 말하길, 그 사역팀에 지원하는 사람 중에 남성은 100퍼센트, 여성은 50퍼센트가 음란물에 관한 문제를 겪고 있다고 했다. 성적 순결을 위한 기도와 금식의 날을 선포하여 이 소리 없는 살인자를 '쫓아내는' 것은 어떨까?

공동체의 기도와 금식에서 기대할 수 있는 것

신약 이후의 초대 교회에는 금식이 널리 자리 잡고 있었다. 그리스도를 따르는 사람들은 "신랑을 빼앗길 날이 이르리니 그 때에는 [교회가] 금식할 것이니라"(마 9:15)라고 하신 예수님의 말씀을 진지하게 받아들였다. 초대 교회의 어떤 필사자는 예수님이 "기도 외에 다른 것으로는 이런 종류가 나갈 수 없느니라"(막 9:29)라고 하신 말씀에서 기도에 '금식'을 덧붙였다.[2] 초대 교회의 대다수 교부들은 금식을 권고하는데, 다음과 같이 금식의 효과를 이해했다.[3]

- 사순절 기간에 하는 금식은 '그리스도와 함께 죽음'을 경험함으로써 그분과의 연합으로 나아가는 길이었다.
- 세례 받기 전에 금식함으로써 마음을 준비했다.
- 금식을 통해 거룩함과 정결함을 고취했다.

금식할 때는 그 무엇보다 예수님의 죽으심과 부활 안으로 이끌려 들어가게 될 것을 기대하라. 이교적인 사상과는 달리 금식은 능력을 얻어 내거나 하나님을 우리 뜻대로 움직이게 하는 수단이 아니다. 그것은 이스라엘 백성이 하나님께 불평을 쏟아 낼 때 했던 행동이다.

우리가 금식하되 어찌하여 주께서 보지 아니하시오며
우리가 마음을 괴롭게 하되 어찌하여 주께서
알아 주지 아니하시나이까

> 보라 너희가 금식하는 날에 오락을 구하며
> 온갖 일을 시키는도다(사 58:3).

내가 매주 금요일에 금식 기도를 시작했던 그 해, 나는 내 인생에서 가장 힘든 시기를 보내고 있었다. 하나님이 내 오장육부를 다 비워 내셨다. 나의 인생길을 뒤바꾸셨고, 한 방향에서 끌어내어 전혀 다른, 예상치 못한 방향으로 보내셨다. 만약 그때 누가 내게 "부활은 어디 있는가?", 혹은 나를 계속해서 낮추시는 일 외에 "하나님은 무엇을 하고 계시는가?"라고 물었다면, 나는 할 말이 없었을 것이다.

하나님이 내 삶을 통제하신다는 신호를 조금도 찾을 수 없었다. 하지만 하나님은 내게 최고의 선물을 주고 계셨다. 그것은 바로 그분의 아들께서 걸어가신 죽음과 부활의 길로 나를 이끄시는 것이다. 그분의 능력은 약한 데서 온전해진다.

한번은 내 친구 목사가 금식 기도를 시작한 후에 교회에서 그의 삶이 얼마나 더 어려워졌는지 이야기했는데, 나는 그 말에 놀라지 않았다. 그는 이렇게 말했다. "지난겨울을 지나면서 교회 내 중직자들 간에 갈등이 계속해서 커졌다네. 나는 기도와 금식을 너무 심하게 해서 아내가 그만하라고 완강하게 말릴 정도였지. 체중도 너무 많이 빠지고 몰골이 수척해져 늘 피곤해했기 때문이야."

내가 금식하며 보낸 그 힘든 시기에서 빠져나올 수 있었던 부활로는 여러 가지 형태가 있었는데, 그중에서 가장 중요한 것은 4년 후 우리가 씨지저스를 시작한 일이다. 가장 마지막 순간에 가서야 새로운 사역이 하나의 가능성으로 떠올랐다. 이 패턴은 지금도 계속되고 있다. 이 책에서 주님이 돌파구를 여신 여러 가지 이야기를 소개했는데, 그 모든 이야기는 내가 매주 하는 금식 기도에서 나온 것들이다.

아프리카 원주민 선교를 하며 무슬림 이맘(영적 지도자)에게 복음을 전하는 한 단체의 지도자는 모든 직원에게 해마다 처음 40일간 금식을 하게 한다. 그들은 오직 채소 주스만 마시면서 지탱한다. 몇 해 전까지 그들은 1,500명 이상의 이맘을 그리스도께 인도했다.

자, 이제 하나의 공동체로서 금식하며 기도하는 일을 시작하려 한다면 마음을 단단히 먹어야 할 것이다!

금식을 위한 실제적인 제안

아래는 나의 개인적인 경험에서 가져온 몇 가지 제안인데, 물론 공동체 전체에도 적용할 수 있다. (이 제안은 의료 전문가의 조언을 대체하지 않는다. 항상 의사의 지시를 구하도록 하라.) 먼저 24시간 금식에 관한 몇 가지 제안이다.

- 24시간 금식은 두 끼를 거르는 것을 뜻한다. 처음에는 오후가 되면 무척 허기를 느낄 수 있지만 곧 적응하게 된다.
- 음식을 금하는 것과 소셜미디어와 뉴스를 금하는 것을 결합하려고 시도해 보라.
- 커피나 차, 혹은 채소 주스를 마시라. 가능하면 과일 주스는 피하라.
- 저혈당증이나 그와 유사한 증상이 있다면 부분적 금식을 고려하라.
- 평소에 하던 일과 운동 일정을 그대로 유지하라. 누구에게도 금식 중이라는 말을 하지 말라.

- 긴 시간 조용히 기도를 하거나 일기 쓰기, 혹은 성경 읽기 시간을 한 번 가지라.
- 매주 금식하라. 그러나 정해진 규칙은 없다.
- 아침과 점심에 금식한다면 저녁에 폭식하지 말라. 경험상 그렇게 하면 목적을 이루지 못한다!

힘든 시기를 보낼 때 아내와 나는 3일 금식을 했는데 때로는 함께, 또 때로는 각자 했다. 우리의 금식에는 거의 언제나 특정한 목표가 있었다. 다윗왕은 자신을 배신한 동료들을 위해 애통하는 가운데 자신이 어떻게 그들을 위해 기도하고 금식했는지 묘사한다.

나는 그들이 병 들었을 때에
굵은 베 옷을 입으며
금식하여 내 영혼을 괴롭게 하였더니
내 기도가 내 품으로 돌아왔도다(시 35:13).

다음은 72시간 금식에 관한 몇 가지 제안이다.

- 가끔씩 허기가 들 것이다. 하지만 그 느낌은 대게 한두 시간이 지나면 사라진다. 우리는 배고픔을 기억해야 한다. 왜냐하면 보통 그때가 우리의 식사 시간이기 때문이다.
- 경험상 이렇게 긴 금식은 셋째 날이 되기 전에는 내 일에 크게 지장을 주지 않는다.

- 이렇게 긴 금식은 분명한 목적이나 문제점을 생각하며 하라. 예컨대, 관계 문제나 건강 문제, 혹은 어떤 돌파구가 필요한 경우 등이 있을 수 있다.
- 가족의 일상적인 저녁 식사에 방해가 될 수 있으므로 나는 아내에게 금식하는 사실을 말한다. 그러면 아내는 "아, 잘됐네요. 요리를 안 해도 되겠어요"라고 말하거나, 아니면 나와 함께 금식을 할 때가 많다. 내가 아내의 금식에 동참할 때도 있다. 만약 나 혼자서 금식을 할 때면 아내와 킴이 식사하는 동안 같이 앉아서 커피나 주스를 마신다.
- 금식하기로 결정하기 전에 먼저 일정을 잘 고려하라. 나는 점심 모임이나 가족 모임이 계획되어 있는 경우에는 금식을 줄이거나 아니면 다른 날에 한다. 만약 친구와 점심 약속이 있으면 금식하고 있다고 설명하고 커피나 차를 마신다.

우리는 이렇게 육욕을 억제하여 교회의 파워트레인을 더욱 강화하는 고대의 전통을 잃어버렸다. 하나님이 얼마나 많은 재앙(암, 인종 갈등, 팬데믹, 민족주의, 청소년의 교회 이탈 등)을 더 보내셔야 우리가 하나님의 목소리를 경청하고 금식 기도의 유익을 기억할 수 있을지 모르겠다.

목회자에게 전하는 말

금식과 기도의 날을 선포하는 것은 모든 이의 일상을 더 넓은 세상과 연결하는 효과적인 방법이다. 그렇게 함으로써 성도는 더 이상 수동적으로 세상의 소식들을 바라보며 자신의 믿음이 메말라 가게 내버려 두지 않는다. 그 소식들을 최전선에 두고 현재의 문화와 자신의 마음속에 있는 악에 맞서 싸우게 된다. 물론 내가 아는 거의 모든 이들이 너무 바빠서 그런 일은 할 수 없다고 말한다. 하지만 그들이 바쁜 삶을 잠시 내려놓고 함께 기도하도록 돕는 일만큼 교회의 '영혼들'을 섬기는 아름다운 길이 또 있겠는가!

나가는 글

열 살 때 캘리포니아주 레드우드시티에 살았는데, 한번은 옻나무가 몸에 닿아 알레르기 반응을 보인 적이 있다. 가려움과 통증 때문에 거의 정신이 나갈 정도였고, 얼굴은 두 배로 부풀었다. 심지어 눈이 돌아가기도 했다. 나중에 누이가 하는 말이 내 꼴이 마치 호박 같았다고 했다!

이 일이 있고 2주 후에 나는 부모님 침대로 기어갔다. 그러자 아버지는 나를 위해 시편 23편으로 기도했다. 기도가 끝나갈 무렵 나는 몸에서 고통이 사라지는 것을 느꼈고, 2주 만에 처음으로 깊이 잠들었다. 다음 날 아침 잠에서 깨었을 때 가려움이 사라지고 없었다. 나는 완전히 나아 있었다. 하나님이 우리의 기도를 들어주신 것이다.

이사야는 기도의 본질을 이렇게 정리한다.

주 외에는 자기를 앙망하는 자를 위하여
이런 일을 행한 신을

옛부터 들은 자도 없고 귀로 들은 자도 없고

눈으로 본 자도 없었나이다(사 64:4).

   흑해의 한 섬에 좌초된 어떤 바이킹 무리가 이와 동일한 경험을 했다. 굶주림에 처한 그들은 이렇게 말했다. "그리스도인의 하나님은 그에게 부르짖는 이들을 자주 도와주신다 … 그 신이 우리 편인지 아닌지 한번 물어보자."[1] 중세 시대의 테러리스트라고 할 수 있는 이 약탈자들은 새롭게 알게 된 기독교의 하나님께 기도했다. 그러자 하나님은 그분의 응답을 기다리던 이들을 위해 행동하셨다.

   또한 폴 리비어가 영국군의 습격을 경고했을 때 매사추세츠 민병대 역시 동일한 경험을 했다. "수많은 부대가 예배당에 모였으나 기도로 하나가 되기 전까지는 출정하지 않았다. 데덤 중심가에서 온 민병대가 예배당 앞쪽에 서 있었는데 목사의 기도 소리가 들려왔다. 그러자 비로소 모

두 함께 출정했다."²

우리 시대 많은 이들이 공동체로 모여 기도하는 전통을 잃어버렸다. 그래서 나는 이 책에서 가장 기본적인 내용을 다루었다. '왜 기도하는가? 교회란 무엇인가? 성령님은 어떻게 일하시는가?' 그리고 '우리는 어떻게 함께 기도하는가?' 등이 그것이다. 그러나 이 모든 내용에도 불구하고 우리는 기도가 어린아이처럼 아버지께 도움을 구하는 것이라는 '단순성'을 간과하기 쉽다.

로마 시대 후기 이집트의 한 수도원 원장은 이를 다음과 같이 잘 표현했다.

> 즐거운 축제를 열고 기쁨에 젖을 때 **예수님께 부르짖으라**. 불안과 고통에 휩싸일 때 **예수님께 부르짖으라**. 어린 소년, 소녀들이 웃을 때 그 아이들이 **예수님께 부르짖게 하라**. 그리고 야만인을 피해 달아날 때 **예수님께 부르짖으라**. 나일강으로 내려가는 이들도 **예수님께 부르짖으라** … 부패한 재판으로 인해 불의를 당한 이들도 **예수님의 이름을 부르짖으라**.³

최근에 어떤 목사 한 분이 내게 다음과 같은 이메일을 보냈다. "오늘 아침 가족 기도 시간에 우리 가족의 친구들을 위해 기도한다고 했더니 다섯 살 된 제 아들이 무척 들떠 있었습니다. 흥에 겨운 나머지 그 아이가 이렇게 말했죠. '모두 뒤로 물러서세요. 제가 기도할 테니까요!'"

자, 이제 모두 뒤로 물러서 있으라. 교회가 기도할 테니!

우리 교회는
기도합니다

주

1. 우리가 정말 잃어버린 것

1) Kenneth Scott Latourette, *A History of the Expansion of Christianity*, vol. 7, *Advance through Storm: A.D. 1914 and After, with Concluding Generalizations* (New York: Harper and Row, 1971), 445–62.

2) James K. A. Smith, *You Are What You Love: The Spiritual Power of Habit* (Grand Rapids, MI: Brazos, 2016), 3; 제임스 K. A. 스미스, 『습관이 영성이다』, 박세혁 역, 비아토르.

2. 누가 기도회를 죽였는가?

1) Ben Patterson, "Vectoring Prayer," *Christianity Today* (online), June 2, 2004, https://www.christianitytoday.com/pastors.

2) "Silent and Solo: How Americans Pray," Barna, August 15, 2017, https://www.barna.com.

3) Immanuel Kant, *Religion within the Boundaries of Mere Reason and Other Writings*, trans. and ed. Allen Wood and George di Giovanni, Cambridge Texts in the History of Philosophy (New York: Cambridge University Press, 1998), 186; 임마누엘

칸트, 『이성의 한계 안에서의 종교』, 백종현 역, 아카넷.
4) 이 책에서 나는 성령님과 그분이 우리 삶 가운데 이루시는 역사를 가리키기 위해 '성령님의'(Spiritual)라는 표현을 사용할 것이며, 이 세상에 실재하지만 눈에는 보이지 않는 어떤 것을 가리키기 위해서는 '신령한'(spiritual)이라는 단어를 사용할 것이다. 개혁주의 학자 대다수는 바울 서신에서 성령님을 가리키는 단어를 대문자(Spiritual)로 써야 한다고 말한다. Geerhardus Vos, *The Pauline Eschatology* (Grand Rapids, MI: Eerdmans, 1961; repr., Phillipsburg, NJ: P&R, 1994), 164-67; 게할더스 보스, 『바울의 종말론』, 박규태 역, 좋은씨앗; Richard B. Gaffin Jr., *Resurrection and Redemption: A Study in Paul's Soteriology* (Phillipsburg, NJ: P&R, 1987), 80-92; 리챠드 B. 개핀, 『부활과 구속』, 손종국 역, 엠마오서적; Anthony Thiselton, *The First Epistle to the Corinthians: A Commentary on the Greek Text* (Grand Rapids, MI: Eerdmans, 2000), 1258, 1283-85; 앤서니 티슬턴, 『고린도전서(상/하)』, 신지철 역, 새물결플러스; Sinclair B. Ferguson, *The Holy Spirit* (Downers Grove, IL: InterVarsity Press, 1996), 54; 싱클레어 퍼거슨, 『성령』, 김재성 역, IVP.
5) 이러한 통찰을 얻게 해준 그레천 배리(Gretchen Barry)에게 감사를 전한다!
6) Edith Schaeffer, *Common Sense Christian Living* (Nashville: Thomas Nelson, 1983), 205.

3. 성령님이 사라지다

1) Geerhardus Vos, *The Pauline Eschatology* (Grand Rapids, MI: Eerdmans, 1961; repr., Phillipsburg, NJ: P&R, 1994); 게할더스 보스, 『바울의 종말론』, 박규태 역, 좋은씨앗. 성령님에 대한 아버지의 새로운 이해는 이 책에서 비롯된다.

2) 아버지와 개핀 교수 모두 성령님에 대한 보스의 통찰력을 더욱 발전시켰다. 아버지는 누가복음, 사도행전, 그리고 요한복음에서 기도와 성령님에 집중했던 반면, 개핀 교수는 바울 신학에 초점을 맞췄다. 참조. Richard B. Gaffin Jr., *Resurrection and Redemption: A Study in Paul's Soteriology* (Phillipsburg, NJ: P&R, 1987), 78-92; 리챠드 B. 개핀, 『부활과 구속』, 손종국 역, 엠마오서적, 그리고 Vos, Pauline Eschatology, 136-71; 보스, 『바울의 종말론』.

3) 개핀은 고린도전서 15장 45절에 대한 주석에서 다음과 같이 썼다. "(성육신하신) 그리스도께서 영적인 자질과 변화를 철저히 경험하시고 또한 성령님을 온전히 부여받으심으로써, 그 결과 이제 그 두 분은 동일한 분이시라 할 수 있다. 이처럼 성령님을 소유하시는 전대미문의 일과 그에 따라 그리스도 안에서 일어난 변화로 인해 우리는 성령님이 생명을 주신다고 말할 수 있을 뿐만 아니라, 또한 성령이신 그리스도께서도 생명을 주신다고 말할 수 있다. 특히 이러한 정체성은 그분들께서 하시는 활동의 측면에서 봤을 때 경제적 혹은 기능적인 것이다." Gaffin, *Resurrection and Redemption*, 87; 개핀, 『부활과 구속』.

4) 지미 아간은 2022년 2월에 나와 주고받은 편지에서 이렇게 말했다. "본 절의 핵심 사항 중 하나는 하나님께 생명을 선물로 받은 아담과, 자신 안에 생명의 본질이 있어 다른 이들에게 생명을 주실 수 있는 그리스도 사이의 차이점을 대조하는 것이다. 아담은 '살아 있는'(ζῶσαν, 조산) 존재이지만, 그리스도는 그 이상이시다. 즉 그분은 '살려 주는' 혹은 '생명을 만드는'[ζῳοποιοῦν, 조오포이운; 동사 '포이에오'(ποιέω)는 '만들다, 하다, 창조하다'의 의미임] 분이시다. 문맥을 보면 바울은 살아 있는 존재의 일반적인 혹은 자연적인 생명을 가리키는 '프쉬키코스'[ψυχικός; '영혼, 존재, 사람'을 의미하는 '프시케'(ψυχή)와 관련]와 성령님이 능력으로 부어 주시는 초자연적인 생명을 가리키는 '프뉴마티코스'(πνευματικός)를 대조하고 있다. 아담에게는 첫 번째 생명이 있다. 그는 실제로 살아 있지만, 그의 생명은 영혼과 육체와 관계와 감정에 있어서 약해질 수 있다. 그리스도께는 두 번째 생명, 곧 부활의 생명이 있다. 그분의 생명은 어떤 측면에서도 결코 약해질 수 없다. 왜냐하면 그것은 성령님에게서 오는 생명이고, 그리스도께서는 성령님의 생명을 우리에게 주

셔서 우리의 영혼이(중생의 거듭남), 그리고 언젠가는 우리의 육체도 살아나게(부활) 하시기 때문이다." 그리스도께서는 성령님을 통하여 넘치는 생명이 있기에 그것을 다른 이들에게 주시고도 '그분 안에 있는 생명은 예나 지금이나 조금도 줄어들지 않는다.' 이 모든 내용이 '생령'(ψυχὴν ζῶσαν, 프쉬켄 조산)인 아담과 '살려 주는 영'(πνεῦμα ζῳοποιοῦν, 프뉴마 조오포이운)이신 그리스도를 대조하는 가운데 들어 있다.

5) Richard B. Gaffin Jr., *By Faith, Not by Sight: Paul and the Order of Salvation*, 2nd ed. (Phillipsburg, NJ: P&R, 2013), 75; 리챠드 B. 개핀 2세, 『구원이란 무엇인가: 바울과 구원의 서정』, 유태화 역, 크리스챤출판사.
6) 예수님은 하나님의 아들이시므로 신비로운 방식으로 온 우주에 가득 차 계시지만, 타락한 세상에는 오직 성령님을 통해서만 오실 수 있다. 이에 대해 개핀은 다음과 같이 진술한다. "부활하신 그리스도께서 생명을 주시는 활동은 직접적으로 행해지지 않는다. 이 일에 없어서는 안 될 필수 요소가 바로 성령님이시다. 오직 성령님과 그리스도의 기능적 일치를 통해서만 그분의 부활에 담긴 구속사적 역사가 일어난다." Gaffin, *Resurrection and Redemption*, 89; 개핀, 『부활과 구속』.
7) 보스는 이것을 다음과 같이 설명한다. "성령님은 부활 행위(resurrection-act)의 주인이실 뿐만 아니라, 마찬가지로 [우리의] 부활 생명(resurrection-life)의 영원한 근간이시기도 하다." Vos, *Pauline Eschatology*, 165; 보스, 『바울의 종말론』.
8) 개핀은 '영광, 능력' 그리고 '생명'을 언급했고, 나는 거기에 '지혜'와 '사랑'을 더했다. Gaffin, Resurrection and Redemption, 69; 개핀, 『부활과 구속』.

4. 성경 속 기도하는 교회

1) 마태는 예수님의 설교 다섯 편을 강조하는데, 이는 모세오경을 연상시킨다. 5-7장, 10장, 13장, 18장, 그리고 24-25장.
2) 예수님이 기도회를 시작하실 수 없었다고 한 것은 성육신하신 하나님의 아들께서 그 제자들에게 계속해서 기도하라고 요구하셨음에도 불구하고 그들이 그렇게 하지 못했다는 의미이다. 이는 나사렛 사람들의 불신 때문에 예수님이 그곳에서 기적을 행하지 못하신 것과 비슷한 상황이다.
3) '함께'라는 단어는 내가 추가했다. 왜냐하면 '기도하라'는 동사가 헬라어 복수형으로 쓰였기 때문이다.
4) 지미 아간은 나와 개인적으로 주고받은 편지(2022년 2월)에서 이렇게 말했다. "사도

행전 1장 1절에서 이에 대한 힌트를 얻을 수 있습니다. 만약 누가의 '첫 번째 책'이 '예수님이 직접 가르치며 행하신 모든 일'을 담고 있다면, 두 번째 책(사도행전)은 예수님이 '성령님이란 대리인과 그분의 능력을 통해 계속해서 가르치고 행하신 일들'을 기록하고 있습니다."

5. 성도가 소외되면 기도를 잃는다

1) 본 장 도입부의 이 내용은 리즈 보보릴(Liz Voboril)에게서 가져왔다. 그녀와 나의 팟캐스트 파트너인 호리는 본 장의 내용에 특별한 도움을 주었다.
2) 지미 아간의 다음과 같은 의견에 감사를 전한다(2022년 2월에 개인적으로 주고받은 편지). "벽돌을 가득 짊어진 것처럼 느끼는 목사에게: 에베소 교회를 향한 사도 바울의 모델을 통해 우리는 아버지의 마음에 가까운 일들을 중심으로 사역의 우선순위를 정함으로써 그 안에서 휴식을 취할 수 있다. 나는 '여러분이 기존에 하던 일을 조금도 바꾸지 않고 이러한 일들을 더 해야 한다'고 제안하는 것이 아니다. 전에 이와 같은 일이 성령님의 선물로 자연스럽게, 그리고 유기적으로 일어났을 때 그것이 얼마나 은혜로운 일이었는지 기억하고 있는가? 이제 그러한 은혜를 더욱 자주, 그리고 더욱 의도적으로 누리기 위해 다른 이들의 도움과 지원을 받아 만들어 낼 수 있는 작은 변화에는 무엇이 있는가? 그것을 우선순위로 삼기 위해 다른 모든 일을 조금 줄이면 어떻겠는가?"
3) 예루살렘 성전에 있는 서쪽 벽 모퉁잇돌 자체(570톤의 단일 암석이다)는 아마도 지하 터널로 내려가야만 볼 수 있다.
4) 우리가 실제 처한 상황은 내가 요약한 3단계보다 더욱 복잡하다는 것을 알고 있다. 어떤 이들은 교회의 가장 중요한 부분이 예배라고 말한다. 혹은 가난한 이웃이나 불신자를 정기적으로 돕는 사역이나 선교를 가장 우선시하는 이들도 있다. 또 어떤 이들은 소그룹 모임을 강조할 수도 있다. 하지만 그럼에도 여전히 이 모든 것들로 인해 기도를 기피하는 현상은 똑같이 생길 수 있다. (이러한 의견에 대해 지미 아간에게 감사를 표한다.)
5) "Church Priorities for 2005 Vary Considerably," Barna, February 14, 2005. https://www.barna.com.

6. 교회가 아닌 그리스도를 먹이라

1) 사람들에게 그리스도보다 교회를 더 먹이는 문제는 대형교회에서 보다 심각하게 나타나는 경향이 있다. 내가 보기에 그러한 문제는 상대적으로 더 작고 활동적인 교회나 의식적으로 제자훈련에 집중하는 교회에서 덜 일어나는 것 같다.
2) 물론 사람이 하나님을 통제하려고 하는 이방 미신이나 종교에서 말하는 마법을 뜻하는 것은 아니다. 단지 예수님의 공동체가 기도하는 공동체가 될 때 일어나는 경이로운 일들을 신선하게 표현하고자 했을 뿐이다.
3) 에베소서 1장 4-14절에 나타나는 바울의 축복에 관한 전체 본문은 다음과 같다. 작은따옴표는 그리스도와의 연합을 보여 주고, 굵은 글씨의 대명사들은 바울이 자신을 성도의 한 사람으로 동일시한 것을 보여 준다.

"곧 창세 전에 '그리스도 안에서' **우리를** 택하사 우리로 사랑 안에서 그 앞에 거룩하고 흠이 없게 하시려고 그 기쁘신 뜻대로 우리를 예정하사 예수 그리스도로 말미암아 자기의 아들들이 되게 하셨으니 이는 그가 '사랑하시는 자 안에서' **우리에게** 거저 주시는 바 그의 은혜의 영광을 찬송하게 하려는 것이라 **우리는** '그리스도 안에서' 그의 은혜의 풍성함을 따라 그의 피로 말미암아 속량 곧 죄 사함을 받았느니라 이는 그가 모든 지혜와 총명을 **우리에게** 넘치게 하사 그 뜻의 비밀을 **우리에게** 알리신 것이요 그의 기뻐하심을 따라 '그리스도 안에서' 때가 찬 경륜을 위하여 예정하신 것이니 하늘에 있는 것이나 땅에 있는 것이 다 '그리스도 안에서' 통일되게 하려 하심이라

모든 일을 그의 뜻의 결정대로 일하시는 이의 계획을 따라 **우리가** 예정을 입어 '그 안에서' 기업이 되었으니 이는 **우리가** '그리스도 안에서' 전부터 바라던 그의 영광의 찬송이 되게 하려 하심이라 '그 안에서' 너희도 진리의 말씀 곧 너희의 구원의 복음을 듣고 '그 안에서' 또한 믿어 약속의 성령으로 인치심을 받았으니 이는 **우리** 기업의 보증이 되사 그 얻으신 것을 속량하시고 그의 영광을 찬송하게 하려 하심이라."

7. 성도가 성도임을 일깨우라

1) Richard B. Gaffin Jr., *By Faith, Not by Sight: Paul and the Order of Salvation*, 2nd ed. (Phillipsburg, NJ: P&R, 2013), 76; 리챠드 B. 개핀 2세, 『구원이란 무엇인가: 바울과 구원의 서정』, 유태화 역, 크리스챤출판사. 3장 전체가 이 절정을 향해 나아간다. 여기서 개핀은 종교개혁의 유산 가운데 이와 같은 연약함이 있음을 비평한다. 개핀

은 다음에 나타난 존 머레이(John Murray)의 통찰을 기초로 하고 있다. "Definitive Sanctification," *Calvin Theological Journal* 2, no. 1(1967): 5–21, 그리고 *Collected Writings of John Murray*, vol. 2, *Select Lectures in Systematic Theology* (Carlisle, PA: Banner of Truth, 1977), 277–84.

2) 나는 이 점을 다음의 책에서 폭넓게 다루었다. Paul E. Miller, *J-Curve: Dying and Rising with Jesus in Everyday Life* (Wheaton, IL: Crossway, 2019), pt. 3.

3) 내 동료인 존 호리가 이것을 다음과 같이 잘 표현했다. "대부분의 교회/목사가 놓치고 있는 핵심은 교회/성도를 올바로 보지 못하는 것뿐만 아니라 사랑이 선교/사역의 중심이라는 사실을 올바로 보지 못하고 있다는 점이다. 우리는 예수님처럼 사랑하는 일의 중요성과 그에 따른 역경은 물론, 심지어 거기서 오는 영광까지도 놓치고 있다."

4) 나는 에베소서 1장 1절에서 '신실한 자들'이란 번역은 '믿는 자들'보다 부족한 번역이라는 맥패든의 견해에 동의한다. Kevin W. McFadden, *Faith in the Son of God: The Place of Christ-Oriented Faith within Pauline Theology* (Wheaton, IL: Crossway, 2021), 256–57.

5) 성도를 새롭게 바라보면 가시 돋친 성격의 사람들을 인내하는 데 도움이 된다. 이런 성격의 사람들도 더 성숙한 성도들이 힘들어하는 곳에 갈 수 있는 능력과 의지가 있는 경우도 많다. 최근에 나는 화가 난 성도를 한 분 만났다. 그분이 말끝마다 내 말을 끊어서 한 문장도 제대로 말할 수가 없었지만, 그럼에도 이분은 많은 이들의 삶에 감동을 주는 사역을 신실하게 하는 분이다. 에베소서 4장 2절의 "모든 겸손과 온유로 하고 오래 참음으로 사랑 가운데서 서로 용납하고"라는 구절은 가시 돋친 성격의 성도와 함께 살아가는 법에 관한 말씀이다. 이 말씀을 통해 나는 마치 오리의 등에 물이 묻지 않고 흘러내리듯 그분의 분노가 나를 흘러 지나가게 할 수 있었다.

6) 데인 오틀런드의 이와 같은 통찰에 감사를 표한다!

7) Martin Luther, *Lectures on Galatians*, vol. 26 of Luther's Works American Edition, ed. Jaroslav Pelikan and Helmut T. Lehmann (Philadelphia: Fortress), 232. 죄(율법)와 용서(복음)에 대해 설교한 사람은 루터가 거의 독보적이었다. 이처럼 좋은 것이 그 자체만으로도 복음을 순전히 부정적인 방향으로 끌고갈 수도 있다. Carl Trueman, *Luther on the Christian Life: Cross and Freedom* (Wheaton, IL: Crossway, 2015), 61–66, 95–97, 173–74 참조. 또한 Gaffin, *By Faith, Not by Sight*, 85–89;

개핀, 『구원이란 무엇인가』, 그리고 Gaffin, *Resurrection and Redemption: A Study in Paul's Soteriology* (Phillipsburg, NJ: P&R, 1987), 14–15; 개핀, 『부활과 구속』 참조.

8) 데이비드 폴리슨은 나와의 개인적인 대화에서 이 "한 줄짜리 기타"에 대해 언급했다. 이를 좀 더 깊이 다룬 내용은 다음을 보라. Powlison, *How Does Sanctification Work?* (Wheaton, IL: Crossway, 2017), 53–60; 폴리슨, 『일상의 성화』, 김태형 역, 토기장이. 지미 아간은 (2022년 2월, 개인적으로 주고받은 편지에서) 다음과 같이 지적했다. "'그저 힘겹게 살아간다'는 태도는 다음과 같은 생각에 뿌리내리고 있는 경우가 많다. (1) 로마서 7장에서 바울이 그리스도인인 자신의 인생을 묘사한 것을 보면 '위대한 사도조차 힘겹게 살아갈 소망밖에 없는데, 나라고 다를 게 뭐가 있겠는가?' 하는 생각. (2) 신약성경에 기록된 육체와 성령님의 싸움은 해결의 기미가 없다고 믿는 것. 이 두 가지 모두 신약의 관련 구절을 올바로 읽은 것이 아니다."

8. 성도는 혼자 기도하지 않는다

1) J. R. R. Tolkien, *The Fellowship of the Ring: Being the First Part of The Lord of the Rings* (1954; repr., New York: Ballantine, 1994), 370; J. R. R. 톨킨, 『반지의 제왕1: 반지 원정대』, 김보원, 김 번, 이미애 역, 아르테.
2) 이 본문에는 네 개의 복수 대명사와 열네 개의 복수 동사가 있다. 우리는 you라는 이인칭 복수형을 빠트리곤 한다. 왜냐하면 영어에서 you는 단수형처럼 들리기 때문이다. 미국의 어떤 지역에서는 자신들만의 복수형 you를 만들어 냈다. 예를 들어, 남부에서는 y'all과 all y'all를, 필라델피아에서는 youse나 youse guys를, 오하이오 리버 밸리에서는 you-uns를, 그리고 피츠버그에서는 yinz를 만들어 사용한다.
3) Carl von Clausewitz, *On War* (New York: Penguin, 1968), 189; 카를 폰 클라우제비츠, 『전쟁론』, 류제승 역, 책세상.
4) Steven Zaloga, *Smashing Hitler's Panzers: The Defeat of the Hitler Youth Panzer Division in the Battle of the Bulge* (Lanham, MD: Stackpole, 2019), 74–75, 78, 205–6, 250.

9. 성령님의 자리는 어디인가?

1) 비유에는 분명 허구적인 요소가 있다. 한 가지 예를 들어, 예수님의 부자와 나사로 비유를 보면 부자는 천국과 지옥 사이에서 아브라함과 대화를 나눈다.

2) 유튜브에서 이 영상을 보려면 "From Now On' with Hugh Jackman"이라고 검색해 보라. 이러한 생각을 공유해 준 우리의 트레이너이자 나의 친구인 티모 스트로브릿지에게 고마움을 전한다.

10. 성령님이 일하시는 방식

1) 다른 한 가지는 에베소서 6장 12절이다. 3장의 미주 2, 3, 5번을 참조하라.
2) 나는 '임의로'라는 말을 '뜻대로'라는 단어로 바꿨다. 왜냐하면 '뜻대로'라는 표현이 요한복음에 나타나는 예수님의 뜻이라는 주제와 연결되기 때문이다. 기도는 나의 뜻을 내려놓는 의지적인 행동이다.
3) 로렌즈 칼슨(Lorenz Carlsen)은 출간되지 않은 책 "The Sad Tale of the Gallant Ship Octavia and Her Master," 13-17에 자신이 쓴 항해기를 남겼다.
4) 나는 이 이야기를 다음 책에서 처음 했다. Paul E. Miller, *A Praying Life: Connecting with God in a Distracting World* (Colorado Springs: NavPress, 2009), chap. 6; 폴 밀러, 『일상 기도』, 윤종석 역, 도서출판CUP. 그리고 후에 다음 책에서 보완했다. Miller, *J-Curve: Dying and Rising with Jesus in Everyday Life* (Wheaton, IL: Crossway, 2019), chap. 21.
5) 이에 대해서는 『일상 기도』 29장 "하나님의 음성을 들으라"에서 깊이 다루었다.

11. 예수님의 이야기로 들어가라

1) Paul E. Miller, *J-Curve: Dying and Rising with Jesus in Everyday Life* (Wheaton, IL: Crossway, 2019).
2) 또한 다음과 같은 리처드 개핀의 말을 참조하라. "부활은 순응의 에너지다. 즉 그리스도의 죽으심에 순응할 수 있게 하는 에너지다. 바울의 존재 속에 나타난 부활의 충격과 인상은 바로 십자가다." Gaffin, "The Usefulness of the Cross," *Westminster Theological Journal* 41, no. 2 (1979): 234.
3) 1996년 아버지가 소천된 후 어머니는 가끔씩 내게 하나님이 아버지의 우상숭배를 다스리시기 위해 심장마비를 허락하신 것 같다는 이야기를 했다. 나는 어머니가 그 말을 하기 전에는 그런 사연이 있었는지 알지 못했다. 물론 절대로 어머니가 아버지의 심장마비를 바랐던 것은 아니다.

12. 전력 공급망을 바꾸라

1) 라칭거를 인용한다고 해서 그가 가진 철학의 다른 부분까지 인정하는 것은 아니다. 그는 계속해서 이렇게 말한다. "우리는 하나님의 추수에 필요한 일꾼을 단순히 고용주가 피고용인을 찾듯이 그렇게 뽑을 수는 없다. 우리는 반드시 하나님께 물어야 하고, 하나님이 친히 이 일을 위한 사람들을 택하셔야 한다. 이는 … 마가복음에서 '예수께서 자기가 원하는 자들을 부르시니'라고 하신 말씀을 봐도 분명히 알 수 있다. 우리가 스스로 제자를 만드는 것이 아니다. 이는 주님께서 자신의 의지로 자유롭게 결정하시는 선택이다. 그리고 그 의지는 아버지와의 친교에 뿌리내리고 있다." Joseph Ratzinger, Pope Benedict XVI, *Jesus of Nazareth: From the Baptism in the Jordan to the Transfiguration*, trans. Adrian Walker (San Francisco: Ignatius, 2007), 170.

2) 포도원 일꾼 비유(마 20:1-6)에 나오는 "일꾼"이라는 단어에서 분명히 알 수 있듯이 예수님은 어부였던 제자들과 같은 블루칼라 노동자를 뜻하셨다.

3) Alasdair MacIntyre, *After Virtue: A Study in Moral Theory, 3rd ed*. (Notre Dame, IN: University of Notre Dame Press, 2007), 30; 알래스데어 매킨타이어, 『덕의 상실』, 이진우 역, 문예출판사.

13. 지도자라면 함께 기도하라

1) "[예수님은] 매일같이 쉬지 않고 하나님과 교제를 나누셨다. 이처럼 새로우며 사실상 전대미문의 비교할 수 없는 하나님과의 친밀함은 예수님이 '내가 **내 아버지** 집에 있어야 될 줄을 알지 못하셨나이까'라고 하신 말씀에서 명확하게 표현되었다." Sinclair Ferguson, *The Holy Spirit* (Downers Grove, IL: InterVarsity Press, 1996), 44; 싱클레어 퍼거슨, 『성령』, 김재성 역, IVP.

2) 2005년 타임지는 존 스토트를 세계에서 가장 영향력 있는 100인 중 한 명으로 선정했다. 인용된 리처드 트리스트의 말은 2011년 5월 24일, 호주 멜버른의 리들리대학(Ridley College)에서 그들이 나눈 대화에서 가져온 것이다.

3) Timothy Dudley-Smith, *John Stott: The Making of a Leader; A Biography of the Early Years* (Downers Grove, IL: InterVarsity Press, 1999), 251; 티모시 더들리 스미스, 『존 스토트: 탁월한 복음주의 지도자』, 정옥배 역, IVP.

4) John Stott, *The Living Church: Convictions of a Lifelong Pastor* (Downers Grove, IL:

InterVarsity Press, 2011), 145; 존 스토트, 『살아 있는 교회: 현존하는 최고의 복음주의자 존 스토트의 교회에 대한 확신』, 신현기 역, IVP.

5) 이때 나는 현재 '서지'라고 불리는 '월드하베스트미션'의 부국장을 맡고 있던 때였다. '새시대자선재단'의 몰락은 180개의 교회와 비영리 단체들에 영향을 미쳤다. 엄청난 도움을 주었던 이 자문위원은 가나안그룹(Canaan Group)의 앨런 듀블(Allen Duble)과 그의 아들 트로이(Troy)였다.

14. 함께 큰 기도로 나아가라

1) 이 이야기는 다음 책에 들어 있다. Paul E. Miller, *A Praying Life: Connecting with God in a Distracting World*, 2nd ed. (Colorado Springs: NavPress, 2017), chap. 22; 폴 밀러, 『일상 기도』 22장, 윤종석 역, 도서출판CUP.

2) John Newton, "Come, My Soul, Thy Suit Prepare"(1779), The Cyber Hymnal, www.hymntime.com.

3) Richard B. Gaffin Jr., *Resurrection and Redemption: A Study in Paul's Soteriology* (Phillipsburg, NJ: P&R, 1987), 80-92; 리챠드 B. 개핀, 『부활과 구속』, 손종국 역, 엠마오서적. 그리고 Geerhardus Vos, *The Pauline Eschatology* (Grand Rapids, MI: Eerdmans, 1961; repr., Phillipsburg, NJ: P&R, 1994), 164-67; 게할더스 보스, 『바울의 종말론』, 박규태 역, 좋은씨앗. '신령한'을 '성령님의'로 바꾼 것은 나의 번역이다.

4) Geraldine Taylor, *Behind the Ranges: The Story of J. O. Fraser* (Littleton, CO: OMF International, 2012), 165-66; 제럴딘 하워드 테일러, 『제임스 프레이저: 아무도 돌보지 않았던 영혼들의 선교사』, 채슬기 역, 죠이선교회.

5) Taylor, *Behind the Ranges*, 198-99; 테일러, 『제임스 프레이저』.

6) Taylor, *Behind the Ranges*, 197; 테일러, 『제임스 프레이저』.

7) 운남성사회과학원 자료실, vol. 412, sec. 20; Ju-K'ang T'ien, *Peaks of Faith: Protestant Mission in Revolutionary China* (Leiden: Brill, 1993), 73에서 인용.

15. 큰 기도를 위한 삼각형

1) 그림의 기도 카드는 내가 그것을 쓴 당시의 내용 그대로이다.

2) Geraldine Taylor, *Behind the Ranges: The Story of J. O. Fraser* (Littleton, CO: OMF

International, 2012), 127; 제럴딘 하워드 테일러, 『제임스 프레이저: 아무도 돌보지 않았던 영혼들의 선교사』, 채슬기 역, 죠이선교회.

16. 기도의 함정을 피하라

1) "크리스마스 대소동", 존 휴즈(John Hughes) 각본 및 공동 제작, 제레미아 체칙(Jeremiah S. Chechik) 연출, 1989년 12월 1일 개봉.
2) "영광의 깃발", 케빈 자르(Kevin Jarre) 각본, 에드워드 즈윅(Edward Zwick) 연출, 1989년 12월 15일 개봉; 참조. "Men of the 54th Regiment Prayer Meeting," Movie Speeches, https://www.americanrhetoric.com.
3) C. John Miller, "Love Received: Receiving Love Comes from Giving Love," 3–4 (chap. 3 of unpublished manuscript, October 7, 1987), the C. John Miller Manuscript Collection, PCA Historical Center, St. Louis, MO, box 3.

17. 낮은 곳에서부터 천천히

1) Megan Hill, *Praying Together: The Priority and Privilege of Prayer; In Our Homes, Communities, and Churches* (Wheaton, IL: Crossway, 2016), 80.

19. 주일 오전 기도를 회복하라

1) Alan Kreider, *The Patient Ferment of the Early Church: The Improbable Rise of Christianity in the Roman Empire* (Grand Rapids, MI: Baker, 2016), 205. I've summarized Kreider's chap. 7; 앨런 크라이더, 『초기 교회와 인내의 발효: 로마 제국 안에 뿌리내린 초기 기독교의 성장 비밀』, 김광남 역, IVP.
2) 가이사랴의 바실리우스(Basil of Caesarea 주후 350년)는 일하러 가야 했던 기능공들과 노동자들이 설교자에게 "짧게 하세요"라고 재촉했다고 말했다. Kreider, *The Patient Ferment*, 197; 크라이더, 『초기 교회와 인내의 발효』.
3) Kreider, *The Patient Ferment*, 204; 크라이더, 『초기 교회와 인내의 발효』.
4) Kreider, *The Patient Ferment*, 213; 크라이더, 『초기 교회와 인내의 발효』.
5) Augustine, 『The City of God』; 어거스틴, 『하나님의 도성-신국론』, 조호연, 김

종흡 역, CH북스; Peter Brown, *The Ransom of the Soul* (Cambridge, MA: Harvard University Press, 2015), 40에서 인용.

6) 하늘에서 성도가 기도한다는 개념이 부패하여 결국은 죽은 성도에게 우리가 돌릴 수 있는 추가적인 공로가 있다는 생각으로 발전했다. 그렇지만, "예수님께 일어나는 일은 우리에게도 일어난다"는 신약성경의 규칙에 기반해 세상을 떠난 성도가 예수님과 성령님처럼 지금도 계속해서 기도하고 있다는 생각은 전적으로 가능하다. 로마서 8장 26, 27, 34절; 히브리서 7장 25절에서 예수님과 성령님의 간구하심을 참조하라.

7) Lausanne Occasional Papers, "Evangelism and Social Responsibility: An Evangelical Commitment," Lausanne Movement (website), 1982. https://lausanne.org/content/lop/lop-21.

8) Tertullian, *Apology* 39, trans. S. Thelwall, http://www.logoslibrary.org; 터툴리안, 『변증서』 제39장, 김광채 역, 부크크.

9) 나는 『일상 기도』에서 22장과 23장을 추가해 이 히브리 애통에 대해 자세히 다루었다. 또한 『사랑하다, 살아가다』의 3장과 6장도 참조하라.

10) 다시 한번 2022년 2월에 나와 개인적인 편지를 주고받으며 이러한 통찰을 얻게 해준 지미 아간에게 감사를 표한다.

11) 팀의 기도를 듣기를 원한다면, 유튜브에서 "Prayer February 20th, 2022," https://www.youtube.com/watch?v=W9V x1wQw80를 참조하라.

12) Jeremy D. Smoak, "Words Unseen: The Power of Hidden Writing," *Biblical Archaeology Review* 44, no. 1 (2018), https:// www .bas library .org.

13) 나는 영지주의가 교회에 미친 영향에 대해서는 『일상 기도』에서, 그리고 영지주의가 "문화의 가면"을 쓰고 나타난 스토아적 금욕주의에 대해서는 *J-Curve: Dying and Rising with Jesus in Everyday Life* (Wheaton, IL: Crossway, 2019), 39, 62-63, 101, 140, 197, 209, 231에서 다루었다.

20. 부활의 렌즈로 바라보라

1) 나는 이 패턴을 다음의 책 4장에서 광범위하게 다루었다. Paul E. Miller, *J-Curve: Dying and Rising with Jesus in Everyday Life* (Wheaton, IL: Crossway, 2019).

2) 나는 이 패턴을 다음의 책 1부에서 다루었다. Paul E. Miller, *Love Walked among Us:*

Learning to Love Like Jesus (Colorado Springs: NavPress, 2001); 폴 밀러, 『우리 사이를 거닐던 사랑』, 마영례 역, 도서출판CUP.

22. 하나님과의 대화를 위한 기도 메뉴

1) 예수님의 이 세 가지 측면은 고대 이스라엘의 세 직분, 곧 제사장직(공감), 선지자직(정직), 그리고 왕직(하나님에 대한 의존과 그분께 대한 복종)과 일치한다. 이 세 가지 측면은 다음의 책 1–3장에서 더 깊이 다루었다. Paul E. Miller, *Love Walked among Us: Learning to Love Like Jesus* (Colorado Springs: NavPress, 2001); 폴 밀러, 『우리 사이를 거닐던 사랑』, 마영례 역, 도서출판CUP.

2) David Hackett Fischer, *Paul Revere's Ride* (New York: Oxford University Press, 1994), 154, 158, 168, 273.

23. 쉬지 않고 기도한다는 것

1) 문화에 대한 이러한 견해에 대해 지미 아간에게 감사를 표한다(2022년 2월, 개인적으로 주고받은 편지).

2) David Powlison, *God's Grace in Your Suffering* (Wheaton, IL: Crossway, 2018), 56; 데이비드 폴리슨, 『고통의 길에서 은혜를 만나다』, 권명지 역, 토기장이.

3) David Powlison, "A 'Moderate' Makeover," *Journal of Biblical Counseling* 26, no. 3 (2012): 3.

25. 금식하며 기도한다는 것

1) John Fiske, 다음에서 인용됨. Amy Belding Brown, "Feasting and Fasting in Puritan New England," *Collisions* (blog), 2016년 11월 28일, https://amybeldingbrown.wordpress.com.

2) 초기 사본 중 하나에는 마가복음 9장 29절 안에 "와(and) 금식"이 첨가된 반면, 오늘날 대부분의 학자들은 마가복음의 원본에는 그 구절이 없었다고 믿는다. Bruce M. Metzger, *A Textual Commentary on the Greek New Testament* (London: United Bible Societies, 1975), 101; 브루스 M. 매츠거, 『신약 그리스어 본문 주석』, 장동수 역, 대

한성서공회 성경원문연구소.

3) 초대 교회 교부들의 생각을 정리한 내용은 Kent Berghuis, *Christian Fasting: A Theological Approach* (n.p.: Bible Studies, 2007), 77-118을 보라.

나가는 글

1) Peter Brown, *The Rise of Western Christendom: Triumph and Diversity, A.D. 200-1000* (Malden, MA: Blackwell, 2003), 470; 피터 브라운, 『기독교 세계의 등장』, 이종경 역, 새물결.

2) David Hackett Fischer, *Paul Revere's Ride* (New York: Oxford University Press, 1994), 158.

3) 아트리페의 셰누테(Shenoute of Atripe, 385-466), 중세 이집트의 소하그(Sohag)에 있었던 백색 수도원(the White Monastery)의 원장. Brown, *The Rise of Western Christendom*, 118; 브라운, 『기독교 세계의 등장』에서 인용.

우리 교회는
기도합니다

A PRAYING CHURCH

사명선언문

너희가 흠이 없고 순전하여······세상에서 그들 가운데 빛들로
나타내며 생명의 말씀을 밝혀 _ 빌 2:15-16

1. 생명을 담겠습니다
만드는 책에 주님 주신 생명을 담겠습니다.
그 책으로 복음을 선포하겠습니다.

2. 말씀을 밝히겠습니다
생명의 근본은 말씀입니다.
말씀을 밝혀 성도와 교회의 성장을 돕겠습니다.

3. 빛이 되겠습니다
시대와 영혼의 어두움을 밝혀 주님 앞으로 이끄는
빛이 되는 책을 만들겠습니다.

4. 순전히 행하겠습니다
책을 만들고 전하는 일과 경영하는 일에 부끄러움이 없는
정직함으로 행하겠습니다.

5. 끝까지 전파하겠습니다
모든 사람에게, 땅 끝까지, 주님 오시는 그날까지
복음을 전하는 사명을 다하겠습니다.

서점 안내

광화문점	서울시 종로구 새문안로 69 구세군회관 1층 02)737-2288 / 02)737-4623(F)
강남점	서울시 서초구 신반포로 177 반포쇼핑타운 3동 2층 02)595-1211 / 02)595-3549(F)
구로점	서울시 동작구 시흥대로 602, 3층 302호 02)858-8744 / 02)838-0653(F)
노원점	서울시 노원구 동일로 1366 삼봉빌딩 지하 1층 02)938-7979 / 02)3391-6169(F)
일산점	경기도 고양시 일산서구 중앙로 1391 레이크타운 지하 1층 031)916-8787 / 031)916-8788(F)
의정부점	경기도 의정부시 청사로47번길 12 성산타워 3층 031)845-0600 / 031)852-6930(F)
인터넷서점	www.lifebook.co.kr